诸神纪

北京大学出版社

严 优 —— 著

图书在版编目（CIP）数据

诸神纪 / 严优著. —北京：北京大学出版社，2017.9
ISBN 978-7-301-28516-9

Ⅰ.①诸… Ⅱ.①严… Ⅲ.①神话—普及—中国—古代 Ⅳ.① B932.2

中国版本图书馆 CIP 数据核字 (2017) 第 150761 号

书　　名	诸神纪 Zhushen Ji
著作责任者	严优　著
责任编辑	闵艳芸
标准书号	ISBN 978-7-301-28516-9
出版发行	北京大学出版社
地　　址	北京市海淀区成府路 205 号　100871
网　　址	http://www.pup.cn　新浪微博：@北京大学出版社
电子信箱	zpup@pup.cn
电　　话	邮购部 62752015　发行部 62750672　编辑部 62752824
印刷者	北京中科印刷有限公司
经销者	新华书店
	787 毫米 ×1092 毫米　24 开本　18 印张　400 千字
	2017 年 9 月第 1 版　2023 年 12 月第 5 次印刷
定　　价	88.00 元

未经许可，不得以任何方式复制或抄袭本书之部分或全部内容。
版权所有，侵权必究
举报电话：010-62752024　电子信箱：fd@pup.pku.edu.cn
图书如有印装质量问题，请与出版部联系，电话：010-62756370

序言　V
写在前面的话　X

上篇　宛在中央：中原系上古诸神　1

第一单元　混沌与创世　2
混沌：神还是兽？　3
倏忽二神开了窍　10
盘古与鸡蛋宇宙　14
阴阳二元神　21
天地的结构　24

第二单元　孤独的大母神　30
合伙造人，诸神有份　31
大女神的手工　35
造人试验的事故报告　41
咦，多出一条染色体？！　44
天塌地陷，行星陷入深渊　47
唱歌，跳舞，处对象　53
女神男神"在一起"　57
没有选择，我们必须恋爱　61

第三单元　所谓三皇　69
从备胎中选"三皇"　70
雷神之子伏羲　78

龙马与先天八卦　　84
　　牛头大王神农氏　　89
　　左右宝囊与赤色神鞭　　92

第四单元　五方上帝　99
　　五帝小辩证　100
　　东方青帝太皞　　110
　　南方的红色天帝　　114
　　鸟国神王少昊　　120
　　爱在星河之西　　124
　　扑克脸的颛顼帝　　127
　　黑帝颛顼二三事　　134
　　西泰山的鬼神盟主　　137
　　黄帝也有爹和妈　　142
　　史上第一场哥儿俩之战　　145
　　四张脸大战铜额头　　148

第五单元　中原神话最后的大天神　157
　　多才多艺的帝喾　　158
　　邹屠氏梦中吞下八个太阳　　164
　　姜嫄踏上巨人脚印　　167
　　简狄吞下玄鸟蛋　　171
　　庆都与红龙生了帝尧　　176
　　帝喾家有两个熊孩子　　184

下篇　四面光芒：非中原系上古诸神　189

第六单元　西王母与昆仑山　190
　　凶巴巴的昆仑山主神　191
　　永生的秘密　196
　　西王母的"前夫"东王公　201
　　老天奶奶不好当　207
　　神秘昆仑山　210
　　太帝生涯　216
　　神树界的三巨头　221

第七单元　东方大神　228
　　鸟族的最高神帝俊　229
　　羲和生下十个太阳　233
　　常羲生下十二个月亮　239
　　神箭天神大羿的三角恋　242

第八单元　古巴蜀诸神　252
　　一见廪君误终身　253
　　疑似外星客蚕丛大王　263
　　水鸟族取代了外星蜀黍　269
　　天上掉下个杜宇王　271
　　一个鳖神接管了古蜀国　277
　　五丁力士与美女间谍　280

第九单元　南楚诸神　286
　　东皇太一：崇高而神秘　287
　　日神东君与高深莫测的云中君　294
　　恋爱中的湘水之神　301

生死之神大司命　*309*

子嗣之神少司命　*314*

四季之神乱了　*321*

楚人从肋骨中诞生　*326*

第十单元　诸女神　*330*

月神嫦娥：任性而孤独　*331*

爱神瑶姬：等你爱我　*341*

美神宓妃：古典女性美的巅峰　*348*

女战神九天玄女：兵机尽握　*359*

音乐兼性爱之神素女：做爱做的事　*366*

第十一单元　八方大神　*372*

世界从妙音开始　*373*

创世劳模密洛陀　*375*

后来，那只狗成了盘王　*378*

布洛陀定规矩　*383*

遮帕麻和遮米麻造天地　*386*

为什么佤人比较穷　*388*

有个女神，骑着闪光的白色神马　*391*

洪劫之后　*394*

蝴蝶妈妈　*398*

猕猴与岩魔女　*403*

主要参考文献　*407*

后记　*411*

序言

大约两三年前吧，一个春寒料峭的三月天，很久没见的师妹严优突然出现在我的"神话学"课堂里，带给我莫大的惊喜。严优告诉我，她很早就萌生了对中国神话的兴趣，最近正在写相关的著述，知道我正在北师大讲授这门课程，所以重归母校听课。我原以为已经颇有文名的她听几节相关的课就撤了，不想她居然沉下心来，听完了整个学期的课程，每天早早就来到教室，不仅听课、做笔记，而且积极回答问题，跟学生一起讨论，还应我之邀给学生们做了一场讲座，介绍了她进行神话再创作的经验和体会……她对神话的探索热情使我深受感动。课程结束以后不久，严优完成了她的新作《诸神纪》，带着书稿再来师大，嘱我写序。我无法违拗她的盛意，况且读完该书后的确受到诸多启发，所以这里就把自己阅读时的一些感想写在这里，或许对读者诸君理解本书的意义和特色有些助益。

神话是人类自古至今所创造的表达文化中的一种重要文体。它主要讲述的是有关宇宙的起源、人类的诞生以及文化的最初发端的古老故事。它既是语言艺术，也多方面地表达着人类的思维、情感和心路历程，是奠定群体宇宙观、身份认同和宗教信仰的基础，是想象力和艺术创造力的武库和土壤，是规范日常生活秩序的宏大宪章。神话自人类的童年时期便开始产生，以后也不断伴随着人类成长。在当下的社会中，神话还是不同群体进行某些文化、政治和商业运作的资本。

世界上很多民族都拥有自己丰富多彩的神话。其中有的神话较早就经历了系统化的过程，形成了较为完备的神话体系。比如古希腊神话在发展过程中，承袭了印欧语系其他民族的文化遗产，又从爱琴海地区的前希腊文化、迈锡尼文化以及东方文化中汲取了养料，这些来源不同的形象和故事片段为希腊人彻底融合、同化，并且加以改述，大约在公元前8世纪，赫西俄德整理、创作了《神谱》，列述诸神的起源，并创建了他们之间的相互关系。这一神谱既是民众信仰的反映，也得到了官方的认可。而为广大中国读者所熟知的、对希腊神话的体系化做出重要贡献的两部荷马史诗《伊利亚特》和《奥德赛》，根据美国哈佛大学格雷戈里·纳吉（Gregory Nagy）教授的研究，也经历了漫长的形成过程，不过，至迟在公元前5世纪，这两部史诗已经在希腊人的心目中确立了权威性的地位[1]。因此，我们今天所熟悉的希腊神话，是经过了编纂、整理和缀合过程而形成的一个体系，它只是希腊神话的一种形态而已。日本的神话也经历了这样的体系化过程。保存日本神话最多的《古事记》（712）和《日本书纪》（720）等文献，都是在天皇的干预下编纂的，各地流传的多种起源解说和神话故事被进行了统一和体系化，最终形成了一个完整的天皇族创世神话系统。

可是有的民族的神话，一直没有经历这样彻底的、比较稳定的系统化。中国神话即是其中之一。且不说中国有56个民族，这些民族往往有各自不同的神话，即便是在汉民族中，有机统一的、普遍公认的神话体系也从未存在过。以古代汉语形式记录的古代神话，常常分散地出现在各类经、史、子、集中，甚至也出现在注疏、类书和古籍佚文里。这些记述往往简约、片段，甚至经常语焉不详，即使在《山海经》和《楚辞》这类记述神话比较丰富的典籍中，对神话的记述也常常是零散、片段的，一鳞半爪，有时令人难明究竟。比如《山海经·大荒西经》中说："有神十人，名曰女娲之肠，化为神，处栗广之野，横道而处。"至于女娲之肠为何、如何化作了神人，他们为何在"栗广之野""横道而处"，记录中完全没有解释，凭读者自己去思量。有时同一个神话叙事分散地出现在书中的不同地方，比如夸父追日的神话，在《海外北经》和《大荒北经》都有记述，而文字也有不小的差异。

面对中国神话存在的非体系化的困扰，中国历代知识分子曾不断想出各种办法，力图实现（或者部分地实现）体系化。比较典型的案例，比如汉代学者把来源不同的神灵拼合在一起，配合阴阳五行学说，确立了这样的一套谱系："东方，木也，其帝太皞，其佐句芒，执规而治春……；南方，火也，其帝炎帝，其佐朱明，执衡而治夏……；中央，土也，其帝黄帝，其佐后土，执绳而制四方……；西方，金也，其帝少昊，其佐蓐收，执矩而治秋……；北方，水也，其帝颛顼，其佐玄冥，执权而治冬……"（《淮南子·天文训》）南宋的时候，一个叫罗泌的文人曾写作了一部《路史》，杂取旁收，将众多文献中驳杂、本来并无太多关联的神话、传说等搜集到一起，加以

---

[1] 参见［美］格雷戈里·纳吉：《荷马诸问题》，巴莫曲布嫫译，广西师范大学出版社2008年。

排列，力图做成完整的上古史。20世纪中期以后，中国神话的体系化发展尤为迅速，其间著名神话学家袁珂用力最多，他撰写的《中国古代神话》《中国神话传说》《中国神话通论》等书，均致力于对散见于浩瀚的古文献中的神话搜集归类、考辨订正、连缀解说，进而把古神话建构成为一个有系统的整体。他的著述为中国神话的体系化以及神话知识的普及做出了巨大的贡献。但是，尽管如此，有机统一的中国神话体系迄今并没有建立起来。

对于中国神话的零散、片段化，有的学者认为未尝不是一件好事，因为中国神话的丰富多样性赖此而得到存留，也为后人的发明创造提供了更大的空间。不过，不可否认，非体系化为一般读者接触并认识中国神话带来了困难。我在二十多年的神话学教学和研究工作中，经常会遇到别人的提问："该去哪里找中国神话？""古希腊有《神谱》，日本有《古事记》，我们有什么？""我们为什么不能有体系化的神话？"这些问题都直接道出了非体系化带给我们的困扰。严优撰写《诸神纪》，显然力图对这一困境有所回应和解答，是对中国神话的体系化做出的一个新探索。

严优在"作者前言"中坦承，从前"进入有意识阅读神话阶段后的第一个念头，就是想要一张清晰、完整、系统的中国古代神谱"，寻而不得也会自然产生疑问："中国完整的神话世界在哪里，咱们的神谱在哪里，咱们的结构在哪里？"尽管她随后认为："终极版神谱是一把双刃剑，没有它未尝不是一件幸事"，而且认定"本书也不会致力于呈现或者拼合出一个完整的神祇谱系"，不过事实上，《诸神纪》还是明显地反映了作者对体系化的努力，并且客观上也描绘了一个更加系统性的神话世界。首先，作者按照一定的逻辑顺序，把杂乱的古代神话做了系统的归类。《诸神纪》按照发展的逻辑，先从"混沌与创世"开始，接着按照地域脉络，先后叙述了中原（女娲、三皇五帝等）、西（昆仑山）、东（东夷）、西南（古巴蜀）、南（南楚）以及更遥远的"八方"（一些少数民族的神话在此得到呈现）等等形形色色的女神男神、祖先和神圣动物的故事。这一做法延续了袁珂先生以时间和帝系为线索来建构中国神话体系的特点，从总体框架上为读者了解中国神话世界建构了一个清晰的、富有逻辑的顺序，而且涵括的内容更加广泛——丰富多彩的少数民族神话，比如壮族的布洛陀，阿昌族的"遮帕麻和遮米麻"，苗族的"蝴蝶妈妈"等等，也在这一框架中得到了一定的展现。此外，体系化的努力还表现在对每一类神话的具体阐释上。如前所述，中国古代神话分散地、碎片化地出现在各类古籍当中，不同的记述之间往往并没有必然的关联，甚至彼此抵牾，因此，对这些神话记录进行合理化的阐释，便成为体系化建设的重要内容。《诸神纪》当中对大大小小的诸多神祇及其相关的神话故事进行了连缀、贯通和阐释，使原本分散的、彼此不相关的甚至矛盾的碎片链接成为一个合理性的整体。比如，《永生的秘密》一节讲述了内涵丰富的西王母神话：西王母住在昆仑山上，掌管着不死药和仙桃，对人世间的事情也时不时地管一管，比如，黄帝要结束长期的战乱纷争，西王母就派弟子九天玄女下凡，传授给他灵宝之符；后来，她也赐给被贬凡间的射日英雄大羿不死药；再后来，她在瑶池宴请了周穆王；再再……后来，她降临汉武帝的皇宫并赐给他四颗仙桃……这样一来，分别出现在《山海经》《穆天子传》《墉城集仙录》《汉武帝内传》等文献中的相对独立的故事，便被连缀成为一个整体，而且合情合理，形成一个关于西王母的体系化的故事。

　　体系化显然为一般读者了解中国神话提供了极大的便利：一册《诸神纪》在手，便能知晓许多中国著名神话，省去了多少查找七零八碎的文献的麻烦？！

　　除了体系化，本书的第二个显著特点是对古代神话进行了现代重述。用简约、深奥的古汉语记录下来的古代神话如何能被现代人更好地接受？这个问题很久以来也一直是很多现当代神话学者思索的问题，以往有不少探索的先例。严优也在这里交出了一份用心的、打上她个人显著特色的、充满了当下流行语汇和当代人理解的答案。严优曾经告诉我：本书写作的一个最初动机是为自己的女儿讲神话，如何用母女俩都能心领神会的当代人的思想、情感和语汇进行讲述，从此成为她孜孜以求的动力。于是便有了"当代神话讲述人"严优的出现。在《诸神纪》中，随处可见的，是作者灵动、俏皮和时尚的用语，用她自己的话说，是"掰"，或者更自谦的说法是"胡说八道"。比如，作者写到"爱神"瑶姬的爱情悲剧，忍不住发问说："至于说她为什么不去找个门当户对的男神来一解情思，彻底了断自己的痛苦……，这，……我能说这是本次元宇宙神话脚本的原初设定么？"写到"美神"宓妃时，她建议跟爱人河伯闹掰了的阿宓"应该向瑶姬学习，自己寻开心"，"可是你看她的朋友圈，什么汉水女神，什么娥皇女英，全是心情不怎么开朗的闺蜜。也许大羿死后，她再也找不到那样登对的一个男神了，她的美丽于是空掷，她的哀愁于是倍增"……这样的时尚表述和现代理解无疑为古老神话注入了新生气，使高大上的神话变得"接地气"，从而更易为现代读者所接受。我想，很多年轻的读者读到这里，定当会心一笑的吧。

　　本书还有一个重要的特点，是作者所谓的"轻学术"。以往不少将中国神话体系化的成果，或者只连缀、整合，并不解释作者这样做的理由；或者只见作者整体阐述的学术观点，却并不见完整的故事。严优的抱负显然是"鱼与熊掌，二者得兼"——既将散见各处的记述连缀整合起来，娓娓动听地讲述一个个神话故事，又力图说明自己如此理解和阐释的理由。于是她在本书中独创了一个多元的结构：每一段神话，都由"故事导言""故事文本""掰书君曰""原文出处"等几个部分组成，"故事导言"开宗明义，引导读者在整体的框架中把握该神话的位置和意义；"故事文本"是作者体系化以后重述的神话故事；"原文出处"列述各类相关文献，便于读者按图索骥查找出处，不过我最爱看的是"掰书君曰"，作者的慧心和专业功底（别忘了严优可是民间文学专业的研究生呢，受过专业训练的），她对神话中的人和事的理解，都在这一部分的"掰扯"中表现得淋漓尽致。由于这样的设置，整本书读起来颇有"鱼与熊掌，二者得兼"的双重妙处：既有娓娓动人的故事可看，又有丰富风趣的学理阐发，二者相得益彰。作者的这份匠心，显然已经得到了读者的首肯：她一开始撰写的部分样稿，先是发在微信公众号里，因为受到欢迎，才激发了作者完成整部书的计划。我相信这样别具新意的设计，能使不同层面、不同需求的读者从阅读本书中获益。

　　严优师妹本科阶段就读北大，是中文系的高才生，因为喜爱神话传说和相关的研究，毕业后考入北师大民间文学专业继续攻读研究生。记得她的硕士学位论文写的是杨家将的传说。此后的若干年，虽然她也忙于各种其他事务，但始终不忘初心，执着地、津津有味地探索着神话的奥秘，用她充满激情和诗意的话说，"与神话相遇，……以敬畏之心感受时间深渊的壮美，在对神话细节的无穷拥抱中获得诗性的生存"，不仅结出了《诸神纪》这样的硕果，而且日后还打算将更多"阅读神话时发现的趣味"与读者分享。作为她的学长和一名神话学者，我由衷地钦佩她的热情、祝贺她的成就，也满心期待看到她未来的更丰硕成果。

　　是为序。

杨利慧
2017 年 3 月 20 日于北师大

写在前面的话

关于神谱与流变

与许多人一样,我进入有意识阅读神话阶段后的第一个念头,就是想要一张清晰、完整、系统的中国古代神谱。神谱,即诸神的家谱、关系谱。

看看别国的情况:公元前8—7世纪的古希腊诗人赫西俄德在其著作《神谱》中系统地叙述了古希腊诸神的统绪,"把诸神的世家教给希腊人"(希罗多德);《圣经·旧约》保留了古希伯来的神话,神与先知、圣人、圣王、天使等的关系清晰明了。至于其他大宗教的古代经典,更是借助宗教力量的整合,为人们提供了一个本教诸神的"全家福"。(当然其信仰者并不将那些传说当神话看,就不多说了。)

中国古代留存至今的神话传说十分芜杂,那么,咱们的神谱在哪里,咱们的结构在哪里?

因神话在产生时的多源性、在传播中的流变性和混融性等特点,业内学人早就指出:并不存在一个元初的、有机统一的、均质的神话传统(杨利慧)。于是,一切"神谱"、一切"结构",都只能是后人的归纳和总结。

其实,归纳中国神祇谱系这件事,早就有人做过:《山海经》记录了黄炎世系;战国有了三皇五帝的框架;汉初,在五行五德五色学说指导下,完善了上古神祇体系,天下渐归一统,神人始见有序;唐宋以后,道教勤奋补遗,遂吸纳古今,逐渐形成三清神仙体系……直至现当代,以王国维、茅盾、袁珂等为代表的神话学者在对上古神话的归整、考订方面,做出了巨大的贡献。这些叠床架屋的努力,实在可歌可泣。

可是,不管古今上下各界对于一张"终极中国神谱"的呼吁多么强烈,时至今日,它仍然版本纷呈、莫衷一是,呈现出百花齐放、百家争鸣的局面。

潜入神话的深海之后,我认识到:古中国神话没有一个终极版神谱,未尝不是一件幸事。

终极神谱是一把双刃剑,它固然可以保存与保护许多古老的神话,然而,它也必定是"选粹"、是筛筐。所有与编选者、与支持编选的统治者价值观冲突、利益不符的片段,势必会被大刀阔斧砍删、荼毒。如果我国历史上的统治者曾经长期强行推行某套大力筛编过的神谱，甚至举"国教"之旗要求民众厉行恪遵，很可能数代之后，所有系统之外的神话不仅在书面上，而且在口承中也不剩残渣了。

没有得到系统搜集与保护的古神话，流失散佚，让人痛心，然而至少，我们今日尚能见到它的各种残渣、各种彼此矛盾冲突的片断。残渣与片断，提供了关于这些神祇故事的丰富的后续信息。

罗素说："须知参差多态，方是幸福的本源。"我想，我们探索神话过程中所体会到的幸福，很大程度上也来源于这种支离破碎背后的纵深感与参与感。无论经历怎样的拼合努力也熔铸不成铁板一块的、庞大的中国神族，令我们得以从那些缝隙中窥见远古神话原始面貌的涓滴光芒。

得见微光的人，有福了。

与上述非固化特点相关的，是中国神话巨大的流变性，这导致神祇形象或者说神格[1]的不确定。女娲、黄帝，都是个中典型。本书所做的，是在这传承与流变的洪流中截取一些"切片形象"呈现出来。比如女娲，她为世人所公认的切片形象很多，其神格中的神圣指数在"爆表"与零度之间上下滑动，本书就将这几个切片以及相关的故事都讲述出来供大家参考。又如颛顼，他的形象演化到一定程度就固定了，那么本书中呈现的，就是他固定之后的这个切片，至于他之前是什么样，资料并不充分，只能略过。

关于本书切入角度、逻辑顺序与内容

本书不会致力于呈现或拼合出一个完整的神祇谱系。但是，为了读者进入

---

[1] 神格，比照"人格"的造词，指神的性格、气质等特征。学界对神格并没有统一的定义。本书使用"神格"这个词，其外延包括但不限于：神的性格气质（类似于"大五人格理论"以神经质/外倾性/开放性/宜人性/尽责性五种因素来分析人格特征）；神的性格色彩光谱（比如暴烈/热情/温暖/中调/淡漠/冷酷的分别）；神的来源类型（神/仙/灵/怪/鬼等）；神的等级（比如创世神/继起神/总神/分神/概念神/专职神之类的分别）；神的神圣指数（类似于以五分制或百分制评估其神力）……

神话情境的方便，我会按照一定的逻辑顺序为神祇分类，这种分类，接近"谱系化"的思想，但并不代表写作目的，应该说，只是一种行文布局的结构。

作为今人，如何来书写与讲述远古和上古神话？要从哪里开始讲述以帮助读者进入那个遥远的神秘世界？

是按照神话产生的顺序，还是服从哲学的认知规律？

在荒远的蒙昧时代，当洞穴智人用染红的鸟骨项链装扮自己，当他们用简单的语言切磋如何剪裁兽皮，当他们懂得在晚更新世末期的草肥水美中埋葬死去的同伴，他们显然已经开始了围绕人类自身的思考。

这一思考的过程，想必十分漫长。它的结果，导致了生殖崇拜、祖先崇拜，以及与之相关的女神（尤其是始母神）神话、图腾信仰等原始文化的诞生。

除了人类自身，宇宙也是深不见底的谜。

巨大的不可思议刺激着先民，好奇心像未知本身一样广大。他们渴望答案，他们用原始的大脑笨拙地给出解释。相比"我是谁，我从哪里来，我到哪里去"这一系列问题，"宇宙是什么，宇宙从哪里来，宇宙到哪里去"显然是后起的哲思。宇宙太远，远到不能以抽象去把握，而需要套用现成的认知框架，所以它不可能是元初的。

学界常认为，最早的祖先崇拜和图腾神话产生于旧石器时代晚期，即母系社会[1]初期；而宇宙起源神话产生在新石器时代早期，即母系社会后期、父系社会到来的前夜。

宇宙之思一旦产生，又会与人类本体之思互相融合、互相影响。于是我们发现，世界各民族的创世大神，往往又同时直接或间接创造了人。自然与社会同时笼罩在神祇的统治下，"神话……使信仰成为（了）典章"（马林诺夫斯基）。

---

[1] 本书无意涉及学界对母系/父系、母权/父权的讨论（母系社会是不是人类普遍的、必经的阶段；母系是否等于母权等等）。本书提到母系社会，基于以下事实：母系社会的确（至少局部地或阶段性地）存在过。本书假设某些神话故事产生和反映的背景是母系社会，假设（在相关部族中）可能存在过"大女神时代"，但并不排除父系社会也存在女神崇拜（比如红山牛河梁有女神祭坛）。本书议论涉及女性的权力时，使用"女权"而非"母权"一词，并不否认男权以及复杂的权力传续局面。

然而,与神话的产生顺序相反,当我们试图为整个神话体系勾勒出一个概略样貌时,我们更好的选择是反过来,从宇宙本体论出发。我们要先聊宇宙的诞生,再聊万物与人的诞生。正如虽然蛋生万物、蛋生人的说法早于蛋生宇宙(宇宙卵),但在讲述上我们仍然要说:首先,宇宙诞生了……

　　这,是一个气势恢宏的"起霸"。

　　基于以上认识,本书的逻辑结构如下:分上下两篇,上篇选说中原系上古诸神,下篇选说非中原系上古诸神。

　　上篇五个单元,先说创世(宇宙的诞生),然后说大女神(女娲),然后说产生时间可能比大女神晚的男神群体。男神群体又按时序先说"三皇"中的"两皇"(另一"皇"是女娲,本章不重复),再说"五帝",最后说一个具有划时代意义的男神。

　　下篇六个单元。前四个单元按地域区分:先说西方(西王母、昆仑山),然后说东方(东夷诸神),然后说西南方(古巴蜀诸神),然后说南方(南楚诸神)。接下来专门为前文没有提及或详说的女神安排了一个单元(诸女神)。最后一个单元略说几个非汉族的神,算是与前文所有章节有一个对照。本书并不想将视野完全局限在汉族/华夏族神话中,何况前面章节诸神也并不都是汉族/华夏族的神。

　　囿于篇幅,本书所涉神话故事的时间,基本限于上古。"上古"这个概念略有歧义[1],本书界定为创世(洪荒)至先秦。实际上,上篇故事的时间线远没有延伸到先秦,而是止于尧舜以前。但下篇某些篇目会涉及战国,比如古蜀国的灭亡时间等。

　　也因此,本书所涉的神话故事内容很有限,一些很重要的神祇/文化英雄,比如气象诸神、星神、海神、水神、土神、山神、冥神、花木神、巨神族、尧

---

[1] 上古、中古、近古,在不同学科中分段略有不同。上古的起始点,广义一般从洪荒(创世)开始;狭义一般从书契时代(始有文字的时期,在中国目前公认为殷商)开始,而在其前面加上一个"太古/远古"时期。上古的下限常为先秦,也有到秦汉的。中古的下限常为唐宋。近古常指元明清。本书的"上古"是广义的,含太古/远古时期。但有时行文中也会使用"远古"这个概念,专指书契时代以前的蛮荒岁月。

舜禹等等，还几乎没有谈到，希望将来有机会继续聊。

本书会用到一些神话学研究的概念。比如神话和仙话[1]。本书中的某些故事来自带有神话色彩的仙话，或者带有仙话色彩的神话，比如嫦娥偷吃灵药奔月的故事，又如扶桑树上的小飞仙等等。文献记录里的上古神话中常常杂糅仙话因素，"仙话是对神话的继承和转换"（潜明兹）。

上古神话是一个多元的系统，本书行文中会提到其中一些子系统的概念[2]，比如昆仑系（以昆仑山和西王母神话为主体）、中原系（主要产生和流传在中原地区，包括盘古神话、女娲伏羲神话、炎黄神话等）、蓬莱系（与蓬莱仙话相关）、东夷系（以东夷族神话为主体）、南蛮系/苗瑶系（以苗族和瑶族等民族遗存的古老神话为主体，包括蚩尤神话、盘瓠神话）等。

关于神话的意义

如果说理性之美美在思辨，美在尖锐，那么感性之美，在我的心目中，就美在以下这耳熟能详的四个字：诗情画意。

神话，正是诗情与画意的完美结合，是共时与历时的完美混融，是绵长无尽的时空隧道的惊艳起点。

神话的诗情，是心理冲击力，是包纳万象的宇宙在远古先民心中激发的无限感触、无限记忆、无限冲动；神话的画意，是视觉冲击力，是包裹在他们身体发肤之外的充满质感的世界，是从他们的感官出发抵达想象力的深渊并流传至今的形象与画面。

---

[1] 很难给"仙话"下一个准确的定义，大致可以认为是讲述关于"仙"的故事的总和。潜明兹书中概括了郑土有对神/仙、神话/仙话区别的看法，略为：第一，神是万物有灵、灵魂不灭的，而仙是肉体和灵魂同时不灭的；第二，神是自然为神的，成仙则需要苦修；第三，神格突出集体性，仙格以自我为中心。

[2] 最初是顾颉刚提出中国古代神话有两大系统：昆仑神话系统和蓬莱神话系统。后来随着学界研究的深入，又提出更多带有族群和地域区分的神话子系统概念。关于这些概念的界定和争论过程比较复杂，概念之间也可能有交叉、混同、互斥之处，就不详叙了。本书在学界较具共识的层面上使用这些概念。

我常想，一个人，应该在最美好、最富于想象力的年华与神话相遇。不必去熟记宇宙的半径尺寸，不必去了解地球在银河系悬臂上的位置，不必去探索喜马拉雅山的隆起历程……与神话相遇，把知识放空，把灵魂放空，以敬畏之心感受时间深渊的壮美，在对神话细节的无穷拥抱中获得诗性的生存。与神话相遇，体悟神话与科学在深层血脉中的相通与互补，让被现代科技的横暴撕裂的心灵得到安抚，并保持深醉的宁静。

中国的远古神话，有古中国独特的风貌。我们身为这个古文化的后裔，身处这个古文化恒变而又不绝的传续中，对这份独特不可不察。

于一个民族而言，神话不是精神创可贴，不是文化燕窝汤，而是包含一切本原基因的骨髓干细胞（杨利慧："最初的文化因子"），是所有表达的元表达，是所有意义的元意义，是所有结构的元结构。身逢一个科技理性至上的时代，即便我们在与强弱四邻、与科技暴力的撕咬中伤痕累累，四肢残缺、五脏衰竭；即便我们迷失本心、找不到方向，神话始终"为人类提供（着）返归自身的航向与能力"（叶舒宪）。只要回到神话那里，我们终将获得重塑与再造文化筋骨的力量；我们终将平心静气、修复疮痍，放下包袱、满血复活。

本书不敢称为诸神立传，不过是在"人生的边上"记下自己阅读神话的小小心得与思考，与读者分享而已。斟酌之下，用"纪"字而不用"记"，也有致敬司马迁"纪传体"的意思。

是为"诸神纪"。

太阳照在古中国的疆域上，风雷劈合，江海如怒，泪与血流了一地。然而月亮升起来，伤口风干，万物重生，碧落深处，依稀难见人烟。数千上万年的心灵史，就这么，三两步走过来。

开灯，展卷，一杯茶，请君笑看"诸神纪"。

上篇

宛在中央：中原系上古诸神

— 第一单元 —

混沌与创世

中国古代关于宇宙的认识，目前主要有三个解释体系留存：盖天说、浑天说、宣夜说。

盖天说很直观，如果大地像个平底锅，天空就像个锅盖，诸如"天圆地方""天似穹庐、笼盖四野"，还有那些叠罗汉般的关于天地结构的传说，说的都是这个意思。

浑天说产生于更加认真仔细的天文观测与思考，一般认为大大晚于盖天说——也许要到战国时期。能够想象出"天球"这个形态，能够将天空想象成蛋白，而将大地想象成蛋黄，需要很高的智慧。目前所知我国关于浑天说的最早文字记录见于西汉。两汉时期落下闳、张衡等天文学家制作的浑天仪，可视为浑天说在实物上的具现。

宣夜说也是产生在汉代之前的宇宙认识论。在它的体系里，天空不再是蛋白，而是虚空（《晋书·天文志》："天了无质，仰而瞻之，高远无极"），或是无边无际的气。日月星辰不再是蛋白上黏附的小渣滓，而是在气中按照自己的规律运动。宣夜说是古人迈向科学的另一种努力，但如果我们用神话的眼光来看，似乎它与"阴阳二神创世"的思想也有丝丝缕缕的联系。

这三个学说，虽然解决的都是宇宙的常态问题，但与宇宙的创始也有一些联系，所以在创世神话中也能看到它们的踪影。

混沌：神还是兽？

说到宇宙起源，就不能不说到"混沌"。"混沌"是很多神话故事中对"元宇宙"或曰"前宇宙"状态的认知；而且有趣得很，它居然是具体而有形的一个神，或者一头兽。

故事

A. 混沌作为一个神

古早古早以前，在西方的天山上有一个混沌神，祂[1]的模样非常奇特：

通体的颜色像火一样红；口袋一样的身子上，一共长了六只脚、四个翅膀；祂没有头脸，一般长在脸上的那些东西——眼睛、鼻子、嘴巴和耳朵，祂都没有。

可是，这样一位什么交流器官都没有的神，却精通歌舞。

祂是怎样做到这一点的呢？真够让人想破头的。

人们说，祂是中央的天帝，名字叫作"帝江"，又叫作"帝鸿"。

---

[1]"祂"是西方基督教传入中国后，专门用来指代上帝、耶稣的第三人称代词。在后来的汉语实际运用中，也以之指代更普遍意义上的神明。本书的议论有一定的性别视点，所以并不笼统以"祂"指代所有神。本书的第三人称使用方式是：以"祂"指代性别不明的神，以"他"指代男神（和男人），以"她"指代女神（和女人），以"它"指代动植物或无生命体；以"他们"指代男神（人）们、男加女神（人）们。

混沌神 七小 绘

B. 混沌作为一头兽

古早古早以前，在昆仑山西边有一头神兽，名叫混沌。

它看起来有点像狗，又有点像熊，身上披着长长的毛。

它长着眼睛，可是什么都看不见，所以走起路来非常不方便；它长着耳朵，可是什么都听不到，但神奇的是，它对于周遭的动静却清清楚楚的；它长着腿脚，可是没有爪子；它有肚子，可是里面没有心、肝、脾、胃、肾这样的内脏；它有肠子，可是肠子不像一般动物那样弯弯曲曲盘在肚子里，而是一根直直的管子，吃下去的东西，一下子就穿过身体排出来了。

但是，混沌兽最怪异的不是长相，而是脾气。因为，它是一头不分善恶、颠倒是非的怪兽。

对于那些有德行的好人，它会过去顶他们、撞他们；对于那些凶恶的坏人，它却过去跟随他们、听他们的话。后世管人类中的这种坏家伙叫作"浑蛋（混蛋）"，大概是从它这里来的。

不过，混沌兽也有特别天真的地方。

当它独自待着没事干的时候，它会追着自己的尾巴转圈圈，玩着玩着，它就被这个游戏逗得高兴极了，仰天大笑起来。

这样的一头怪兽，一会儿善恶不分，一会儿天真烂漫，不是很奇特吗？

这都是源于它的天性。它天生就是这样，什么都分不清楚，所以大家管它叫混沌，就是糊里糊涂、模糊不清的意思。有时候，人们也会根据它的外貌，叫它无耳，或者无心。

有人说，它是中央天帝帝鸿的儿子。

混沌兽 七小绘

原文出处

《山海经·西山经第二》："天山，多金玉，有青雄黄，英水出焉，而西南流注于汤谷，有神焉（「焉」一作「鸟」），其状如黄囊，赤如丹火，六足四翼，浑敦无面目，是识歌舞，实为帝江也。"

《太平御览》卷九一三《兽部》：

"东方朔《神异经》曰，昆仑西有兽，其状如犬，有两目而不见，两耳而不闻，有腹而无五藏，有肠直而不旋，食而径过，人有德行而往抵触之，人有凶恶而往依凭之，天使其然，名曰浑沌，一名无目，一名无心，所居无常，咋尾回转，向天而笑。"

掰书君曰

远古先民的三观非常具体，对于抽象概念，他们需要套用现成认知去理解。于是混沌不仅是一个概念，更可具象化为一个有形体的神。

混沌神的形象，可能凝缩了先民对于"我世界"自然神的早期认知。"我世界"也就是中央世界，是个体或部族作为物质肉身的存在之所。说混沌神是中央天帝，意味着创造这一神话的先民已经有了方位观念，也意味着还有其他天帝。

这个口袋一样的中央天帝，其形貌是"非人"的，但也不是任何一个我们所熟知的兽形，先民对它身体零件的拼插还比较简单。

如果参看后文"倏忽为混沌开七窍"故事，我们可以发现一个有趣的对照：中央的"我世界"充满了混沌的未知，非中央的"他世界"在想象中倒可能是清晰的。

有人因为混沌神是央帝，"其状如黄囊"，便认为混沌神就是黄帝，我以为不妥。首先，"黄"是否指颜色不好论定，也可能是衍字，因为这句话的主旨在说"其状"，而且如果理解为"黄色"，就与下文"赤如丹火"相冲突了；其次，黄帝与混沌分属两个（或以上）不同的"套装组合"。与混沌

混沌：神还是兽？

帝江（明代胡文焕编《山海经图》）

帝江（清代汪绂释《山海经存》）

帝江（《山海经绘图广注》，清代成或因绘）

神构成套装的是倏、忽这样的大神，而与黄帝组团秀神力的是炎帝、太皞等神。在黄帝成为中央天帝之前，曾经有过一个帝江（帝鸿）时代，还可能有更多其他名字的中央天帝存在过。虽然我们无法像古希腊神话那样明确谁是第一代、第二代、第三代神王，但毫无疑问，中国上古神话里中央天帝这个职位，也呈现出了明显的代际嬗替。

歌舞对于原始人的重要意义，可能远远超乎我们现代人的想象。人类学家对于当今仍然存在的原始部落的田野调查表明，对于他们而言，歌舞的神圣性远远凌驾于娱乐性之上。那么歌舞的性质到底是什么呢？说白了，它其实起源于生殖冲动（参见后文"孤独的大母神"章节）。

中央天帝混沌精通歌舞，似乎表明原始人对祂的崇拜与生殖崇拜有关。那么进一步问，混沌神是有性别的吗？祂是作为男神还是女神受到崇拜的？既然生殖崇拜的早期阶段是女阴/女体崇拜，后来才有男根崇拜，那么，混沌神有没有可能是早期的生殖女神？混沌神那奇怪的口袋形貌，是否隐喻母体（或者采用更加弗洛伊德式的说法，隐喻子宫？）——在没有更多考古发现的情况下，这些问题可能很难得到准确答案，我的自由发散，不过是为理解"混沌神精通歌舞"聊备一说而已，读者诸君一笑。

以上关于混沌神的记载见于《山海经》。而在托名汉代东方朔所编的《神异经》里，则记载了有关混沌兽的形貌事迹。混沌究竟是神还是兽，看起来似乎是两个不同的神话架构思路。

混沌兽的形貌和性格，带着原始思维的天真稚拙，同时也是先民对自然力的直观感受。当时的蛮荒世界对于他们，就是一个情绪化、不讲理、忽冷忽热、忽善忽恶、神秘难解的存在。所以扩而大之，混沌兽是一个具象化的宇宙，象征着宇宙的蒙昧状态。

那么问题来了：既然混沌是象征宇宙的蒙昧状态，为什么混沌之外还有他物或者他人？

愚见：混沌兽可能是一个被继承下来的形象，它可能产生于非常古老的原始大脑中。在那些大脑里，关于"元宇宙"和"前宇宙"的问题，的确没有想透彻，没有解决好，就像今天的人很难想象"奇点"之前的宇宙一样。于是我们看到在很多神话故事中，创世之前不是什么都没有，而是有点基础材料的。比如冰岛的混沌世界中就有一头奶牛；中国布朗族的开辟神话里有一只巨犀，哈萨克族的虚空里有头大青牛，而云南楚雄彝族的空荒中有只大老虎。这些可供创世的"元兽"一度与神同在，却又被神所杀，尸体被分解，化育成日月星辰、山脉江河、花草树木。

所以很有可能，本故事中的混沌兽就是一只孤独的史前巨兽，一头（中原的？）"元兽"，它曾经与某位名号或许已经佚失的创世大神同在，是祂的创世基材。但随着神话的演化和整合，后世最终选择了创世神自身化生万物的说法（如盘古垂死化身），而将元兽的功能撂到一旁。接下来，在一代代的口耳相传中，混沌兽的形貌事迹进一步发生改变，到了被文字记录下来的时间点，它的故事已经与当时的环境发生了一定程度的融合，但它所产生的思想基础却消失了。于是我们看到，它变成了一只莫名其妙的山居动物，保留了一些原始秉性，却丢掉了造就这些秉性的原始环境因素。

"混沌"二字的写法并不很固定，"混沌""浑沌""浑敦"都是一回事，是同一概念的异体字。后世又将盘古指称为浑敦氏，这等于将浑敦神（兽）的开辟特质固定了下来。

此外，与"混沌"意思差不多的，还有"鸿蒙"，两者都是叠韵联绵词。比如后来大禹治水的时候，就在桐柏山附近教训了一个不配合的"鸿蒙氏"。历史化地看，我们可以认为这是夏禹氏族对鸿蒙氏族的征服；神话地看，我们未尝不可将"鸿蒙氏"视为一种比喻，一种象征，说明当地的自然环境亘古以来从未有人涉足，尚处于混沌状态。大禹砍山导水，等于打破了当地的"鸿蒙"。——你看，开天辟地这回事，到了那么晚近再做，也还是可能的。

倏忽二神开了窍

这个故事是庄子老先生留给咱们的。学界一般认为,这并非庄子的创意写作,而有古老的神话做依凭。可惜庄子写这个只是为了讲道理,挑着神话的皮和筋就把道理讲完了,神话的瓤却留得不多。"无为"思想真是害死人啊。

故事

古早古早以前,世界由几个不同方位的天帝统治着。其中,统治南海的天帝叫作倏,倏就是非常快的意思;统治北海的天帝叫作忽,忽就是突然、很快的意思;统治中央的天帝叫作混沌,混沌,就是模糊不分的意思。

中央天帝为什么叫混沌呢?因为祂的面目是一团模糊,没有五官七窍之分,也就是说,混沌没有眼睛、鼻子、耳朵和嘴巴。

南海天帝倏和北海天帝忽经常相会,祂们一个从南来,一个从北来,相会的地点,自然就在中途,也就是中央天帝混沌的地界。

中央天帝混沌非常友善,不仅慷慨地让祂们在自己的地盘上相会,而且还尽地主之谊款待祂们,令倏和忽非常感动。

南海天帝倏和北海天帝忽商量:"我们为混沌做点什么,来报答祂待我们的深情厚谊吧。"两位天帝想来想去,中央天帝混沌什么都不缺,只缺七窍,所以祂不能像一般人那样看、听、吃饭和呼吸。两位天帝说:"让我们来试着为混沌凿出这七窍吧。"

南海天帝倏和北海天帝忽立刻就动手了,倏忽嘛,可以想见,祂们的行动能力是非常强大、非常迅猛的。祂们每天替混沌凿出一窍来,到第七天,七窍都凿出来了。

儵忽二神为混沌开窍 七小 绘

原文出处

《庄子内篇·应帝王第七》："南海之帝为儵，北海之帝为忽，中央之帝为浑沌。儵与忽时相与遇于浑沌之地，浑沌待之甚善。儵与忽谋报浑沌之德，曰：'人皆有七窍，以视听食息，此独无有，尝试凿之。'日凿一窍，七日而浑沌死。"

从一团模糊中得到了五官七窍的中央天帝混沌，就在七窍俱备的时刻死去了。

掰书君曰

《庄子》大约成书于春秋时代，里面保留了不少神话。从这个"凿七窍"故事中，我们可以印证前文提及的"中央之帝为混沌"的说法，我们还了解了非中央天帝的一种命名方式（南海、北海，而不是南方、北方），并且了解到了祂们的具体名称（儵、忽）。

本故事中的非中央天帝称谓，应该不是庄子杜撰的，而是古老的遗存。参考《五藏山经》传递出来的先民地理观，可知他们认为这个世界的平面结构大致为：中间（我世界）是土地、是大陆，而东南西北四面都有海。这一认知应该说有着相当准确的地理支撑：东方的夷人居山东半岛，知道有东海、北海（渤海）；南方的楚人居长江流域，由大泽也可想象南海；西方的戎羌来自高山高原，见过炎火流沙，文献中多次出现的西海，可能是指大湖（海子）。所以，除中央天帝的其他天帝都来自"海"外，"南海之帝""北海之帝"这种称谓是非常地道的上古说法。

至于怪名字"儵"与"忽"，其实一点也不怪。将它们与地理概念组合成"南海之帝倏"以及"北海之帝忽",我们就发现了其中的秘密:祂们是时空同体的神!或者说,这两个神的命名,既包含时间性,又包含空间性。南北海表明空间,倏忽表明时间。空间与时间同时诞生、同步扩散,这是宇宙发生论的哲思。[1] 将时间配入空间,以南方先于北方,倏先于忽,这是地处北半球温带/亚热带先民的实用选择。

结构主义大师列维·施特劳斯说,古人把他们想传递到未来的信息编织到各种神话中,就像谱写了一个复杂的交响乐谱。现在我们识完了庄子这则神话的谱,也就大致能发现它传达了哪些关于宇宙生成的重要信息了:

第一,有时候,保持一个事物的原始自然状态就很好,即便它看上去没那么理想。所以,庄周先生大概认为元宇宙状态是一个美妙的状态;

第二,时间的力量非常强大,它甚至能够改变空间;

第三,宇宙的鸿蒙状态(混沌),是在极短的时间内(倏忽)被打破的。——这跟今天物理学界的"宇宙大爆炸"理论实在太接近了。大概,这才是庄周先生最想传递给后世的惊天大秘密吧,庄周先生一定是咱们中华上帝的"选民"。

可惜,后来吾国搞占星望气宇宙学的那帮家伙不好好顺着"科学"的阶梯往上爬,反而纷纷钻入玄学的框框里去,弄什么"虚静浑化"的"玄冥工夫",所以,发现宇宙大爆炸证据的诺贝尔奖就落到美国人彭齐亚斯和威尔逊手里了。呵。

---

[1] 叶舒宪在《人日之谜:中国上古创世神话发掘》中提到,这个神话属于"以七天为结构顺序的创世神话转换群",宇宙发生论是一切哲学思考的基点。其文收录于《中国神话学文论选萃》(中国广播电视出版社 1994 年版)。

盘古与鸡蛋宇宙

今天，每提到汉语传承下来的创世神话，总是从盘古说起。有了前面的铺垫，读者诸君可以看出，盘古开辟故事是基于"浑天说"的宇宙观，是比较后起的。但是它相当干脆利落而自圆其说地解决了一个问题：宇宙在最初是什么样子的。在这个体系中，可再也没有大奶牛大犀牛大青牛之类的"元兽"来搅扰视线了。

故事

最初，整个世界是一团不大的混沌，大致像鸡蛋那样，是接近椭球状的。时间开始了。

不知经过了多长时间，从这团混沌中孕育出了一个神，叫作盘古。

盘古在混沌中生长。混沌中的精华逐渐凝聚在他身上，他的使命也随之形成。

经过一万八千年，盘古在混沌中成熟了，再也不耐烦被禁锢在这团狭小的空间中。他开始执行第一项使命：劈开混沌。

混沌中无所依恃，除了他自己，一切都是无形的。盘古便拔下一颗牙齿变作了一柄利斧。盘古用力挥出巨斧，混沌就这么一下子被劈成了两半。

混沌中那些清澈的、轻灵的、阳刚的物质往上升，变成了天；那些混浊的、沉厚的、阴柔的物质往下沉，变成了地。身居其间的盘古每日与天地之中的精华交流、碰撞，自身也在急剧发生着各种变化，越来越强大。

刚刚分离的天和地很不稳定，看起来随时有重新合为混沌的危险。于是盘古开始执行自己的第二项使命：撑开天地。

他站在天地之间，双脚踏着大地、双手托住天空，做起了天地间的支撑。

天每天向上升高一丈，地每天向下增厚一丈，盘古的身体也每天长高一丈。就这样一日不停歇地过了一万八千年，天变得极高，地变得极厚，盘古的身体变得极长。天地间的距离，达到了九万里，再也不会合拢了。

创世大神盘古活着完成了自己开天辟地的使命，虽然劳累，但非常欣慰。于是，他放下双手，倒在地上死去了。

神的死去不是彻底的消亡，而是从物质到精神的全面、系统转化。所以，盘古其实是要通过死亡来完成他的第三项使命：垂死化身，创造万物。

说来真是奇妙，倒在地上的盘古的身体，立刻发生了巨大的变化：他的呼吸变成了风云，声音变成了雷霆，目光变成了闪电；他的左眼化为太阳，右眼化为月亮；他的头和四肢化为了巍峨的山岳，血液变成了江河；他的筋脉变成了道路和各种地貌，肌肉变成了田土；他的头发和胡须非常多，全部化作了天上的星星；他的皮肤和汗毛变成了地上的草木；他的牙齿和骨头化为金属和玉石；他的精髓化为珠宝；他的汗水化为了雨水和湖泽……甚至，盘古的精气神还留在世间，化为了不同的天气：当他高兴的时候，天空就会晴朗无云，当他发怒的时候，天空就会阴云密布。

更神奇的是，就连盘古身上的那些虱子跳蚤螨虫之类的小虫子，被风一吹也变化了。它们变成了——嗯——人类。你没有看错，就是你我所属的物种。

就这样，整个宇宙的混沌物质，经过盘古身体的重新组合与分解，变成了一个壮阔、浩渺而美丽的世界。盘古是不朽的。

掰书君曰

这是我们目前能找到的最早关于盘古与混沌关系的记录。更早的《山海经》等文本里，并没有出现过盘古的名字。

学界一般认为，盘古这个大神是三国时期的徐整根据远古传说和当时流行的"鸡蛋宇宙观"（喜欢这个富含人间烟火气的词儿么？张衡《浑仪注》有"浑天如鸡子"之说），再模仿当时在南方诸民族（"吴楚"等区域）中地位显赫的"盘瓠"神的名字而"定"下来的。换言之，中原的创世神的确有过，但他的姓名和事迹到三国时可能已经散佚不全了，那么徐整为了弥补

盘古化身　七小绘

原文出处

《太平御览》卷二引徐整《三五历纪》："天地浑沌如鸡子，盘古生其中。万八千岁，天地开辟，阳清为天，阴浊为地。盘古在其中，一日九变，神于天，圣于地。天日高一丈，地日厚一丈，盘古日长一丈。如此万八千岁，天数极高，地数极深，盘古极长。后乃有三皇，数起于一，立于三，成于五，盛于七，处于九。故天去地九万里。"

《绎史》卷一引《五运历年纪》："元气蒙鸿，萌芽兹始，遂分天地，肇立乾坤，启阴感阳，分布元气，乃孕中和，是为人也。首生盘古，垂死化身。气成风云，声为雷霆，左眼为日，右眼为月，四肢五体为四极五岳，血液为江河，筋脉为地里，肌肉为田土，发髭为星辰，皮毛为草木，齿骨为金石，精髓为珠玉，汗流为雨泽；身之诸虫，因风所感，化为黎氓。"

《述异记》卷上："昔盘古氏之死也，头为四岳，目为日月，脂膏为江海，毛发为草木。秦汉间俗说：盘古氏头为东岳，腹为中岳，左臂为南岳，右臂为北岳，足为西岳。先儒说：盘古氏泣为江河，气为风，声为雷，目瞳为电。古说：盘古氏喜为晴，怒为阴。吴楚间说：盘古氏夫妻，阴阳之始也。今南海有盘古氏墓，亘三百余里，俗云：后人追葬盘古之魂也。桂林有盘古氏庙，今人祝祀。"

《述异记》："盘古氏夫妻，阴阳之始也。"

这个缺失，就勉一己之力再"造"了一个创世大神：赋予名号，细化事迹。尤其是其中对盘古事迹的条理化，应该是基于当时散存在民间的神话片段的。

总而言之，徐整先生这种保全文化信息的努力真是可歌可泣。

盘古的形貌，除了人形，也有"蛇身"之说（《五运历年纪》："盘古之君，龙首蛇身"），感觉像是与烛龙神话的混融，或者与当时盛行的羲娲神话（伏羲女娲神话，下同）的混融。"龙首"肯定是比较晚近的，"蛇身"却颇可玩味。如果盘古的形貌是一条蛇，那么整个"宇宙卵"其实成了蛇卵（不是鸡蛋了），与"元兽"一样，是"原始肉体"。至于无手无脚的蛇形神如何开天辟地，则是需要另外考虑的问题——反正，肯定没有斧子啊、原始冶金术啊什么事儿了。而且，这还会让我们联想到印度的蛇宇宙观（一条巨蛇包裹了

盘古与鸡蛋宇宙

盘古抱伏羲女娲像（汉画像石，山东沂南北寨）

一切）。

有学人认为，在盘古之前，烛龙是最接近创世者的神（袁珂等），其形貌（人首龙身或蛇身）也显得荒远神秘，只是其创世神的地位不为后世所传罢了。愚见，烛龙的确是个神秘的大神，但相比创世神，也许祂更符合冥神的气质。

比盘古更早的中原创世神，也有可能曾经是女神，毕竟远古人类曾经存在过母系社会。考之全球，可见世界各地遗存着大量关于创世大母神的信仰；而考之中国疆域之内，至今一些少数民族还保留着女神创世的故事（参见后文"创世劳模密洛陀"章节）。其实，至今国人耳熟能详的女娲，就是一个具有创世气质的大母神。很可能在她更早的"切片形象"里，就包括创世女神这么一张。可惜"照片"遗失了，我们看不到了。

现在来聊聊盘古所由诞生的"元宇宙"吧。很显然，那是"浑天说"的宇宙，而不是更早的"盖天说"的宇宙。

"混沌如鸡子"是个什么状态，历来含混。愚见如下：

第一，这个鸡子肯定不是熟的，它既然混沌，就不会具备蛋黄—蛋清—蛋膜—蛋壳等固态分层结构；

第二，这个鸡子肯定也不是生的，因为生鸡蛋虽然是半凝固和流质状态，看起来有混融的余地，但它同样具有结构；

第三，在盘古之前，鸡蛋宇宙是无核的，盘古生其中，就成了宇宙蛋的核（类似于星际物质在引力漩涡的作用下凝聚为星球）；

第四，"如鸡子"这个表述，有可能是在说体积——"元宇宙"的体积很小，像鸡蛋那么小，算是宇宙"奇点"的形象化表述吧；

第五，"如鸡子"这个表述，也有可能是在说形状——

盘古之前的"疑似"创世神——烛龙（《山海经》明代蒋应镐绘图本）

"元宇宙"的形状是近似椭球体的。这倒是与星系演化史不谋而合。今天的天文学家告诉我们，所有的星系演进到最后都会变成椭圆形，而按照"毁灭—重生—毁灭"的循环理论，最后就等于最初。天晓得先民们是怎么知道这件事的呢。

不管怎么说，总之，只有当混沌被劈开后，清扬浊沉，宇宙才具有了完整的结构，才终于可以被视为一个真正的超级大鸡蛋了。

明代胡文焕《山海经图》中的烛阴（烛龙）像

关于盘古是如何实施开辟行为的，古文原文并没有提供细节。劈开混沌需要用工具，而且要用到最具力度的砍削器（"斧子"或"凿子"），这显然来自先民开山垦荒的生产实践，并且要到原始冶金术发明之后，这一细节才可能被添加进故事中。至于利斧的来历，就算《开辟演义》这种无厘头的古典洪荒小说也没有涉及，但在民间口传的活文本中倒有交代，那就是——牙变的！我觉得这是一个

盘古与鸡蛋宇宙

明代《三才图会》中的盘古像

元代蒙学读物《金璧故事》中手持斧凿开天辟地的盘古形象

非常合情合理的解释。有些文本说"不知从哪里抓来一把斧子",是不对的。混沌里的精华既然都给了盘古,就没必要啰里啰唆遗留下一把具有开辟神力的巨斧了。简洁的才是有力的。根据大神的"化身"原则,拔牙变斧是最可靠的途径。

盘古开辟时拔的是哪颗牙呢?我想应是虎牙。因为虎牙最具攻击力,符合开辟神斧的特性。如果一定要说是门牙,因为门牙切断功能最强,也不是不可以。

顺便说一句,各族口承神话中,另有创世神"手撕"天地的例子。可见如今抗日剧中的"手撕"母题真是其来有自,不愧超级英雄炫耀力量的最佳途径。

关于"盘古身虫化为人",通俗点说,就是"人类是由盘古身上的虱子跳蚤螨虫细菌之类的小可爱被风一吹变成的"这个说法,简直就是孙猴子一抖身上虱子变出千万个小悟空的太古版,想必读者诸君都感到甚是酸爽吧。其实,除了这些小微生物和大家耳熟能详的泥巴,造人的候选素材还很多,种种草木、禽兽、矿物,都曾拿到大神们的实验室里做原料。

再顺便说一句,其实盘古也未必总是"一个神在战斗"。在某些异文里,盘古有妻子,或者有兄弟(盘生),他们一起创造了世界。在这类故事中,盘古夫妻或者兄弟的形象比较"文明"(相对于蛮荒时期的原始粗糙),其神圣指数,勉强能给鸡蛋里的原始大神提提鞋吧。

盘古后来被道教吸收入仙话,元始天尊、元始天王、元始上真等身上都有他的影子。

阴阳二元神

这个故事有着比较明显的原始道家思维特点。以阴阳二气为神，以二神相交而造世界，是"一生二，二生三，三生万物"的玄幻版视觉化呈现。

故事

最初，没有天也没有地，宇宙间只有一片混沌，昏暗幽深、无边无际，没有任何形状。

在这一片混沌之中，有两个神同时诞生了，祂们就是阴神和阳神，祂们诞生后的首要任务，就是营造出天和地来。由于祂们的本性是相对的，所以顺着这两个相反的方向，祂们造出了深远得不知尽头的天空，以及广阔得不知边界的大地。祂们以天为阳，以地为阴，在这个基础上，又分出了四方和八极，每个方位也各有自己的阴阳属性。

在柔和的阴气和刚强的阳气的相互作用下，世间万物也逐渐诞生了。从那些繁杂的气息中产生出了鸟兽虫鱼等动物，而从那些精纯的气息中，则产生出了人类。

掰书君曰

这个故事，见于西汉刘安主持编辑的《淮南子·精神训》以及《楚帛书甲篇》。故事讲的是阴阳交合而创世的过程。根据其主旨，这一创世工程完成之后的宇宙常态，可能就比较接近"宣夜说"的描述了：气，无边无际、无所不在的气；宇宙万物在气中生存与运动。

阴神与阳神是谁，原文并没有提及。阴阳交合生世界的思想在当时的民间是有的，但未必形成了流传有序的神话，所以淮南王团队编撰此文时，也

原文出处

《淮南鸿烈解》卷七《精神训》:"古未有天地之时,惟像无形,窈窈冥冥,芒芠漠闵,澒濛鸿洞,莫知其门。有二神混生,经天营地,孔乎莫知其所终极,滔乎莫知其所止息;于是乃别为阴阳,离为八极,刚柔相成,万物乃形;烦气为虫,精气为人。"

阴阳交合,化生万物。(四库本《钦定补绘萧云从离骚全图》)

就攫其意来说说道理,并未刻意追究乃至创造出神的名字。从这一点来看,刘安团队不如徐整老师有追求。

也有人说,这两位大神,其实就是女娲和伏羲。女娲是阴神,伏羲是阳神,两人分离又结合,阴阳二元相生相济,化育出了万物。

将这两个气化神比附到女娲与伏羲身上,还是有道理的。首先,女娲就神格而言,的确有创世的资质;而伏羲,虽然从现存事迹看更接近文化英雄(人或半神),但他的形貌与女娲和烛龙都很相似,这足以让人推想他的古老神力了。其次,女娲与伏羲的阴阳相对关系,是两汉时期的大热门话题,毕

汉代画像石西王母（中）与伏羲女娲图

竟阴阳、占星、谶纬等学说在当时达到了一个成熟的高度。我们在当时的画像砖石上经常能看到对二者的并举和分工。

　　有时候，另一位来历迥异的大神西王母也会加入这个大神俱乐部，所以我们也能看到三者并存的画像流传。有趣的是，虽然在三人行的画面中，西王母并不介入女娲与伏羲的阴阳配对工作，可有时西王母又会被单独拿出来，与东王公构成对偶神，从而建构起与女娲—伏羲相似的西王母—东王公的阴阳二神模式。详见后文西王母章节。

天地的结构

之前的几个故事,咱们聊到了浑天说和宣夜说视点下的创世过程,这个故事,咱们聊聊盖天说视点下的宇宙大致是什么模样。

故事

最初,天地分开之后,圆鼓鼓的天幕笼罩在平展的四方大地上,这叫作"天圆地方"。

神的四肢化成了四根巨大的柱子,支撑在大地的四个角上,以免天塌下来,重新与地合到一起。这些柱子就叫作"天柱"。

天柱最初只有四根,后来水火二神打架撞断了西北方的那根,就只剩三根完整的了。女娲大神捉来一只巨鳌,砍下它的四肢,分别立在了大地的东南西北四边,支撑起天幕。这样,大地的八个方向都就有了天柱,是为"八柱"。其中那根撞断了的,还有了个新名字,叫作"不周山",不周就是不完整的意思。

也有人说,天柱原本就是由大地上的高山担当的,八柱就是八座高山。据说昆仑山就是一根天柱,它的顶端直插云霄,天帝甚至将祂的下都安设在了那里。也有人说,昆仑山本身不是天柱,但昆仑山里有根大铜柱,合围达到三千里,那才是真正的天柱。

天柱是用来分开和支撑天与地的,那么,撑开后的天地会不会离得过于遥远乃至散架呢?为了防止这种情况出现,在大地的四个角,又各有一条巨大的绳索,将大地与天幕紧紧绑在一起。这四条巨绳就叫作"四维"。巨绳分别系在天和地的两端,所有又有"天维"和"地维"的分别。

在天地之间还有一些天梯。天梯可能是山(昆仑山、灵山等),也可能

原文出处

《大戴礼记》卷五《曾子天圆第五十八》：「天圆而地方。」

《列子·汤问》卷五《汤问第五》：「使巨鳌十五，举首而戴之。迭为三番，六万岁一交焉。」

《绎史》卷一引《五运历年纪》：「首生盘古，垂死化身……四肢五体为四极五岳。」

《楚辞》卷三《天问章句》：「八柱何当？东南何亏？」王逸注：言天有八山为柱。

《太平御览》卷三八《地部三·昆仑山》：「《神异经》曰：昆仑有铜柱焉，其高入天，所谓天柱也，围三千里，圆周如削。」

《淮南鸿烈解》卷六《览冥训》：「四极废，九州裂……断鳌足以立四极。」

《淮南鸿烈解》卷三《天文训》：「天柱折，地维绝。」

《太平御览》卷三七《地部二·地下》引《关令内传》：「地厚万里，其下得大空，大空四角下有自然金柱，辄方圆五千里。」

是植物（建木、马桑树、藤蔓等），它们的存在是为了便于地面的人与天上的神灵沟通。

好了，现在天地之间的距离和位置关系稳定了，我们来看看大地之下有什么吧。

原来，大地之下就是原始的汪洋，浩浩渺渺，无边无际。为了防止大地沉入海底，神派了一只巨大无比的鳌鱼来驮起大地。可是，这种工作实在太枯燥、太辛苦了，当鳌鱼驮累了的时候，就难免略微动一动，翻翻身。对于生活在大地上的人们来说，这就是可怕的地震了。

也有人说，大地之下并不是汪洋。大地很厚，有一万里深，再往下就是大空洞了。神怕地塌下去，就在空洞的四角支起了四根大金柱子，每根合围都有五千里那么粗。这就是"地柱"。

掰书君曰

关于天与地的原始状态，有两种截然相反的表述。其中一种如本章节故事所言：天地原本是在一起的，需要被分开（有的故事甚至说天地原本是夫

鳌鱼驮起天地 七小 绘

妻,或者"天父地母",被强行分开之后的眼泪化作了雨水等等);而另一种恰恰相反:天地原本是分开的两片,需要被黏合或者缝合。

我们来看一个流传在白马藏族等族群中的口头神话传说,它提供了后一种表述的例子:

> 最初,两个神分别去造天和造地。天被造成了圆的,地被造成了方的,天造得比较小,地造得比较大。造完了盖在一起,发现天地的形状和尺寸都对不上。神没有办法,只好使劲地把地往中间挤,终于将地与天扣合上了。
>
> 地原本是平展的,挤压的过程中挤皱了,有些地方就鼓了起来,有些地方陷了下去。鼓起来的地方就成了山脉,陷下去的地方就成了沟谷。[1]

不管是需要被分开还是需要被缝合,总之,神力出现了,或拉或推,将天和地的距离调整到了理想状态,并且使用了天柱、地维、地柱等工具来稳固这个空间结构。在这样的结构中,天盖着地,水浮起地,人与万物生活在中间这层大地上,宇宙像个巨大的肉夹馍。

关于天地之间的距离,某些故事说,早期,天地间的距离平衡态比现在要近得多,人可以很容易上天去。可是由于人犯错或别的原因,天被升高了,成了现在的样子。

昆仑山作为天柱,很接近"世界之脐"的概念(陈建宪)。它像肚脐眼一样,是世界之体的中心;它像脐带一样,是天地之间的纽带。"世界之脐"是一个著名的神话母题,印度神话中毗湿奴肚脐上的莲花,古希腊神话中宙斯的两只神鹰相会之地德尔菲等,都是这样的"脐",是世界的中心。在我国的某些口承神话中,天地分开是因为其间的联结物(神山、藤萝等)被砍

---

[1] 改写自四川白马藏族《民间文学资料集》相关故事,扎嘎才礼、小石桥、顶专讲述,谢世廉、周益华、姜志成、周贤中搜集,收录于陶阳、钟秀编《中国神话》中篇名为《天、地、人的起源》。

断。砍山、砍藤萝，等同于剪断脐带，隐喻着天与地互为母体，当成熟后就需要彼此脱离、独自生长。

大铜柱的说法显然是后起的，至少在早期冶金术发明之后才会产生。

提供肢体做撑天四柱的神，一说是盘古。虽然我们知道盘古出现在"浑天说"的创世故事中，但"浑天说"思想在神话故事中的贯彻并不彻底。毕竟，就算古代科学家构拟出了"天球"的概念，神话的普通口承者们大概也很难将其落实到想象细节中。就其形成之后的天地结构看，盘古创造的世界仍然是天盖地的。

驮大地的不一定是鳌，还有乌龟、公牛、蛤蟆、鳄鱼等倒霉蛋。天柱的话题另可参看女娲章节。宇宙模型和天球的问题另可参看太阳神羲和章节。

关于"盖天说"是如何"叠罗汉"的，古印度的说法颇为有趣：最上面是天，天下面是地以及地上的万物，地由四头大象驮起，四头大象则由下面的一只超级巨无霸大海龟驮起，大海龟下面是原始汪洋，而这一切，都在一条巨蛇的怀抱中。难为它们将这世界的架子搭得如此复杂却如此稳定，这总让我想到吴桥的杂技特训班。

关于原始汪洋。《黄帝书》说："天在地外，水在天外，水浮天而载地者也"，水是比天地更宏大的存在。这个水，是天水（银河）与地水的合称，是"两河三界"宇宙空间观中的"两河"（陶思炎），我以为其实也可以看作原始汪洋。每天值班的那个太阳西沉地平线之后，应该就是通过地河或者原始汪洋，而回到扶桑准备次日的行程。又，古人故事常有沿着地水走到极处，就到了天河的情节，比如"贯月槎"、严君平[1]等故事，隐隐印证了"地水与天水相连，并包裹大地"这种结构，并且说明水也是人神交通的重要渠道。

---

[1] 晋代王嘉《拾遗记》记录："尧登位三十年，有巨槎浮于西海，槎上有光，夜明昼灭，海人望其光，乍大乍小，若星月之出入矣。"又南朝梁宗懔《荆楚岁时记》记载："旧说天河与海通……有人……乘槎而去，……至一处……遥望宫中有织妇，见一丈夫牵牛渚次饮之。问此是何处，答云，君还至蜀都，访严君平，则知之。……后至蜀……君平曰：某年某月，有客星犯牵牛宿。计年月，正此人到天河时也。"

古印度龟象蛇"叠罗汉"的神话
（上层小象驮的当是须弥山）

本章咱们专门聊聊汉语文献中的大女神——女娲。女娲是个全能女神,神格极高,可以创世(疑似),可以造人、造动物,还能够再造天地,这远远超出了一般神祇的能力范围。可知从原始社会起,她就是被作为始母神祭奉的。

第二单元

孤独的大母神

合伙造人，诸神有份

讲女娲的故事，一般先从造人讲起。不过，本书在讲女娲造人的故事之前，先请大家来看另一个造人故事的版本。在这个版本中，女娲并不是独自造人，而是组成了一个团队进行集体作业。

故事

起初，天地间没有人，但有了神。

那时候都有什么神呢？有女娲，还有黄帝、上骈、桑林等等。

女娲的神力非常伟大，一天之内，可以变化出七十种东西来。

关于女娲的神力，我们还知道，女娲后来也像盘古一样，实现了垂死化身。她到底化育出了多少东西，我们已经不清楚了，不过，光是她的肠子，就化成了十个神人，祂们都居住在栗广之野这个地方。想来，她的全身不知化出了多少今天我们这个世界里的东西。

黄帝是著名的大神，是混沌之后的某代中央天帝，他的故事我们以后会聊。

上骈和桑林长什么模样，有什么神力，现在没有人知道。

女娲、黄帝、上骈、桑林诸神决定合力造出万物的灵长来。

黄帝造出了人类的阴阳，以区分男女；上骈造出了人类的耳朵和眼睛以感知世界；桑林造出了人类的手臂以生产劳作……女娲与祂们合作，造出了完整的人。但女娲在这项集体造人工作中具体做了什么，现在已经不知道了。

掰书君曰

关于人类的由来，除了我们耳熟能详的"女娲造人"说，还有"盘古身虫化为人""天地间精气化生人类""盘古夫妻繁衍人类""诸神造人"等说

原文出处

《说文解字注》卷二二《女部》：「娲，古之神圣女，化万物者也。」

《山海经·大荒西经第十六》：「郭璞注曰：『女娲，古神女而帝者，人面蛇身，一日中七十变。』」

《淮南鸿烈解》卷一七《说林训第十七》：「黄帝生阴阳，上骈生耳目，桑林生臂手，此女娲所以七十化也。」

《山海经·大荒西经第十六》：「有神十人，名曰女娲之肠，化为神，处栗广之野。」

《世本·帝系篇》：「女娲氏命娥陵氏制都良管，以一天下之音；命圣氏为斑管，合日月星辰，名曰充乐。既成，天下无不得理。」

法。本节提供的是诸神造人版。

这个故事在来源和时间上都比较杂糅，比如，将黄帝这个后来世代的神，放到了创人之初。当然，也有可能黄帝与上骈、桑林等神名一样来自远古，后来保留下黄帝之名，向他身上附会了更晚期的神话内容。

前文提到，作为母系氏族社会人们共同的精神偶像，女娲其实应该是创世神，她所具有的开辟鸿蒙和化育万物的功能，在人类进入父系社会之际，经过两性夺权斗争，大部分被转移到了类似盘古这样的男神身上。《说文解字》释"娲"："古之神圣女，化万物者也。"说明至少到东汉许慎的时代，还是有女娲"化万物"的神话片段或其精神主旨留存的。

"化万物"的"化"，从原始意义上看，不是造，不是生产，而是肉身的"分解"，以自己为创造世界的原材料。这与前文提到的元兽或盘古的"原始肉体"的性质是相通的。

《抱朴子》说"女娲地出"，似乎表明女娲是地祇，是地母。早前，地祇的地位可能曾经高于天神，因此《抱朴子》此说并没有贬低女娲的意思。生产力略微发达之后，数万年困在土地上讨生活的原始人懂得抬头看天了，渐渐出现了天神；渐渐的，天神高于地祇了，女娲便又具有了天神的特质。

加上她在造人方面的贡献，她还具有人祖的特质。所以，女娲可以视为集天神、地祇、人祖三重身份于一身的大神。

"女娲之肠"，应该是她创世神力的残存片段。可以想象，在最初的神话中，十神不会平白无故地站在栗广之野上，祂们当然有自己的职司和事迹。祂们的神力，一定在某些时候、某些事件中有所发挥。有人说女娲之肠就是一条可以幻化为十个人形的神蛇，我觉得倒也未必。蛇又不是蚯蚓，断成几截还能独自存活，这种说法缺乏生物学的发想基础。何况女娲已经蛇身了，肠子再单独变成一条或多条蛇，逻辑上有什么必要呢。而且女娲原本能"化万物"，这么大蛇小蛇一转换，似乎蛇只能变同类，倒把她的神力局限住了。

"十"这个数值，让人联想到《山海经·大荒西经》中以巫咸为首的"灵山十巫"，这些著名的巫师能够沿着灵山这座天梯上达天庭。在神话世界里，栗广之野与大荒中的灵山看起来似乎相距遥远。可是考虑到神话的流变，考虑到巫文化在几千年中的散布，考虑到女神与女巫的权力共生关系，如果我们说"十神"与"十巫"有辗转相通的渊源，倒也未尝不可。

女娲（汉画像石，江苏徐州）

女娲"一日七十化"是什么意思，不很明确。可能是她自身一天七十变（七十言其多），也可能是她一天能化育出七十种东西（物种）来。当"化"作"化育"理解，就不再是上文提到的"分解"之义了，而是变化孵化、培育哺育，近似于拿世界上的现成材料（土火水风等）揉捏搭配、组合出新的物种。"培育出万物"比起"肉体分解为万物"，自然是比较"文明"的说法。不过我个人倒是更喜欢"分解"这个动作所体现的原始的粗暴和慷慨。雷德利·斯科特的科幻电影《普罗米修斯》中，那个外星"工程师"将自己分解成基因以创造地球人类的情节，就尽得"分解"之妙。

关于组团造人这种有分工、有协作的先进生产方式，这个故事并不是孤例。事实上，乐意加入造人天团的，有夫妻、兄妹、姐弟、母子、仇敌、始祖+动物的各种结合，看起来在古早创立物种溯源

女娲（汉画像石，陕西绥德）

合伙造人，诸神有份

女娲之肠十神（清代汪绂释《山海经存》）

十巫（清代汪绂释《山海经存》）

神话的那个阶段，先民们真是思维发散，积极踊跃，敢想敢干。

关于女娲团队的其他成员，除了本故事的这个桑林＋上骈＋黄帝版本，《世本·帝系篇》另外提到了"女娲诸臣"，有制都良管的娥陵氏，以及制作斑管的圣氏等，[1]似乎说明在某些传承中，女娲并非孤家寡人，而是像后来的黄帝一样，有个领导班子。从文献语意来看，这里的女娲，很可能是历史化的女娲氏，是一个部落女首领。娥陵氏、圣氏，都是其部落中能干的辅佐者/助手。

"黄帝分阴阳"这个说法，请对比后文会提到的"女娲别男女"。赋予人类性别这一功能，等同于赋予人类生殖功能。生殖是先民部族延续的头等大事，那么是谁恩赐了这一功能呢？我们从不同神话文本的冲突中可以发现，一度，这伟大功绩的归属，是在男神（如黄帝）和女神（如女娲）之间拉锯争夺的。

---

[1] 都良管，可能是统一音律的工具；斑管，可能是一种竹制乐器，从原文它能"合日月星辰"看，似乎上面所凿的孔洞的数目与日月星的数目之间有某种关系。

大女神的手工

这是大家耳熟能详的"女娲造人"故事。请留意后半部关于残疾、贫贱的解释与"人日"的来历。

故事

世界被创造出来之后,不知道过了多久,天地间诞生了一位女神,叫作女娲。女娲的形体是非常大的,到底有多大呢,我们并不很清楚。

女娲独自行走于天地之间,虽然无忧而安宁,却感到孤独,因为,她只能与自己的影子为伴。于是,女娲用自己伟大的神力化育出了世间的诸多动物:第一天,她造出了鸡,第二天造出了狗,第三天造出了猪,第四天造出了羊,第五天造出了牛,第六天造出了马。

第七天,女娲用水和着地上的黄泥,照着水中自己的上半身,捏出了一个个小东西。为什么是上半身呢?因为女娲大神的下半身是蛇形。大概她觉得对于不会飞的小东西们而言,分开的下肢比合拢的一条尾巴更方便活动吧,所以她就为他们设计出了两条腿的构造。

小东西们一放到地下就活了,他们围着女娲叫"妈妈"。女娲欢喜极了,管这种小东西叫作"人"。

女娲继续用黄土捏出一批批的小人儿,让他们去享受这美好的天地。这时候忽然来了一阵雨,女娲怕泥人淋了雨坏掉,赶忙拿扫帚和箕畚把小泥人撮起来放到山洞里。情急之下,有一小部分泥人就被撮坏了,断个胳膊断条腿什么的,这就是残疾人的来历。

天晴之后,女娲继续捏泥人。可是逐个捏泥人实在太费事了,大地那么广袤,需要那么多的人去充满它,女娲的捏制速度根本赶不上供应。后来,

女娲造人 七小 绘

原文出处

《太平御览》卷七八《皇王部三·女娲氏》引《风俗通》：「俗说天地开辟，未有人民，女娲抟黄土作人。剧务，力不暇供，乃引绳于絙泥中，举以为人。故富贵者，黄土人也；贫贱凡庸者，絙人也。」

《四库全书总目·子部》卷一一〇《东方朔占书》三卷：「岁后八日，一日鸡，二日犬，三日豕，四日羊，五日牛，六日马，七日人，八日谷。」

闻一多先生在《伏羲考》中转录的《道藏洞神部洞神八帝妙精经》中的女娲蛇形画像

女娲就抓来一根藤条伸到泥浆里搅和，然后向地面这么一甩。飞溅出来的泥点落到地面上，也变成了一个一个的小人儿。

如此一来，女娲造人的速度就快多了，大地上很快布满了人类的行踪。

与天地间其他万物不同，人是女神比照着自己的上半身创造的孩子，得到了女神全部的宠爱。

天地间终于不再寂寞，喜悦充满了女娲那颗伟大的神心。

有人说，女娲用手工精制出来的是富贵之人，用绳子大规模生产出来的是贫贱之人，这就是天下有富人和穷人之分的来历。

后世按照女娲创造这些重要动物的顺序，将每年的大年初一叫作鸡日，初二叫作犬日，初三叫作豕日（猪日），初四叫作羊日，初五叫作牛日，初六叫作马日，初七呢，就是人日了。每年到了人日这一天，大家都要戴华胜[1]、吃七宝饭、出门游玩，想方设法庆祝人类自己的生日。

接下来还有初八。初八，女娲造出了谷子，那是给人类的粮食，所以初八也叫谷日。大母神对人类的爱护，真是悉心周到啊。

---

[1] 华胜，又作花胜，古代女性佩戴的一种发饰。

女娲(《山海经》明代蒋应镐绘图本)

掰书君曰

  女神崇拜、女始祖崇拜、女神崇拜与女始祖崇拜结合出的女始祖神崇拜，归根结底还是先民在不了解生殖原理的情况下，对女性生殖功能的单方面崇拜，是原始的女性至上主义。

  所以，女神无性造人的神话，连同女神创世、女神救世神话一起，都是绝对女性神话，对应着人类生产力和智力的绝对呆萌时期。那时候连爹都没有，也就没有男神。我们从今日人类婴儿的表现中也能一窥远古印记：周岁以内的乳婴有母万事足，完全不知道父亲的重要性。

  大神女娲的形貌是人首蛇身的，这是相当古老的记载（也有部分古画作蜥蜴身等）。关于她照着自己模样造人的说法，与希伯来上帝的造人模板相类，但恐不见诸古文字，而流传于口耳间。如果女神真是照着自己模样捏泥娃娃，那么，她舍弃自己的蛇尾巴而赋予人类两条能够直立行走的腿脚，就是女神对于物种演化最大的贡献。想想吧，那时候天地间还没化育出猿猴这种东西呢——因为从初一到初八的造物都没它。呵。

女娲造人的故事还解释了人类社会的两种重要现象：

第一是贫富差距的由来。由于造人的技术手段不同（精磨手工版与简单粗暴批量工业版的区别）而形成了人类之间的贫富差距，并且以"命定"的方式将这些贫富基因遗传给了后代；

第二是残疾的由来。由于女神的失误导致某些人先天不足，这种说法既有让人认命的意味，同时也未尝不是一种心理安慰和心理治疗——残疾者仍然是神的子民，并且残疾由神亲自造成，意味着残疾也是神的旨意。遗憾和痛苦似乎通过神话得到宣泄，变得不那么伤人了。当然，这两个情节的加入应该都是相对后起的。

为什么先民会认为人是用泥土制造的，关于它的解释中一般有两个要点：

第一，人的身上有汗泥，搓下来就是一根根泥条。想想先民的卫生条件吧，不是每个部族都生活在山清水秀的九寨沟里的，尤其缺水的时候，他们的自身清洁工作就只能靠"干洗"了。从身上搓泥，大概也是一项快乐的消遣。

第二，原始制陶业的发展，让先民发现了泥土的可塑性及其性质转化途径，从而构想出了一个新的物种创生模式，我称之为"捏塑烧烤法"。作为参考，请对比另外两个物种创生模式（名目是我起的，不是成说）：一种模

女娲（Werner, E.T.C. 1922. *Myths & Legends of China*）

大女神的手工

式最常用，叫作"积木拼插法"，即把各种动物的各种身体零件以各种数量胡乱结合，从而构建出一个新的神或神兽的形貌，最典型的例子当属龙和瑞兽麒麟；另一种模式叫作"基因重组法"，即让不同的物种通过联姻，产生出新的物种/神怪，比如"马头娘"的传说中，马皮裹住人就变出了蚕，蚕并不是取马头和人身子拼接而成，而是一个全新的物种，长得跟爹妈都不像。而本节所说的"捏塑烧烤法"，比"积木拼插法"和"基因重组法"都更进一步，它的想象空间更自由，随意尺度更大，想捏成什么样都行，然后用神圣的火焰加持一下，就固化了。在这种情况下，创造者心态从人向神发生挪移，造物主是人与禽兽的神，而人成了锅碗瓢盆的神。

当然，不制陶，不烧烤，光玩玩泥巴，也能产生类似的造物模式构想。成年的先民大概没工夫玩泥巴，但原始人也有童年啊，幼年撒尿和泥的手工课记忆，照样启迪成年后的智慧。不过，从童年乐趣到成年发明，这个巨大的跨度，如果有经常的物质刺激为介质，会显得更合理些。此外，在美洲某些印第安部落的神话里，神的确是要把泥人放到炉子里烧烤一下才变成活人的，这旁证了"捏塑烧烤法"的起源与制陶的关系。原始制陶业对产生该类型的造人神话功不可没。

除了泥土之外，造人的原材料还有很多。前面盘古身虫化人和后文的密洛陀章节，约略提到有各种植物、动物、矿物、石头，包括蜂蜡等等，不一而足。很多时候人的成分不是单一的，而是由多种原材料拼装组合而成。《封神榜》中的哪吒重生故事，其实就是这一混装组合造人大法的再现。

从鸡日到谷日，民间口承中一般解释为女娲所定。这算是民间对女娲伟大神格的复指强调吧。换句话说，女娲作为汉语文献中硕果仅存的女神之一，毫无疑问也是个"箭垛式"的人物。

造人试验的事故报告

既然说到了造人,请容我在女娲系列故事中插播一则试验事故报告。这个故事主要是为了说明,当初神为了造出人这个新物种,其实是进行了漫长的"实验室科研"的。神是多么严谨务实啊!

故事

从前,天地造好了之后,神决定造些人派到地上居住。

神第一次派来了"一寸人"。顾名思义,"一寸人"的身高只有一寸。这么小的人在大地上太受欺负了,老鹰要来叼他,乌鸦要来啄他,土耗子要来咬他,连黑芝麻大小的蚂蚁居然也成群结队地来欺负他。这个脆弱的人种没办法保护自己,慢慢地死绝了。

第二次,神派来了"立目人"。"立目人"的意思就是说,他们的眼睛是竖着长的。可是立目人太懒了,他们不会种庄稼,又不肯学,天天就坐着吃喝。等到身边能吃的东西都吃光后,立目人也渐渐地饿死了。

神吸取前两次的教训,第三次派来了"八尺人"。"八尺人"身高八尺,力气大,食量惊人,三年收成的庄稼还不够他们一年吃。当然,他们也试过别的办法,抓捕野兽、禽鸟,采集野果、野菜,添在粮食里一起吃。可是挡不住他们胃口大呀,终于,天底下的东西都被他们吃光了,八尺人哭啊哭,最后也逐渐灭亡了。

神于是再次调整了造人方案,最终,祂造出了我们现在这样的人类派到地下。这样的人类身高适中,饭量适中,秉性比较勤劳,终于在大地上扎下了根,一直延续到了现在。

掰书君曰

这个故事根据白马藏人的神话故事《人的起源》改编。不光是白马藏人,在彝族、哈尼族等民族的神话中,都有类似的造人返工报告。这些不同批次的人种之间是取代与被取代的关系,不能并存。看他们之间的代际嬗替,总感觉这些故事似乎隐喻着人类从动物界分离或者人与神分离的过程,也没准还隐喻了智人取代丹尼索瓦人、尼安德特人等其他人属物种的历程。

关于眼睛的形态是个有趣的话题。

本故事对于几代人之间眼睛的差异其实描述得不突出,只提到第二代人是"立目"。"立目"是个什么状态呢,应该就等于二郎神脑门上那只眼睛的样子。也有人说,"立目"可能是指眼珠很突出,好比三星堆青铜面具上的眼珠那样,像个柱子般从眼眶里突出来。古蜀国神话详见后文相关章节。

还有专门以眼睛区别几代人的。比如,在不同彝族地区流传的创世神话里,神的手工作品就分别被命名为"独眼人""直

原文出处

改写自四川白马藏族《民间文学资料集》相关故事,扎嘎才礼、小石桥、顶专讲述,谢世廉、周益华、姜志成、周贤中搜集,收录于陶阳、钟秀编《中国神话》时篇名为《天、地、人的起源》。

立目人(《山海经》明代蒋应镐绘图本)

一目人(《山海经绘图广注》,清代成或因绘)

一目人(清代汪绂释《山海经存》)

一目人(清《边裔典》)

三星堆纵目面具

眼人"和"横眼人"(或其他异文)。与此相应的,独眼人和直眼人都有道德缺陷,心肠不好,直到最后生出像你我这样的横眼睛人,才终于配得上万物灵长的重任了。这个故事告诉我们,今天人类两眼横着长在脸的正前方这种视觉生理构造,是神饱含深情与期许的设计。所以,物种虚无主义者们,不必去羡慕蜻蜓、蜥蜴和苍蝇们的复眼、两侧眼了。

对比女娲造人的故事,我们可以看到,女娲所造的两代人("手捏人"与"藤甩人")都存活了下来,而且两代人在生理特征上并没有区别。所以他们并存了下来,成为贫富差距的始因。

而彝族、哈尼族、白马藏人等,虽然在各族族源问题上有争议,但大体都是古代氐羌人的后裔,所以他们的造人神话情节彼此相似,而与汉语文献体系的说法有较大差异,也就不奇怪了。

▶ 咦，多出一条染色体？！

好了，现在说回大母神女娲，本故事讲的是她如何别男女、定婚姻。从无性繁殖到有性繁殖，生物界经历了多么漫长而痛苦的演进。然而这聪明而关键的跃进，在女神那里不过是一拍脑门加条染色体的急智而已。女神威武！

故事

女娲大神造出的最初那批人类是非常脆弱的。他们刚刚来到这个世界上，还没有适应天地间的复杂状况，也没有太多生存的本领，很容易因为各种原因而死亡。

每死亡一批人类，女娲就要再造一批，就算是用上了简单粗暴的"藤条甩泥点"造人大法，也还是供不应求。如此烦琐重复的工作，让女娲忙碌极了。

女娲想出了一个办法。她将人类分出了男人和女人，给予他们不同的身体构造。她又制定了婚姻制度，让男人和女人一一结合，组成家庭，共同承担起生儿育女的责任。

这样一来，人类就可以依靠自身的力量在天地间繁衍下去，世世代代、生生不息。

因为女娲发明了对人类存续至关重要的婚姻制度，后世的人们便将她尊为"皋禖（高禖、高媒）"，就是婚姻之神。每年春天，在人间帝王（天子）的率领下，人们都要在郊外她的禖宫（神庙）前，用最隆重的牛羊猪"三牲"（太牢）来祭祀她，在她面前跳热烈的舞蹈，并且在她的神庙附近结为夫妻。

同时，由于女娲赋予了人类生育的功能，后世的人们又尊她为最早的生育之神。那些结了婚又求子心切的人，也会经常到她的禖宫去虔诚地求告。

原文出处

《绎史》卷三引《风俗通》:"女娲祷祠神,祈而为女媒,因置昏姻。"

《路史》卷一一《后纪二·禅通纪》:"以其(女娲)载媒,是以后世有国,是祀为皋禖之神。"

《礼记注疏》卷一五《月令》:"仲春之月……以大牢祠于高禖。"

山西河津高禖庙,始建于夏启之子仲康执政时的丙寅年(前2022年)

掰书君曰

造人、别男女、定婚姻,这"大母神三部曲",是女娲之所以为大母神的根本功绩,从中我们可以看出母系时代女神在部族中所拥有的绝对权威。在其他各族的造人神话中,这三个环节也同样成为系列,是造人神话的纵深发展。三个环节都得到解释,标志着人类真正在地球上刷出了存在感。

"别男女"的含义,可以理解为先民对男女身体构造差异的直观印象,也未尝不包含着对生殖原理的朦胧理解。

"定婚姻"显然是个后起情节,有两层含义:第一,有性繁殖的秘密被发现了(光有妈没有爹生不出孩子,染色体差异对于生殖的贡献得到了人类的承认);第二,人类进入了对繁殖策略的有意识选择和实施阶段(再

东汉日月神伴皋禖画像砖拓片

也不是纯下半身驱动、逮谁是谁了）。群婚、血婚、普那路亚婚[1]、族内婚、族外婚、对偶婚……从这堆存续情况纷繁复杂的婚配制度名目，到现代一夫一妻制为主的多轨并行模式，婚姻制度的复杂嬗替，保障了人类"增加子嗣""保全子嗣"直至"优选子嗣"的进阶愿望得以进阶实现。

"定婚姻"意味着两性以对偶结合的方式被普遍赋予了生殖权（而不是像黑猩猩族群那样由雄性寡头垄断交配权），也意味着族群承认并保护两性关系的稳定性和牢固性（而不是同意男女两人可以随时拆伙，从而导致后代缺乏抚育的悲剧频繁发生）。

顺便说一句，美国生物学家谢尔盖·伽伏利特认为，人类的雄性向雌性提供食物、其他资源和配偶保护，是促成人类婚配制度（由动物式的滥交或寡头垄断）向一夫一妻制转变的重要因素。将这个意思拿到现代中国社会来，似乎"宁可坐在某车里哭"的女孩子们可以理直气壮地发声了：对啊，我交男朋友就是为了让自己过得舒服呀，如果他不向我提供食物、其他资源和保护，我为什么要跟从他呢？关于这个问题，我略发两句小议：第一，修正后的马斯洛需求理论将人的需求分为六个层次——生理、安全、情感与归属、被尊重、自我实现、自我超越，其中，生理需求和安全需求都属于与动物界共享的、较低的需求层次，而作为"人"，其实可以做更多符合本物种层次的事；第二，他就算给你提供衣食（成为你的"经济资源"），他也未必跟你"一夫一妻"啊，他很有可能"一夫多妻"，所以他也很可能在你作为他的"生理资源"枯竭后单方面"休妻"，中断衣食资源供给。人是经济动物，这么没保障的事情不划算呢。

---

[1] 普那路亚婚，19世纪夏威夷群岛上留存的一种原始婚姻制度，是群婚的高级形式，被认为曾广泛存在于人类社会中。指一群女子（姐妹）与一群平辈且血缘较远的男子，或者一群男子（兄弟）与一群平辈且血缘较远的女子互相通婚。

天塌地陷，行星陷入深渊

女娲补天的故事，可能对应着史前的一次乃至数次巨大的地质灾难[1]。原始初民将对这场灾难的刻骨铭心的记忆化入其野性的思维中，以口头讲述的方式逐代传承下来，成为文艺。

故事

在创世之后，不知经过了多少漫长寂寞的岁月，天地间又出现了一批新的神族。大神女娲与这个神族有没有关系、有什么关系，我们并不清楚。这个神族里是否包括我们在之前的故事里提到的黄帝、上骈、桑林等神，我们也不清楚。我们能够确定的是：在这些神里面，包括火神祝融和水神共工。

现在没有人确切知道，神族和人类的出现到底谁先谁后。可以推知的是，在相当长的一段时间内，人类和神族各自过着各自的日子，互相谁也不打扰谁。

但是有一天，火神祝融和水神共工打起仗来了。

据说，共工是祝融的儿子，但是，水火不能相容，所以这爷俩一打起来就是玩命的架势。最后，儿子打不过老子，水神共工失败了。

当初盘古化身之后，支撑天地的工作是由"天柱"来承担的。打了败仗的水神共工气急败坏，不知是因为不想活了，还是就想恶狠狠搞破坏出口气，祂一头就把西北方的天柱给撞断了。

---

[1] 地质时代的等级从大到小依次是代、纪、世、期。约一万年前，第四纪晚更新世最后一个冰期结束，开始了全新世，又叫做冰后期。全新世古气候有 2500—3000 年的周期现象。其第二个周期（距今约 7500—4500 年）叫大西洋期，气候温暖潮湿；第三个周期（距今约 4500—2500 年）叫亚北方期，气候多灾变，干旱、洪水频发。世界各地的大毁灭、大洪水和极度干旱传说，可能产生于这一时期。（参见刘兴诗《古蜀文明探秘》，四川辞书出版社 2011 年版）

蜥蜴身子的女娲（汉画像砖，四川新津）

天柱撞断了，剩下的半截就成了山，后来就叫它"不周山"。不周，就是不全的意思。

天柱被毁造成了极其恐怖的后果：天空几乎塌了下来，天幕上露出了巨大的黑窟窿，再也不能完整地覆盖和保护大地，天外令人恐惧的无名虚空侵入这个世界，而世间足以滋养万物的生生之气，则从窟窿中无情地泄漏出去；地面四分五裂，巨大的缝隙和成片的塌陷吞噬着万物；东南方的地维断了，大地的东南方塌下一大块，地面的物体都向那里坠下去；熊熊大火没完没了地燃烧；汹涌的洪水卷起滔天巨浪；一向活在边缘地带的猛兽和凶禽被这场变故驱赶着，纷纷离开了自己的藏身处，出来扑食孱弱的人类……人类面临着灭顶之灾。

人类的大母神女娲亲眼见到这场灾祸所导致的种种惨状，心里真是痛苦极了。她知道，除了她，没有谁能够制止和改变这一切。

女娲于是不辞辛劳地在世间遍选五色奇石，又用火将它们炼化成熔浆。女娲托着这些五色熔浆飞到天上，将天幕上那些巨大的窟窿一一补好。我们今天在空中看到的彩霞，就是女娲当年补天的熔浆发出的光芒。只是，补过的天空毕竟与最初的天空有了差别——西北的天柱短了一截，天空变得有点倾斜了，日月星辰便都往西边落去。

但总之，天上的问题解决了。

女娲又杀了一只身量无与伦比的巨龟，将它的四只脚砍下来，支在大地的四方，以免天空再塌下来。从这以后，世界上天柱的数量达到了八根。

于是，天地间的分离问题解决了。

女娲又杀掉了趁着这场灾乱跑出来为祸的黑龙和其

第二单元　孤独的大母神

女娲补天　七小绘

他猛兽、凶禽，还把芦草烧成灰，埋塞住了四处漫溢的洪水，让大地重新获得平静。但经此灾变，大地也没有完全恢复原貌，东南方塌陷下的地面再也填不平。所以天下的河湖尘埃便都往东南而去，在那里形成了浩渺的深壑。

但无论如何，地面的问题也解决了。

至于造成这个恐怖事件的罪魁祸首共工，也许祂撞完天柱就跑到僻静处躲起来了，也许祂受到了女娲的惩罚，总之祂暂时消停了，要到很久很久之后，才会再出来捣乱。

世界终于重新恢复了秩序。

母亲神女娲以一己之力再造了乾坤，拯救了她亲手创造的孩子们。由于她的伟大功绩，后世的人又尊称她为"娲皇"。皇有灯火辉煌的意思，也有大的意思。"娲皇"这称呼翻译成现代青年体，大致就是"炫酷伟大的娲女神"吧。

人们为了牢记女娲的功劳，还传下来了"天穿节"。在这一天，人们要把煎饼等物品扔到屋顶上，模拟女神当年补天穿的伟大事迹。同时，人们还会祈求今年风调雨顺，天不要再穿一次，不要降下难测的灾祸来。

原文出处

《史记·三皇本纪》唐司马贞补："诸侯有共工氏……乃与祝融战，不胜而怒，乃头触不周山……"

《淮南鸿烈解》卷三《天文训》："昔者，共工与颛顼争为帝，怒而触不周之山，天柱折，地维绝。天倾西北，故日月星辰移焉；地不满东南，故水潦尘埃归焉。"

《山海经·大荒西经第十六》："西北海之外，大荒之隅，有山而不合，名曰不周负子，郭璞注：'《淮南子》曰：昔者共工与颛顼争帝……故今此山缺坏不周匝也。'"

《淮南鸿烈解》卷六《览冥训》："往古之时，四极废，九州裂，天不兼覆，地不周载。火爁炎而不灭，水浩洋而不息。猛兽食颛民，鸷鸟攫老弱。于是女娲炼五色石以补苍天，断鳌足以立四极，杀黑龙以济冀州，积芦灰以止淫水。苍天补，四极正，淫水涸，冀州平，狡虫死，颛民生。"

女娲补天（四库本《钦定补绘萧云从离骚全图》）

掰书君曰

天地闭,孰将辟焉?神器坠,孰将举焉?创世,救世,这都是原初创世级大神功能中的应有之义。这一点再次印证了女娲可能具有的创世神身份。

"共工之战"和"女娲补天"原本可能是两个故事,在流传中被缝合起来,前者成了后者的原因。

一般认为,共工之战反映了上古历史中水族图腾氏族与其他图腾氏族的经济、军事和文化冲撞。与共工打仗的人或神,不仅仅是祝融,还有颛顼、神农等其他说法。关于这几位神,另可参见后文五帝章节。

有几个关于"不周山"的细节值得特别留意:

第一,不周山并不是原始天柱本身,而是它的残余物,"不周"意味着被毁坏了、不完整了。所以,在天柱材质的诸多异文中,它是属于"神或神兽四肢化四极"系列,而不属于"高山为天柱"系列,虽然它的名称里有个"山"字;

第二,在被撞断之前,它是无名的,实在需要名字的话可以叫作"西北天柱"(因为"天倾西北");

第三,它不是唯一的天柱,而是四根原始天柱之一,位于西北方;

第四,如果结合盘古开辟神话来看,四根原始天柱可以视为由盘古的四肢化成;

第五,同样根据"天倾西北"的文意判知,四根原始天柱的位置是在四方大地的四角,而不是四边……

这个故事还巧妙地解释了"八"根天柱的来历。我们知道,"四"这个数字是从创世神的四肢而来,是合理的,但"八"则没有着落。比较合理的解释是在原始"四"的基础上又后加了一次"四"。那么,什么时候、为什么需要增加后来的这个"四",以及后来的四根天柱采用了什么材质,我们在这个故事中统统找到了答案。

虽然故事标题写着"行星",但本故事所隐含的天地结构大体是属于"盖天"系的。关于原始天柱问题还可参看前文"天地的结构"章节。

唱歌，跳舞，处对象

世界上的第一件乐器"笙"，诞生的目的只有一个：促进种族繁衍。所以说，一切艺术源自生殖，并不夸张。

故事

伟大的女娲在平息掉水神共工惹出的大祸事之后，与她的人类孩子们一起，重新过着幸福的生活。

有好长一段时期，人类就像生活在蜜罐子里一样，天真无邪地与周遭的大自然融为一体，吃穿不愁，无忧无虑，一会儿以为自己是马，一会儿以为自己是牛。人与动物界停止了纷争，以往那些凶猛的禽兽蝮蛇之类，全都藏起了爪牙和有毒的螯刺，不再把人类抓来吃掉的心思。这真是一个黄金时代啊。

在这个美妙的时代中，女娲为人类制造出了第一件乐器——笙。

笙又叫笙簧，是将十三根长短不一的芦管插在葫芦里做成的。女娲将制作笙的方法教给了人类，这样，男人和女人们欢聚在一起时，就可以随着笙簧吹出的动人节奏载歌载舞，尽情欢娱。

为什么人类的第一件乐器是笙呢？

笙就是"生"的意思。别忘了，女娲是婚姻之神和生育之神，她为人类制作出这样的乐器，是为了让男人和女人在音乐的感召下，更快速地彼此产生感情，更融洽更和美地相处，充分享受爱情的甜蜜，从而快快地、多多地生育后代。

后来，女娲还让其属神娥陵氏制造出了都良管来统一天下的音律。又让圣氏制造出了斑管，并且暗合日月星辰运行的原理。这两种乐器诞生之后，天下的人就更加明白道理，更加热爱生活了。

原文出处

《淮南鸿烈解》卷六《览冥训》:"苍天补……颛民生。背方州,抱圆天,和春阳夏,杀秋约冬,枕方寝绳;阴阳之所壅沈不通者,窍理之;逆气戾物,伤民厚积者,绝止之。当此之时,卧倨倨,兴眄眄;一自以为马,一自以为牛;其行蹎蹎,其视瞑瞑;侗然皆得其和,莫知所由生,浮游不知所求,魍魉不知所往。当此之时,禽兽蝮蛇,无不匿其爪牙,藏其螫毒,无有攫噬之心。"

《世本·作篇》:"女娲作笙簧。"

《中华古今注》卷下:"'问女娲笙簧'一条下曰:'问曰,上古音乐未和,而独制笙簧,其义云何?答曰,女娲……欲人之生而制其乐,以为发生之象。'"

《世本·帝系篇》:"女娲氏命娥陵氏制都良管,以一天下之音;命圣氏为斑管,合日月星辰,名曰充乐。既成,天下无不得理。"

汉代笙乐舞画像石

汉代舞乐拜谒图大型空心画像砖

掰书君曰

　　歌舞对于原始人的重要意义，可能远远超乎我们现代人的想象。人类学家对于当今仍然存在的原始部落的田野调查表明，对于他们而言，歌舞的神圣性远远凌驾于娱乐性之上。那么歌舞的性质到底是什么？有人说，它其实起源于生殖冲动。男男女女，在乐器的召唤下聚集到一起，进行声乐、器乐的大展示、大合演，以演奏技巧、嗓音舞姿作为个体招牌，眉来眼去，肢体接触，耳鬓厮磨，看对了眼渐入谈情说爱佳境，跳完舞便"奔者不禁"，各入林莽草丛做爱做的事去。其中那些歌唱得特别好、舞跳得特别美的优秀青年，大概就相当于今天的偶像歌星、舞星、球星、影星等等，想必也拥有粉丝无数吧。

　　前文曾提到过的"女娲氏诸臣"，像娥陵氏、圣氏，在古代文献中都只出现了这一次，而祂们出现的目的就是为了制造出这一种乐器，可见，音乐在上古的教育作用是多么巨大。数千载以下，孔夫子将"乐"作为"礼教"的重要手段而不断强调，那是将"乐"的功能由"教唆/挑逗"推向了反面的"约束/管制"。

　　颛民们"一自以为马，一自以为牛"的呆萌远古时代，大致相当于古希腊神话里的"黄金时代"[1]吧：大自然提供了一切，人在其间无忧无虑，吃喝不愁，不用干活，不生病，不衰老，死亡就像睡觉；人们活着的唯一目的，大概就是想方设法地杀死时间。可见，人无老幼，地无中外，时无远近，对原始先民而言，没有什么比对无忧无虑生活的想象更能抚慰他们被苦毒岁月所碾刻出来的心灵创伤了。

---

[1] 古希腊神话中有黄金时代（the Golden Age）之说，这一时代世界和平、稳定、繁荣，人与神共同生活，无须工作。其情形与本节故事描述相类。

女神男神"在一起"

男神崛起了。这是男神时代来临前的过渡期,是男性神祇爆炸式涌现的前夜。共掌阴阳的说法,表明关于宇宙本原的中式二元论有了具体的形象代言人。

故事

在某些传说里,女娲有一个伴侣神,名叫伏羲。

女娲和伏羲这两位大神的样貌非常奇特,他们长着人的头和上身,但是从腰部以下就是蛇身(或者蜥蜴身)了。祂们的两条大尾巴经常交缠在一起,世间的阴阳万物便也如此分离而又交合着。

女娲掌管着阴,手里拿着一个圆规(简称"规"),手里捧着或者身旁跟随着月亮,月亮里有一只蟾蜍。蟾蜍或作青蛙[1],蟾蜍/青蛙多子多卵,是生殖能力强盛的象征。女娲的"娲",有人说含有"蛙"的意思。

伏羲掌管着阳,手里拿着一把尺子(简称"矩"),手里捧着或者身旁跟随着太阳,太阳里,有一只三足乌鸦。三足乌又叫金乌,它多出来的那个脚丫子,是男性的生理象征。

女娲和伏羲是天地间最初的两个神,他们以阴阳化育了万物。他们手里拿的"规"和"矩",象征着他们为世界定下规矩。

原文出处

本故事中女娲伏羲的形貌,见于汉代画像砖/石。其含义,见于众多相关研究著述,比如蒋英炬、杨爱国《汉代画像石与画像砖》(文物出版社2001年版)、刘渊《汉代画像石上伏羲女娲图像特征研究》(四川大学,2005年)。

---

[1] 在关于月亮的想象中,古人并不严格地从生物学概念上区分蟾蜍与青蛙。而且,蟾蜍的提法更多。

新疆出土的人首蛇身伏羲女娲图（唐代）。其中女娲持规，伏羲持矩。

掰书君曰

从独立神到对偶神的转变，可以视为神话的进阶，其背景是人类生产方式和社会组织结构的深刻变化。

到了这个故事中，女娲已经不再孤独，而是有了自己的对偶神伏羲。这是人类进入母系、父系交替时期以及父系社会初期时的社会现实在神话中的曲折反映。以下想象的场景可为神话演进史假设之一种：曾经，大女神们茕茕孑立于天地中央的舞台上，满怀斗志，主持着宇宙的日常运转工作……星移斗转，海枯石烂，沧海桑田，数千年乃至上万年之后，天边出现了一些修长魁梧的身影，男神终于诞生了……男神向女神走来，男神向女神报到，男神正式登场，更多的男神诞生……后来，众多男神占据了舞台的正中央，女神们被挤到舞台边缘……再后来，大多数女神跌下舞台，形貌事迹就此湮没……

汉代是女娲伏羲身份并列、事迹并举的时代，在众多的汉代画像石、画像砖、帛画等文献中，我们可以看到两者如何精确地平分了神话的秋色。换言之，在这个阶段，两性神的力量以均衡为特征，这与当时黄老、阴阳、五行、谶纬之说盛极一时的思想史现

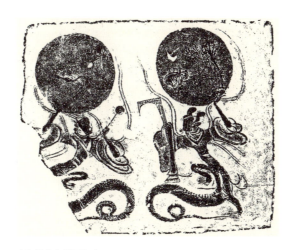

东汉伏羲女娲画像砖

象互为表里。

相比可能的独立创世传说,女娲在这种对偶神创世故事中的神格应该是有所下降了,但并没有简单退缩回生殖功能里去。

伏羲就其在多数故事中的功能与形象而言,比女娲要世俗化、历史化得多。但在本节故事里,他的神圣指数几乎直达最高峰。更多伏羲故事参见后文章节。

女娲和伏羲信仰的起源地在哪里?以前学界盛行过"南方说"(起于苗瑶,或起于巴蜀),后来通过更多的文献、考古和田野调查数据,"北方说"[1]得到广泛的认可。因此,在新的共识达成前,在有必要提及族源时,本书会以羲娲为中原[2]系神话。

那么,他们的蛇尾巴(或蜥蜴尾巴[3])是从哪儿来的呢?简而言之,来自

---

[1] 据杨利慧《女娲的神话与信仰》(中国社会科学出版社1997年版)考证,该信仰可能起源于河渭一带。
[2] 本书提到的"中原",不仅是地理意义上的,更是文化意义上的,即传统上被认为是中原的、中央之国的、所谓中华民族"核心区"的。由于文明的多源混融,它可能也杂糅了长江文明和其他地域文明的因素。
[3] 另,也有女娲形象来自鲵鱼、鳄鱼等动物的说法。

四川省彭山县出土的"伏羲女娲双龙"汉代画像砖。伏羲女娲二神面部相对,其尾相绕并蔓延于下图,化成相交的二龙。画面上方在祀庙中跪拜的妇人,可能是没有后代,正在向具有司婚姻嫁娶和繁衍后代之功能的伏羲女娲二神祈告,盼望神灵给予保佑,赐予子嗣。

先民对生活环境中常见的凶猛虫蛇(蛇、蜥蜴等)神奇力量的敬畏和惊叹。

你可能要说,黄河流域一向干冷,哪有那么多虫蛇滋生?问得好,关键是要将古今气候分开来看。距今 8000—3000 年期间气候属于"仰韶温暖期"[1],黄河流域"温暖湿润",遍布沼泽与森林,与今日迥异,所以,那时候的确是有虫蛇横行的条件的(杨利慧)。

所以,在湿热环境中艰辛生存的中原先民,以他们最敬畏、最关切自身利益的动物为外观模型,创造出了人蛇(人蜥)合体的大神。

当然,这漫长的几千年中气候条件并不那么稳定,间杂着许多灾变迭生的小的气候分期,而且纬分南北,经别东西,又有高原/平陆、崇山/低泽的地势差异,所以身处不同地域的先民对于气候的感受也不尽相同,反映到神话中,就呈现出多彩的面貌。所谓南人祀蛇,北人祀狐,此之谓也。

---

[1] 又名"中国全新世大暖期",与前文提到的"大西洋期"和"亚北方期"的分期并不矛盾,只是换了从中国角度研究并命名,并且时间上跨度更大。这一时期总的特点是气温升高,冰盖融化,海面上升。细分的话,产生了蛇形神的历史时期应该更靠近"仰韶温暖期"的前期,或前文说的"大西洋期"。

没有选择，我们必须恋爱

这篇故事，给大家聊个女娲由神格降低到人格的例子。在这个故事里，人类第一桩被有意识地抗拒和否定的乱伦婚姻出现了。

故事

古早以前，一个猎户人家有对儿女，哥哥叫伏羲，妹妹叫女娲，都只有十来岁。

有一天，猎户正在干活，天空忽然乌云密布，接二连三的闪电晃花了人的眼睛。猎户见到这个情形，就进屋抬出一个大铁笼子，然后手握一把铁叉守在笼子旁边。

不一会儿，雷声轰隆隆响起来了，几乎要震破人的耳朵。电闪雷鸣之中，一个青面獠牙的怪物从天上降下来，落到了猎户家附近。勇敢的猎户猛地冲过去，用铁叉叉牢怪物，迅速将它关进了铁笼子。

刚刚还充满世界的闪电和雷声立刻便消失了。

第二天，猎户有事要外出，临行前对伏羲和女娲说："你们看牢了它，千万不要给它喝水。"

猎户走了之后，青面怪物在笼子里呻吟起来："我快要渴死了，请你们给我点水喝吧。"小兄妹记着爹爹的嘱咐，摇头说："不行，我们不能给你水喝。"青面怪物说："我不需要喝很多，哪怕给我一滴水也能解解渴啊。"

看着青面怪物可怜巴巴的眼神，女娲心软了，她想：就给它一滴水，能有什么关系呢？女娲从厨房里拿竹锅刷蘸了一点水来。青面怪物说："甩过来吧。"女娲扬起竹锅刷，一滴水飞到了青面怪物大张着的嘴里。

只听轰的一声，得到了水的青面怪物猛然冲破铁笼蹦到了屋外，身体变得很大很大。伏羲和女娲兄妹吓得跌倒在地。

青面怪物从嘴里拔出一颗牙交给小兄妹，说道："不要害怕，我是天上的雷神，这里马上就要发生大事了，你们把我的牙种在地里，遇到危险，它会救你们的命。"雷神说完，一下子飞上天上不见了。

完全摸不着头脑的兄妹俩，只得按照雷神的吩咐，赶紧将他的牙种到地里。

不久猎户回家来，两兄妹将事情的经过原原本本告诉了爹爹。猎户惊出了一身冷汗，忙去地里查看，只见兄妹俩种下雷神牙的地方，已经长出了一根长长的藤蔓，藤蔓上结出了一个硕大的葫芦。

就在此时，天空忽然阴云密布，转瞬便是电闪雷鸣、天昏地暗，比雷神降世那天可怕多了。猎户看着这个情形，知道自己最担心的事情要发生了。他连忙锯开葫芦嘴，伸手进去一探。

许多尖利的东西刺痛了他的手。原来，葫芦里长满了牙齿，每颗都跟雷公拔下的那颗牙一模一样。勇敢的猎户将葫芦里的牙齿全部挖出来扔掉，然后对自己的儿女说："快，你们钻进去！"

伏羲和女娲依言钻进了葫芦。说来奇怪，这个葫芦的大小，刚刚能容纳他们两个人，再多一件衣裳都不行了。

猎户对孩子们说："你们就在里面躲着，直到一切平静了再出来。"兄妹俩急切地说："爹爹，你也来跟我们一起呀！"猎户摇摇头："马上就会有大灾祸来了，我要去警告别的人。"猎户说完，匆匆忙忙走了。

猎户刚刚离开，巨大的闪电再次撕裂了天空，惊天动地的雷声过后，旷古未见的狂风暴雨无情地席卷了大地。世界被一场滔天的洪水淹没了。

伏羲和女娲两兄妹躲在黑暗的葫芦肚子里，在无边无际的洪水上漂来荡去，只能靠颠簸的剧烈程度来推测外面的世界发生了什么。

终于有一天，颠簸停止了，葫芦接触到了坚硬的地面。伏羲和女娲爬出葫芦，发现天地间一片蛮荒，洪水摧毁了曾经有过的一切，他们成了世界上仅剩的两个人。

伏羲和女娲在这片蛮荒中勇敢地生存了下来，学着以前爹爹和长辈们的样子，重新开始了人类的耕种渔猎，过上了宁静太平的日子。他们生活的地方有一棵参天大树，是能够上天的天梯，兄妹俩常常结伴爬上去玩。

当他们到了天上，有没有碰到过神呢？有没有问过神们，当初为什么要降下这场灭世的灾祸呢？现在没有人知道。

随着时间的流逝，伏羲和女娲渐渐长大了。一个巨大的忧虑开始出现在他们心里：大地上只剩他们两个人，将来他们死了之后，人类不是照样灭种了吗？

终于有一天，哥哥伏羲对妹妹女娲说："为了人类的延续，我们结婚吧。"女娲乍一听，不肯答应。兄妹结婚？那多难为情啊。

经不起哥哥的再三劝说，女娲说："这样吧，我俩从两个山头各推一扇磨下去，如果两扇磨到山底能合到一起，我就答应你。"兄妹二人各自爬上一座山，各自推下一扇石磨。山路崎岖不平，石磨一路乱滚，没想到，最后居然真的合到了一起。伏羲说："这是天意啊！"

女娲仍然不肯，又说："我俩各自到一个山头升起一堆火，如果两堆火的烟能够合到一起，我就答应你。"他俩立刻照着这样做了，山头的风很大，烟柱飘来晃去，没想到，最后两股烟居然还是扭到一块儿了。伏羲说："你看，这真的是天意啊！"

女娲仍然很犹豫，就说："这样吧，我跑，你追，如果你能追上我，我就答应你。"女娲说完，撒腿往山上跑去，围着参天大树绕起了圈子。伏羲追了半天追不上，灵机一动，反方向跑过去，女娲一下子撞到了他怀里。

女娲只得答应跟伏羲结婚。

但兄妹结婚毕竟很不好意思，行婚礼的时候，女娲就在头上搭了一块布巾，来盖住自己羞红的脸。今天新娘子结婚搭盖头的习俗，就是从女娲那会儿传下来的。

兄妹俩结婚之后，女娲生下了一个大肉球。他们感到很奇怪，里面到底有什么呢？俩人就把大肉球剁碎了看：里面并没有什么特殊的东西，肉球里还是肉。

两个人将这些碎块用布包好了带在身上，爬上天梯，准备去天上找神问

原文出处

改写自陶阳、钟秀编《中国神话》中的《伏羲兄妹造人》，吴别洞、张世英讲述，邓文康、张基德、张武德采录。这个故事的异文很多，本文并未完全按照上述两组讲述者和采录者的版本写成。

一问。爬到半空，一阵风吹来，布包被吹落了，碎肉撒了下去。

说来奇怪，这些碎肉经天风一吹，全都变成了一个个活泼的小人儿。他们随风撒落到不同的地方，落到杨树上的就姓了杨，落到柳树上的就姓了柳，落到田里的就姓了田……世间人的各种姓氏，就是打从这儿来的。

从此以后，人类在大地上重新繁衍昌盛起来，洪水之后的所有人类都是伏羲和女娲的后代。

掰书君曰

洪水滔天，末日来临。但这是一个"过去的末日"，它"曾经"发生，它摧毁了旧世界，却孕育出了今天的新世界——我们便身在这新世界中。与讲述"未来的末日"的故事相比，这类故事的基调是昂扬的。

大洪水神话是个世界主题。其实"洪"就是大水，"洪水"就是泛滥成灾的大水。提"大洪水"，无外乎是同义复指，特指史前那场毁灭一切的"水"，可藉此区别于与"洪水"有涉的其他故事，如大禹、李冰的传说。

前文提到过，人类关于大洪水的记忆，可能来自一次或多次惊天动地的自然界大事件。我们不能确切地知道诞生了羲娲兄妹婚配故事的大洪水与女娲救世神话里的那场大洪水是不是同一历史时期的事件。不过，就算两次洪水事件相距较远（甚至相距上千年也是可能的），这点时间距离对于古气候

雷公（汉画像砖，河南郑州）　　　　雷神（《山海经绘图广注》，清代成或因绘）

史和古地质史而言却无关紧要。总的说来，它们都应该发生在同一个多灾变的地质时期（亚北方期）内，当时的气候和地质变化造成了这一物种灭绝级别的大灾难。

到了神话里，洪水被视为降灾。降灾的原因很多，人类的不检点（懒惰、浪费、心肠坏、不敬神等）是最常见的原因，本文中羲娲族与雷公的恩怨，虽然语焉不详，但大致可归入"不敬神"一类。此外，还有神的原因（神祇之间的争斗、渎职等），天体运行失序（比如太阳换班），神或神兽的动作（比如驮大地的鳌鱼翻身），必然的世界周期（比如轮回说）等等。

人类得罪雷公是一个很有意思的话题，因为雷神是一个掌握了强大权力的神（或神族），在某些时期他甚至等同于天帝。雷神的愤怒相当于天帝的愤怒，这样由雷神降下灭世的洪水才说得通。然而雷神这一岗位的权力又在不断丢失，最终竟变成了普通的气象神，也算是神话纵深化、专业化发展的结果吧。

当然，这场席卷全球的灭世洪水里保留了幸存者，也就是"人种子"。比如印度的摩奴，地中海的诺亚，中国的伏羲和女娲……。稀有的幸存者，有义务克服一切困难，再造人间世。

伏羲女娲兄妹结婚是中国人在神话里记录下的人类第一桩乱伦婚姻。当然，更准确的说法应该是：人类在有了乱伦禁忌之后又发生并记下的第一桩乱伦婚姻。而在漫长的、可能存在过的群婚、血婚时代，根本没有"伦"这回事，也就无所谓"乱"。古希腊人讲述从乌拉诺斯开始的那堆乱糟糟的神族内部婚配事务时，人家就没有丝毫道德愧疚，大约那些神话形成于血婚仍旧存在的混乱时代，人伦并不构成婚配的一个考虑指标。

在羲娲婚配神话里，为了强调破坏人伦规则是不对的，设计了兄妹间非如此不可的理由，设计了妹妹的再三拒绝（难题考验），设计了"天意"的指示……对故事本身，这体现了事急从权的传统智慧；对传承者，这却是严正的警告：你们没有人家那些前提条件，所以，你们不可以"乱"。

当然，对于羲娲配，我们可以另作更文艺的解读：为了成就这对独一无二的男女之间的爱情，整个世界不惜为此毁灭再重生，万物不惜为此牺牲性命，这是真正惊天地、泣鬼神、摧枯拉朽、万劫不复的倾世之恋。张爱玲小说《倾城之恋》中白流苏和范柳原的恋爱不过毁了一座香港城，伏羲和女娲的恋爱却毁灭了整个世界。爱情的力量真是太强大、太暴虐了。

"洪水之后的兄妹婚配"是一个显赫的神话母题，隶属于"幸存的血亲婚配重新繁衍人类"这一上级母题之下，广布于世界各地。在我国，苗、瑶、回、白、藏、羌、侗、彝、布依等许多民族都有异文流传。当然，不是每个民族逃生的兄妹都叫伏羲和女娲。

此外，根据我们之前对原始思维的探幽，毫无悬念的，我们看到：为了人类延续而被迫乱伦的不一定是兄妹，还可能是姐弟、母子、爷孙（女）等血亲，也可能是人与动物（狗、牛、猴子）的跨界组合。在乱伦之外，还有人与神（一般是男子与天女）结婚的异文。

作为乱伦的报应，幸存的男女生下了怪胎。怪胎不一定是肉坨坨，还有麻绳、葡萄、血胞、瓜、葫芦、磨刀石等各种款式，当然，肉坨坨算是爆款，比较广受欢迎。无一例外的，这些是可忍孰不可忍的怪胎都被砍碎、切碎、捣碎、打碎了；又无一例外的，所有的碎块又都像干细胞一样携带全部基因独立演变成了人，这就是今天广布于世界的各色人等。

现在咱们来聊聊隐喻和象征吧。

这个故事讲述了人类的第二次诞生。第二次诞生从第一次死亡（人类的灭顶之灾）讲起。

神的选民逃脱灾祸的工具有多种选择。相比诺亚一家的方舟，葫芦是地道的中国特色。作为人文瓜果的代表，葫芦尤其深受道教人士的喜爱，在各种场合被频繁引用与发挥，最终膨胀为全宇宙的象征。[1]我以为，这种膨胀的基础很牢实，那就是"玄牝之门"，以葫芦隐喻子宫。[2]

葫芦是神赐的，所以它是神借给人类的神圣子宫，是神对人类的最后一次保育。人类在第二次诞生前要先退回子宫（钻进葫芦，等于自己把自己塞回母体）；子宫的安保功能完成后，人类再次离开子宫（自己让自己从母体中再次诞生），完成自主创业，开启万代基业。

与人类从神手里的第一次诞生相比（还记得"捏塑烧烤法"么），人类从葫芦里的第二次诞生，隐喻着人的觉醒和自立自强。智慧的光芒照射进了蒙昧的思维，人类首次尝试运用自己的力量改天换地。这样看来，天神的愤怒

伏羲女娲·高禖图（汉画像石，河南南阳）

---

[1] 仙话中的"壶"可以囊括一切，所以有"壶天""壶里乾坤"等说法。其"壶"，等同或脱胎于葫芦的形象。壶，葫谐音，"葫"常写作"壶"。比如，《诗经·七月》中"八月断壶"的"壶"就是指壶卢/瓠瓜/葫芦；又如，"悬壶济世"指行医卖药，其中的"壶"是指药"葫芦"。
[2] 学界对于葫芦含义的解释有多种，包括：葫芦是图腾，是中华民族的母体崇拜；是山洞；是子宫等等。参见宋兆麟《洪水神话与葫芦崇拜》(《民族文学研究》1988年第3期)。

未尝不是对人类的一个故意刺激，整个灾难更像是一次唤醒和考验，是人类被迫斩断人神脐带、仓促为自己举行的成年礼。

由此可以看到，这个神话故事所蕴含的象征系统丝丝入扣，完备而精确，任何一个细节都不是随随便便放进去的。

历史化地看，女娲既可以视为人类的一个女性始祖，也可以视为一个叫作"女娲氏"的母系氏族的代表或首领；伏羲则可视为一个男性始祖，或"伏羲氏"部落的代表。上古时期，部落首领的名字与部落名字经常混同，所以我们在文献中常常会看到一个名字活了几百上千年，那应该指的是该氏族的存续时间。因此，抛开隐喻，这个故事也可以理解为：大洪水之后，幸存的女娲氏族与伏羲氏族互相通婚，延续了人类。

羲娲兄妹婚配是本单元的最后一个故事，也是女娲神格一路下滑到零度线的例子。在这个故事里，女娲和伏羲都不再是神，而降格为人了。但这丝毫不影响女娲的文化史意义。因为当初他（们）的产生，可能就是一个由部落首领，而部落始祖，而部落始祖神，而跨族别神祇，而天神，而大天神，而创世神……的不断上升的过程。本单元故事排序暗示出的降格之路，不过是把这个过程反着来了一遍。当然，对于这一升降的过程，我们切不可做机械单一的理解，具体的情形是复杂的。

最后，顺便聊两句兄妹合烟的情节。这应该是上古燔柴祭天仪式的残留。在远古的祭天仪式中，燃烧产生的烟气袅袅上达天庭，巫觋（xí，男巫）通过出入烟气，降神，附体，聆听并传达神谕，完成凡人与神灵的沟通。而在没有巫觋的羲娲婚配故事中，烟成了通神的唯一介质。因此，烟气的合一与弥散才具有神圣的意义，才可以用来表示神旨是允婚还是否决。

本单元，咱们聊聊"三皇"的话题。在聊他们的故事之前，让我们先来讨论一下，上古神话中所谓的"三皇"，到底是哪三个大人物。统共三个"代表名额"，给谁合适，给谁不合适呢。

第三单元

所谓三皇

从备胎中选"三皇"

在本节,我们先梳理一下"三皇"说的不同版本,再选个举、投个票,把最合适的"三皇"筛选出来。

掰书君曰

从前有句老话:"自从盘古开天地,三皇五帝到如今",亿万年间发生的事情,十四个字就全部概括了,有一种瞬间击穿历史的尖锐和简洁。

盘古大神不用说了,咱们在"混沌与创世"章节里,已经条析过他的丰功伟绩。"三皇五帝"又具体指哪些了不起的大人物呢?本节咱们先聊聊"三皇"。

原文出处

《补史记·三皇本纪》:"天地初立,有天皇氏,十二头,……兄弟十二人,立各一万八千岁。地皇十一头,……姓十一人,……亦各万八千岁。人皇九头,兄弟九人,分长九州,各立城邑,凡一百五十世,合四万五千六百年。"

《太平御览》卷七八皇王部三『天皇』下引《春秋纬》:"天皇、地皇、人皇,兄弟九人,分为九州,长天下也。"

《拾遗记》卷九《晋时事》:"天皇十二头,地皇十一头,人皇九头,皆龙身。"

《史记·秦始皇本纪》:"古有天皇、有地皇、有泰皇,泰皇最贵。"

"三皇"的说法,有两个来源,或者说,两种套路——匿名版和撷英版。

套路 A

匿名版

第一个来源,是不具名的"天皇""地皇"和"人皇"(或"泰皇")的合称。这个"三皇说"世人知之甚少,也少有流传,所以先聊。

以天地人三才配三皇的,各个版本在内容上有些出入。以下列举几个:

版本一:多头兄弟。唐代司马贞《补三皇本纪》说:"天地初立,有天皇氏,十二头……兄弟十二人,立各一万八千岁。地皇十一头,……姓十一人,……亦各万八千岁。人皇九头……兄弟九人,分长九州,各立城邑,凡一百五十世,合四万五千六百年。"——看起来是在讲创世以来的首领更迭序列。三皇像是三个氏族的别名,十二头云云,既可看作是接近《山海经》神怪的野性思维所致,也可以视为十二个人(因为人家明确说了有兄弟十二人嘛)。

版本二:九兄弟。《太平御览》卷七八引《春秋纬》说:"天皇、地皇、人皇,兄弟九人,分为九州,长天下也。"这是上面那个烦琐版的缩略版,但有歧义:一种可能是跳过了天皇地皇的"头"数和兄弟谱(传抄遗漏了),到人皇才说"九人"、长"九州"(此处"长"为"居……之长"的意思)之类,那么跟司马贞所记载的一致;也有可能是说天地人三皇都是兄弟,一共九人,分掌九州,那么故事内容与上文相比有了很大的不同。

版本三:多头龙身。晋代王嘉《拾遗记》里描述了一个频斯国石洞洞壁上的三皇像:"天皇十三头,地皇十一头,人皇九头,皆龙身。"这里三皇的"头"数不再是上文的自然数简单递减,而是有选择地进行了阳数递减。尤其请注意祂们的龙身,我们在下文还要提到。

也有不以三才配三皇的。

比如《史记》云,嬴政统一中国后,李斯等上奏说:"古有天皇、地皇、泰皇,而以泰皇最尊",建议给天子上尊号为"泰皇"(当然我们知道嬴政没有接受,而是创造了"皇帝"这顶帽子给自己戴)。有人以为"泰皇"即

《道藏》中的三皇形象：天皇氏人首蛇身十三头、地皇氏人首蛇身十一头、人皇氏人首龙身九头

"人皇"，这是不对的，"人"的顺序不可能高过"天地"。这里的"泰皇"，相当于别的神话体系中的"太帝""太一"，是诸神中最贵者。

为什么会有"人皇"与"泰皇"的分歧呢？

愚见，要么上古的确有个"天皇、地皇、泰皇"的另版"三皇"成说反映在李斯等口中，要么他们不过列举出了时人观念里最为显贵的三个名号供嬴政参考，却被后世人将其总结成了另一个版本。

但无论三才配三皇也好，泰皇代人皇也罢，这个套路的"三皇说"，其"三皇"都有着"只存代号、不着姓名"的匿名性。

套路B

撷英版

"三皇说"的第二个来源或曰套路，是从上古神话的著名大佬中，取其神格/人格最伟大、事迹最昭彰，或者历史最久远者，并称三皇。那么这三位自然会有名有姓有事迹。

今天，人们大多数时候是在这个意义上谈论"三皇五帝"的。

好比业界推戴终身功德、单位表彰长期贡献、学校评选年度三好，关于"三皇"的人选，几千年来自然有过不同的提名。历史上比较主要的提名方案大致如下：

1. 伏羲、神农、祝融（载汉代班固等编撰《白虎通》，祝融或为燧人）
2. 燧人、伏羲、神农（传西汉伏胜著《尚书大传》，清代陈寿祺辑校）

3. 伏羲、神农、女娲（曹魏宋均注《春秋纬运斗枢》）
4. 伏羲、神农、黄帝（晋代皇甫谧《帝王世纪》）
5. 伏羲、女娲、神农（唐代司马贞《补史记·三皇本纪》）

各版的交集都有伏羲和神农，所以分歧只在剩下的那一个名额，即如何在祝融、燧人、女娲、黄帝之间取舍。

目前比较通行的说法或者共识，是宋均和司马贞的版本：伏羲、女娲、神农。当然，你也能在各地看到不同的"三皇"庙和"三皇"像，这说明学界和民间的思想经过几千年都还没有统一。

我个人以为"羲娲农"这个版本在当下语境中相对是最妥当的。理由如下：

祝融氏为何不宜入列"三皇"

祝融作为南方火神部落的大神（很有可能还是其源头神话中的主神），地位当然非常重要。但是融入华夏系之后，他的事迹几近湮没（除了跟共工打架撞毁不周山、杀掉治水不力的鲧等这种小片段），地位也下降为元素神、辅神，他对于中原文明所起的作用是有限的。

融合之后，他的家世谱系也发生变化，成了黄帝或者炎帝的后裔，那么在世代久远性上也不占优势了。我们知道炎帝是上古部落兼并战争中的战败者，祝融也是，如果炎帝不能位列三皇，祝融当然更不宜。

此外，后世又有将炎帝与神农归并为同一人的说法，从这个角度看，炎帝这家子已经有人当代表了（神农氏），余者也可以不必考虑。

燧人氏为何不宜入列"三皇"

燧人氏也是火神功能组的。祝融氏可能代表天然火，燧人

三皇说另一版本（《道藏》）：伏羲（上）、女娲（中）、神农（下）

祝融（《山海经》明代蒋应镐绘图本）

燧人氏（*The Dragon, Image, and Demon* by Hampden C. DuBose, London 1886）

氏却明确代表人工火。懂得自己取火，当然是人类智力发展史上的大事。原始人将这一集体、长期、多次实践得到的伟大发现归结为某个超凡入圣的大人物，这种思维也好理解。

既然火对于文明的进程如此重要，为什么燧人氏不适宜位列三皇呢？

我以为，他的事迹不彰显只是其次，最重要的在于：他与伏羲的功能重复了。

关于伏羲的故事我们以后还要再聊，现在先说与本话题有关的三点：其一，伏羲有异名曰"炮牺""庖牺"，就是用火烤动物肉的意思，所以伏羲兼具了火神（唔，还有厨神）的功能。其二，伏羲又是雷神系统的（雷神之子），雷电引申出了天然火。第三，火对于人类文明的重要，归根结底是在"使用"，然后才是之前的"取得"和之后的"保存"。学会主动使用火，是人类的一大步，是人兽之别；学会自己造出火，是人类的一小步，是呆萌野蛮人和聪明野蛮人的区别。在这个尺度上，伏羲氏的意义大于燧人氏。

所以，如果在远古先民那里，燧人氏不是伏羲氏功能的分化和拟人化，而是与之不同的两个神，那么火神这家子已经有代表了，燧人氏可以不用考虑。

补充一句：也有某些文献说燧人氏在伏羲氏之前（例如司马贞《补三皇本纪》索隐："燧人氏之时，距今约两万岁。其后万年，伏羲氏兴。"）这种混乱的氏族承继关系，我们先不去纠缠。我们在这里着重强调伏羲的神性或半人半神特质，而将燧人氏视为人王或氏族名称。

黄帝为何不宜入列"三皇"

黄帝是个复杂的大佬。他的复杂性，在于他是一个"箭垛式"的人物（当然其实伏羲、女娲等也是），一旦确立了在文化中的地位，所有的好事就都往他身上汇聚。所以他一会儿是天帝，一会儿是人王，一会儿是怪神，一会儿是酋长……不过黄帝不应位列三皇有个最过硬的理由：他属于"五帝"，在那里，他位置显赫。所以，就不必跟别人抢名额了。

女娲氏为何应该入列"三皇"

好了，现在只剩女娲。其实，根据女娲大神在文化史上的重要意义，她的地位应该远在三皇之上，倒是可以与盘古并列"两尊"，去创世环节平分秋色。现在既然没有"两尊"的成说，那么我们只能考虑，将女娲放入"三皇"是否适宜。

有女神入选神祇主席团，占据三分之一的代表位置，即便对于男神为主的神祇体系而言，也是有利的，至少可以显得这是一个公允合理的"综合排行榜"嘛。就像人间的选举讲究性别比例一样，给女性留一个位置，留一口气，留一条路，更容易让女神接受现实，安心蜷身于这套男主女辅的神界话语体系之中。毕竟，女神信仰是一个客观存在的现实。根据今天的信仰状况，我们没必要也不可能另外弄出一个完全独立于男神体系之外的女神体系。最多，如果世人足够有心和有闲的话，可以搞一搞"九大神女""十大女神"之类的排行话题，这对于丰富民众的神话知识，也算是有所贡献。

民众为什么需要女神？因为女神信仰是如此生动而温暖，宽厚而慈悲。

马王堆汉墓出土的丝织品。丝绸上的绘画描绘了天上（上部）、人间（中间部分）和地下世界（底部）。女娲人首蛇身，居于天堂的中心

无论女娲抑或王母，无论观音还是妈祖，是来自民众的殷切需要令她们在男神时代依然千秋万代香火不绝。所以，从诸女神中推举出一位重量级的代表女娲，在今天的男神体系核心中为女神保留一席之地，也可姑且作为逝去的大女神时代的袅袅余音吧。

于是我们得出了结论：三皇者，伏羲、女娲、神农也。

一点不成熟的附加思考

补充一下，关于"三皇说"，我还有个附加思考：上古神话中，也许的确存在过一个有些规模的"多头三皇兄弟版块"，然而在流传中，由于它的匿名性，它可能逐渐被融入了"羲娲农"这类具名的表述套路中。

证据有二：其一，民间将天地人三才配比到"羲娲农"里，于是有了"天皇伏羲、地皇女娲、人皇神农"之说，这是明显的融合。其二，匿名版的三皇具有"龙身"，也即"蛇身"，这与女娲伏羲神话是一脉的。也许龙身三皇神话与娲羲神话各有独立来源，但至少它们具备快速融合的基因基础。

关于三才该如何配入三皇，顺便辨析一下。

天皇是伏羲没有歧义，男神时代嘛。地皇呢？有以为女娲的，有以为神农的。我以为女娲妥当。

理由：其一，伏羲女娲是对偶神，天地相对，阴阳相应，天皇伏羲没道理跟神农氏搞成两极；其二，女娲除了有"人母"（人类始祖母）的含义，很可能也有"地母"的含义，《抱朴子》说"女娲地出"，似乎在说她是地神、地祇，早于天神；其三，"人皇"之"人"，可以不当"育人"的含义看，而当"爱人的""人民的"讲，仁者爱人，神农氏教人稼穑，治疗人的疾病，解决生计最重要的口粮问题、衣裳问题、健康问题，这么慈爱温暖，尊奉他为"人民的皇"，不过分啊。

所以最后总结一下：所谓三皇，就是天皇伏羲、地皇女娲和人皇神农。

雷神之子伏羲

我们以前聊过伏羲作为女娲的配偶神,跟她一起开创天地、执掌阴阳的故事;也聊过伏羲、女娲作为人类兄妹,一起在大洪水后延续人类的故事;本节要聊的故事里的伏羲形象,跟之前的又有不同,是一个半人半神的文化英雄。

故事

古早的古早以前,在中央之国有一个面积广大、风景秀美的大沼泽叫作"雷泽"。雷泽里住着雷神。他长着人的头、龙的身子,有时候藏在水里,有时候飞在天上,有时候又出来到沼泽各处走一走。当他起劲地鼓动肚子的时候,满世界就会听到隆隆的雷声。

从中央之国往西北方向不知道几千几万里,在一个普通人无论是坐车、行船还是走路都到不了的地方,有一个华胥氏之国。那个地方的人们顺应着自然的规律生活着,火烧不着他们,水淹不死他们,刮风下雨都妨碍不了他们,他们神仙一般自由自在,根本不知道什么叫作喜乐悲伤。

有一天,华胥氏[1]的一个姑娘出门游玩,不知怎么走到了雷泽。在雷泽的岸边,她看见了一个又大又深的巨人脚印。她觉得有趣又惊讶,就好奇地把自己的脚丫子踩上去比。

当华胥氏的脚踩到巨人脚印上的时候,身心都感到一股颤动,好像有种神秘的力量跟她进行了一次沟通似的。

---

[1] 在神话中,部族名号常有与其首领或具体成员名号相同的情况。比如华胥氏,既可以表示华胥氏这个部族,也可以表示华胥氏族里的某个人。女娲氏、伏羲氏等,也是这种情况。

从雷泽回去,华胥氏就发现自己怀孕了。怀孕期满后,华胥氏生下了一个儿子,有着人的脑袋,蛇的身子。

雷泽里的巨人脚印就是雷神留下的,华胥氏通过踩脚印的方式与雷神结合,生下了雷神的儿子,命名为宓牺(fú xī),也就是伏羲。

雷神与华胥氏的儿子伏羲是半人半神。他有很大的神力,能够沿着那棵叫作"建木"的天梯树一直爬到天上去与诸神交流。他的智慧也是凡人不及的,能够观察到天地间的各种规律,指导人们更好地生活。

雷神之子伏羲,利用他的神性,为人民做了好几件大事:

他教会人民如何用火来烹制东西。这样大家就可以吃上烧烤,不必再像野兽那样茹毛饮血,不仅更健康,食物也更香了。今天我们能品尝到舌尖上的各种美味,真得感谢伏羲开了厨艺的先河。

伏羲(汉画像石,陕西米脂)

他观察蜘蛛结网的方式,琢磨出了结绳为网的方法。这样人们就可以用网去打鱼,比使用削尖的木头等叉鱼的效率可高多了。

他根据一匹龙马身上的图案,创制了八卦。

他还规定了嫁娶的礼仪,新郎家要送两张鹿皮给新娘子家作为聘礼。这样,世间的婚姻就更加郑重其事了。

他制出了"瑟"这种乐器,作了《驾辩》之曲,大约是用来感动、教化先民的音乐吧。

他还制定了姓氏制度,以"姓"来别婚姻,以"氏"来明族支。同姓的不能结婚,让部族更健康地发展。他自己的姓是"风"。

伏羲(汉画像石,山东临沂白庄)

伏羲为人民所做的好事当然不只这么几件。人民感念他的功德,将他尊奉为"天皇",又叫"羲皇"。皇,有"大"和"辉煌"的意思。羲皇嘛,约等于叫他"羲大大"吧。

雷神之子伏羲

原文出处

《山海经·海内东经第十三》西晋郭璞注：「华胥履之而生伏羲。」

《列子》卷二《黄帝第二》：「昼寝而梦，游于华胥氏之国。……其国无帅长，自然而已；其民无嗜欲，自然而已。不知恶死，故无夭殇；不知亲己，不知疏物，故无爱憎；不知背逆，不知向顺，故无利害……」

司马贞《补史记·三皇本纪》：「太皞包牺氏，风姓，代燧人氏继天而王。母曰华胥，履大人迹于雷泽，而生庖牺于成纪。蛇身人首，有圣德。」

雷神（清代汪绂释《山海经存》）

掰书君曰

伏羲可以说是上古神话中排位前三的男神。但由于神话来源和流传的特性，他的身份被搞得很复杂，一会儿是大神，一会儿是半神半人，一会儿又只是人……他在不同神话史断面时期的"切片形象"众多。在没有文字或者很少人识字的漫长时期，这很正常。

华胥氏履大人迹而孕，暗示了这个故事产生的时代大约在母系氏族晚期。雷泽的地理位置，据说在今日河南之濮阳、山东之菏泽或山西之永济一带，总之是中原地界，因此本故事里说雷泽居"中央之国"。

从字源上讲，"神"字里的"申"是象闪电之形。伏羲是雷神之子这个身份，含有"王天下"的隐隐权柄。在世界各古神话中，执掌了雷电之力的常是宇宙的主神或权神，如古希腊第三代神王宙斯、古印度教的帝释天。雷不光是雷，雷总是与电相关联，上古人并未将这一揽子骇人的声光电效果分开（相比伏

雷神 (Donald A. Mackenzie, *Myths of China and Japan*, Published by Gresham Publishing Co. in London, 1923.)

羲,电母、列缺等雷电神都是后起的)。雷电是人类最常见识到的自然力发威事件。而地震、海啸等虽然更凶猛,却可视为灾变,并不是自然力量的常态。主神与猛烈的、频繁的、恒久的然而又是容许人类敬而远之的自然力同在。所以,主神应该执掌雷电。反过来说,执掌雷电的神,地位一定非同一般。虽然中国的雷神在后来渐渐退居气象神、辅神的位置,但从其他神话的遗留中,我们仍然能印证他昔日的崇高地位(例如"兄妹结婚"故事中,就是雷神掀起了滔天洪水毁灭人类)。伏羲作为雷神之子担当三皇之首,神性上对拍,政治上正确。

在后世的神祇大归类运动中,伏羲与东夷系的太皞大神被合并为一人,我们常看到的"太皞伏羲氏"这种说法,据考始于西汉刘向、刘歆父子。这种说法有它的好处,当它们与五行、五色、五方等数相配后,就可以整整齐齐端出一家子神祇,展现一张干净利落的神谱——东方青帝太皞伏羲氏、西方白帝少昊金天氏之类。但我的故事要将这两位神分开来讲。因为:第一,从发生学看,残缺和芜杂是神话特性的一部分,应该理解并接受;第二,为了整齐划一而进行硬性归并,会牺牲掉原始神话丰富多彩的面貌,造成更多的文本矛盾和冲突,逻辑上也难以自洽;第三,伏羲与太皞,从事迹上看可以被比较分明地区别开,从特性上看伏羲属于龙蛇系,太皞属于鸟系;第四,太皞要放到"五帝"那里讲,不能被"三皇"给抢了,历来都是公认"东帝太皞"的。

在本节故事里,伏羲的事迹在很多方面与女娲事迹重合或冲突了,我们应该将这种冲突视为两性神之间此进彼退的权力博弈过程。

比如高禖(媒)这个职业领域,前文提过女娲制婚姻,那么现在,伏羲大皇就来规定结婚的礼仪——在某些文献里甚至说婚姻制度就是伏羲制定的。

再如音乐。前文提过女娲发明了世界上第一件乐器"笙",在这个故事中,伏羲大皇也进军音乐界,发明了"瑟"——在其他的版本中,甚至琴瑟都是伏羲的发明。……

再如定姓氏。前文提过羲娲兄妹生下的碎肉包从天梯飘落从而产生了不同的姓。从文化史的角度,姓者,生也,从女旁,母系氏族社会"只知其母、不知其父",上古几大姓如姒、姚、姬、妫等,的确都是随妈的。同姓不婚,是先民大脑又聪明一步的证明。至于"氏"的功能,最早就是标注同姓的不同族系旁支,以免迁徙分散辨不清族源,"明贵贱"是后来阶级社会的事。姓氏的发明时间肯定在父系社会之前。但后来的故事里,将姓氏归为伏羲大皇的发明,[1]这是对后世新的社会话语权力结构的适应性调整。

这些重合与冲突的片段,是大女神时代向大男神时代过渡期遗留下来的活化石,对比着读,字里行间,就读出了文化演进史。

最后聊两句伏羲的姓。古文献中记载,伏羲姓风。比如西晋皇甫谧《帝王世纪》曰:"庖牺(伏羲之异名)氏,风姓也,蛇身人首……"他为什么姓风?孔颖达疏《左传》曰:"……贾逵云:'风,放也。牝牡相诱谓之风。'"牝,雌性的鸟或兽;牡,雄性的鸟或兽。牝牡相诱,即雌雄的鸟或兽互相引诱。所以,"风"在这里直指生殖本义。此书又说:"女娲氏亦风姓也,承庖牺制度。"女娲作为伏羲的妹妹,也姓风。兄妹俩的姓,暗合了他们作为人伦初祖的文化功能。

---

[1] 如蜀汉谯周《古史考》有云:"上古男女无别,太昊正姓氏,同媒妁,以重人伦之本,而始民不渎。"

龙马与先天八卦

在这个故事中，咱们聊聊伏羲作为一个半人半神的文化英雄，怎样发明了中华文明中非常重要的本体认知元素：八卦。

故事

洛阳东北孟津老城一带，在远古时代是一片水草丰茂的地方。那时候，人们不会种地，全靠树上的野果和河水里的鱼虾充饥。后来，伏羲来到这里，教人们开荒种植，生活有了保障。

伏羲离开后不久，河里出现了一个怪兽，长着龙的头，马的身子，满身的毛卷成许多小漩涡。它是河里的蛟龙变的，人们都叫它龙马。龙马到处兴风作浪，把人们辛辛苦苦开垦出来的良田和种植出来的庄稼都冲毁了，大家拿它一点办法都没有，哭着说：伏羲什么时候回来救我们呀？

似乎听见了人们的呼唤，伏羲乘坐六龙、身披胡叶飘然而至。说来也怪，那头作恶多端的龙马一见了他，立马就乖乖地驯服了，过来趴在伏羲身旁。伏羲抚摸着龙马的皮毛，忽然注意到了它身上的漩涡图案。瞧，它们那么多，每个都不一样，而且似乎按照某种规律排列着！

这些漩涡纹里隐含着什么玄机呢？

伏羲让人们筑了一个高台，将龙马牵上去。他日夜守在龙马身边，对着它身上奇怪的漩涡纹冥思苦想。经过八八六十四天，他终于想明白了天地间的道理，那就是"太极生两仪，两仪生四象，四象生八卦"。他根据龙马身上的纹样，创制出了"乾、兑、离、震、巽（xùn）、坎、艮（gèn）、坤"八卦，又从这八卦推演出了六十四卦，代表他在高台上冥思苦想的六十四天。

用这一套理论，人们可以了解天地间万物的基本规律。

龙马河图（河南郏县文庙大成殿柱础石雕）。马背上有许多圈圈点点，据说伏羲正是以这些图案为据创制八卦。

原文出处

改写自林野等编《中州名胜传说》（上海文艺出版社1986年版）中相关故事，张作贞讲述，褚书智搜集整理。收录于陶阳、钟秀编《中国神话》中时篇名为《龙马负图》。

后来，人们将龙马身上的图案叫作"河图"，将龙马负图而出的这条河叫作"图河"，在伏羲降服龙马的图河故道上修建了一座寺院，叫作"负图寺"。伏羲面对龙马研制八卦的高台，就被叫作"八卦台"了。

伏羲所创制的这套八卦叫作"伏羲八卦"，又叫"先天八卦"。后来周文王为了更方便地推演和预测世事，将伏羲八卦图的顺序方位等做了调整，经他调整后的八卦，就被称为"后天八卦"，又叫"文王八卦"。分辨它们有一个简单的办法：在卦图正确的前提下，乾卦坤卦相对的，是先天八卦；而乾坤两卦位置相间的，就是后天八卦。

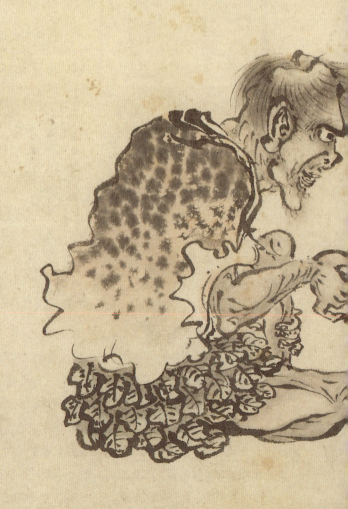

掰书君曰

本节是一个现代民间口头传承的活故事。

龙马身上的图案,有说为漩涡纹,也有说为线条或其他图案的。不过,无论什么花纹,其实都与"八卦"相去甚远,而只能以数学视之。"河图"实际上是一组图形化的数字,是古代数学家们发现或发明的一道趣味数学题,要从这组哑谜里提炼出一和二(或者一和零)的排列组合,再进而系统化为数字"二"的系统,对先民的智商是个大考验。反而是八卦来自蓍草形象或者烧灼龟甲所得的裂纹等说法,听起来还更靠谱一些。

有学人说,八卦可能来自古代生殖崇拜,乾卦表示男根,而坤卦表示女阴(钱玄同等),这个假设很有张力。也有人说,半坡母系氏族公社鱼祭的布局图,可能是原始的八卦"母图"(赵国华)。

在另外一些关于八卦发明的故事版本里,根本就没有龙马什么事儿。《易经·系辞传下》说:"古者包牺氏之王天下也,仰则观象于天,俯则观法于地,观鸟兽之文与地之宜,近取诸身,远取诸物,于是始作八卦,以通神明之德,以类万物之情。"也就是说,八卦的道理是从天地万物来的。这听起来像是废话,但倒是点明了其实质:它是中国先民关于宇宙的数学模型。

今天我们所知的古代八卦大致有四类——伏羲八卦(先天)、文王八卦(后天)、帛书八卦、非汉族八卦。

先后天八卦的差异,如正文所述,从方位来看,最容易记住的区别,大概就是乾坤的相对位置了。一般认为后天八卦的卦位更改,是为了阴阳先生们使用更加方便,但也有学者认为并没有后天八卦,是传承的错漏造成了与伏羲八卦的方位差异。

帛书八卦出自长沙马王堆汉墓里出土的丝帛织物,与先后天八卦的卦序都有不同,令人不解处也较多,尚无定论。战国楚竹书(竹简)中也有《周易》流传,可能原本也有卦图,但今天未见,故不单列。

易卦在中国少数民族中也有流传,如彝族八卦,与我们见到的其他八卦都不同。

牛头大王神农氏

归到神农氏名下的有两大主要功绩：创造农业；发明中医药体系。本节讲他怎么发明农业的故事。

故事

古早的古早以前，经历过盘古、女娲、伏羲等的世代之后，人类传到了神农氏。据说他姓姜，是母亲女登感神龙而生。

神农氏是个慈爱勤勉的首领，传说长着牛的头，人的身子。从长相就知道，他是个有着神奇本领的人物。

传说神农刚刚降生的时候，附近忽然涌出了九口井。这九口井的井水彼此相连，人们汲取其中任何一口，其他八口井的井水都会跟着波动。这么神奇的现象，是不是预示着神农将来会与水土结下不解之缘呢？

神农长大之后，果然显示出了与众不同的能力，成了氏族的首领。

那时候，人们都是打猎、抓鱼或者采野果子吃，随着人口繁衍越来越多，野生的动植物都不够吃了，大家经常饥一顿饱一顿的。神农想，这样下去可不行，要是能找到一些我们可以自己控制出产的食物就好了。

神农正发着愁，有一天，飞来了一只丹雀，全身红通通的，嘴里衔着一株九个穗的植物。丹雀将九穗植物扔到地下就飞走了。神农捡起了它，左看右看，最后决定把它

神农像

原文出处

《补史记·三皇本纪》：「神农氏……人身牛首。」

《后汉书》卷三二《郡国志》刘昭注引《荆州记》：「相传神农既育，九井自穿，汲一井则众井动。」

《绎史》卷四引《周书》：「神农之时，天雨粟。神农遂耕而种之，作陶冶斤斧，为耒耜锄耨，以垦草莽。然后五谷兴助，百果藏实。」

《拾遗记·炎帝》：「时有丹雀衔九穗禾，其坠地者，帝乃拾之，以植于田，食者老而不死。」

《周易正义》卷八《系辞下》：「包牺氏没，神农氏作……日中为市，致天下之民，聚天下之货，交易而退，各得其所……」

汉代画像砖上的神农锄耕图

埋进土里，浇上水。过了些日子，这株植物结出了很多带着淡黄色薄壳的小果实。剥开薄壳，一粒粒晶莹洁白的小颗粒露了出来。神农尝了尝，发现它们可以当作粮食吃，而且吃了还能长寿呢。神农就给这株植物起了个名字叫作"禾"，那些白色的小颗粒，就是我们今天熟知的稻谷一类的粮食。

学会自己种粮食，人类的食物就有了保障，不用老是靠打野物碰运气了。人们都高兴极了。

神农又从众多草木中筛选出了更多粮食作物交给人们耕种，像粟（小米）、黍（黄米）、菽（大豆）等等，这样人们的主食种类就更丰富了。

为了更好地栽种农作物，神农还发明了制陶和冶金的方法，教人们做出陶罐、斧子、犁耙、锄头等工具，去开垦四周的林莽荒地。

随着栽种收获的农作物越来越多，人们自己吃不完，已经有剩余了。于是神农又发明了集市制度，约好固定的日期，在当天日头正中的时候，让大家带上家里富余的东西，到一个指定的空旷地方去交换。这样，人们就可以分别种植不同的粮食和蔬果，餐桌上的食品种类当然更加丰富了。

神农教稼图（元代王祯《农书》）

所以，人们叫他"神农"真的很有道理，因为，他就是一个神奇的农业大王啊！

掰书君曰

虽然同是位列三皇，神农氏的神格，比起女娲和伏羲来可就差远了，我们可以认为他是半人半神的文化英雄。

农业当然不是某一个人的发明，但民众的确需要将千万无名创造者的智慧和经验凝聚到一个具体的对象身上，以利于文化史的传承。古中国也还有别的农神，除了神农氏，后稷、叔均、杜宇、舜等也都是种地的一把好手，只是不如神农氏在这方面的名声那么显赫罢了。

传说里常将许多农作物的发现都归入神农氏名下，但其实，在神农氏的时代，小麦、高粱等在中国都还没有开始种植。

总而言之，神农氏开创的第一产业光芒万丈，在进入信息化时代的今天，它越过烟囱与硅片的惨烈战场，重新成了生态考虑下的产业蓝海。

左右宝囊与赤色神鞭

愚见,炎帝与神农氏是两个人/神,故这里只聊神农,炎帝故事放到后文"五帝"章节聊。关于神农试百草,本节有 AB 两个版本的小故事,因为两个故事中的一些关键元素不同但又都很流行,不宜合并起来。

故事
版本 A

左右宝囊

神农生下来可稀奇呢,是个水晶肚子,光亮透明,吃下去什么都能看得清清楚楚。

那时候人们还不会用火烧东西,什么都是生吃,很容易生病乃至死掉。神农见了很难过,决心把看到的植物都尝一遍,看看它们在肚子里是怎么变化的。他随身背着两个口袋,能当食物的就放到左边口袋里,能当药物的就放到右边口袋里。

第一次,神农尝了一片嫩尖尖的小绿叶儿。这叶儿一落进肚皮,就将肚皮里面上上下下擦得清清爽爽的,好像一个人在巡查一样。神农就管它叫"查",后人又转成了"茶"这个字。神农把茶放到左边的口袋里,表明茶可以经常吃。

第二次,神农尝了朵蝴蝶样的淡红小花。那叶儿像羽毛,可美呢,味道甜津津的,香气扑鼻,吃了可以润肺清热,神农给它起名叫"甘草",放到右边口袋里了。

第三次,神农尝了一朵绿茵茵的小花。那叶儿圆圆的,梢头尖尖的,又

神农采药图(辽代,佚名,一说此为『毛女』『女仙名』形象[扬之水])

苦又酸。刚一吃下去小花就在神农肚子里直撞，他的膝头也肿得像牛膝盖一样了。神农连忙吞了一把茶叶下去，才算解了毒。神农发现这种植物能够强筋活血，便管它叫作"牛膝"，放进了右边口袋。

神农就这样辛苦地尝着百草，每天都要中毒，每天都要靠茶叶来解毒。到后来，他放到左边的花草根叶超过了四万七千种，放到右边的超过了三十九万八千种。

这天，神农见到一朵黄黄的小花，叶子一张一缩的，很怪。这是不是妖草啊？神农一定要探个明白，他便摘了一片叶儿放进嘴里。没想到，叶儿刚进嘴，神农的肚肠就一截一截断开了！他来不及吃茶叶解毒，手里抓着那株植物，痛苦地死去了。

就这样，为了让人们过上安全健康的生活，伟大的神农牺牲了自己的生命。人们悲痛地埋葬了他，尊他为"药王"，在好多地方都盖了"药王庙"来纪念他。后世人们将他的经验写成了药书，叫作《神农本草经》。

至于害死神农的草呢，就被人叫作"断肠草"。"神农尝药千千万，无一能治断肠伤（比喻感情上的伤痛）"，说的就是这件事。

原文出处

故事原文选自《民间文学》1979年第9期。陈玮君记录，流传于浙江。略有改动。

掰书君曰

这是个现代口承的民间版本，是"活"的故事。其中"查"与"茶"的关系、"牛膝"的释义等，都体现了民众自己对这些概念的理解。

版本 B

赤色神鞭

古时候，神农为了弄清楚每种植物的特性，让人们有病能够得到治疗，拿着一根叫作"赭鞭"的赤色神鞭去鞭打每一种花草、虫石。

经过赭鞭这么一打，每种花草虫石的药性就都显现出来了，是平和的还是有毒的，是寒的还是温的，通过鞭痕都显示得清清楚楚。你要问是怎么显示的？我猜，也许它们被鞭打过的地方，会出现不同的颜色，或者渗出不同

手持赤色神鞭（赭鞭）的神农 七小 绘

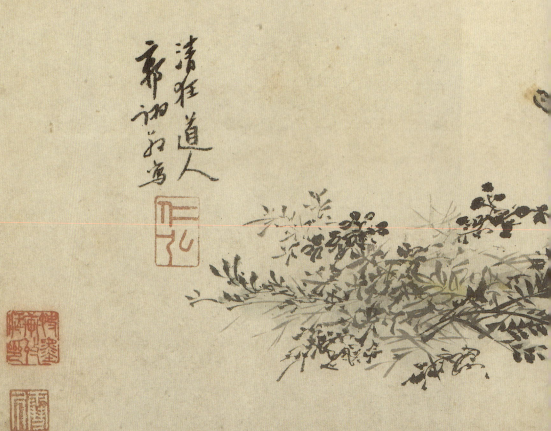

清湘道人
郭詞孔寫

神农尝百草（明代郭诩绘）

的液体、凝出不同的结晶、冒出不同的气体之类的吧。反正，凭神农那双智慧的眼睛，他一看就明白了。

神农靠着这条赤色神鞭，每天不停地测试药石的特性，还会将测过的花草虫石放到嘴里去尝，去感知它们真实的性质。他不畏艰难、不避危险，一天之内就会中七十次毒。好在他测试过的药多，总有能够克化毒物的解药，帮助他有惊无险地完成试验。

为了进一步了解这些药材之间该如何搭配才能治疗不同的疾病，神农还将药材放到一口大锅里煮，今天在太原附近的山中还有"神农鼎"遗迹呢。

后来有一天，神农将一只百足虫放进了自己嘴里。没想到，百足虫一下肚，每只脚就化成了一条虫，在神农的身体里面乱钻，千变万化，无法控制。神农找不到合适的药材来解毒，就这样为了大家的健康牺牲了自己的生命。

人们怀念他的功德，尊他为上古"三皇"中的"人皇"。神农曾经无数次跋涉其中、苦寻药材的那片森林，就被叫作"神农架"。

册书君曰

　　神农氏的故事里，大多会提到"牺牲"。中药能够成为一个成熟的医药体系，是牺牲了无数先民的生命、不断试错而形成的。神农氏的牺牲，就代表了千万个这样的牺牲。

原文出处

《淮南鸿烈解》卷一九《修务训第十九》：『神农……尝百草之滋味……一日而遇七十毒。』

《搜神记》卷一：『神农以赭鞭鞭百草，尽知其平毒寒温之性，臭味所主，以播百谷。』

《述异记》卷下：『太原神釜冈中，有神农尝药之鼎存焉。』

《开辟衍绎通俗志传》第十八回：『传炎帝（指神农）尝诸药，中毒者能解，至尝足虫入腹，一足成一虫，遂致千变万化，炎帝不能解其毒，因而致死……』

咸阳山中，有神农辨药处。

1900年代牛津大学出版社出版的日本人所绘神农像，原件藏于大英博物馆

上个单元说了"三皇",本单元接着聊聊"五帝"。今天人们是分别在天神与人王两个不同的层面上来谈"五帝"的,本书既然是"诸神纪",那么咱们就只聊作为神的五帝,也就是"五方上帝"。

第四单元　五方上帝

五帝小辩证

与上个单元相似，在讲故事之前，咱们先梳理一下"五帝"的概念。本节主要包括以下内容："五"从哪里来；"五帝"的较早版本；融合产生新的"五方上帝"；"六帝"将"五帝"进行了另一种三维化；"五帝"的姓氏和属神；"五帝"的五行、配色和配四季。

掰书君曰

今天我们谈"五帝"，主要是在两个含义上谈的。

第一个含义是上古的五个"人王"，即部族首领，根据不同的文献记载，有黄帝、颛顼、帝喾、尧、舜、炎帝、少昊、庖牺等候选者，这个说法的特点之一是记录者正儿八经地将他们的传说当史实看待，特点之二是多数说法中都包括"尧"——这意味着迄止时间的相对晚近。

在"人王"之外，"五帝"的第二个含义是"天神"，即"五方上帝"。[1]今天咱们既然聊神话，那当然就是在第二个含义上来聊了。

"帝"的甲骨文，一说象花蒂之形，一说象燔柴祭祀之形，一说象星辰之间的连线形状等等[2]。花蒂，寓意生殖，寓意被拱卫的核心；燔柴祭祀，直指人神交通；星辰，也是神秘的处所。无论如何，"帝"都是一个非凡的字眼。

---

[1]　"上帝"是道地的中国上古神话称谓。后来基督教传入时借用了它并替换了内涵。其实，我们称自己的大神／最高神为"上帝""天帝""太帝"等，都是正确的。

[2]　可参见陈筱芳《帝字新解与帝之原型和演变》，载《西南民族大学学报（人文社科版）》2004年第2期；郭静云：《殷商的上帝信仰与帝字字形新解》，载《南方文物》2010年第2期。

原文出处

《孙子兵法·行军第九》：「凡此四军之利，黄帝之所以胜四帝也。」

《史记》卷二八《封禅书》：「天神贵者太一，太一佐曰五帝。」

《周礼》卷五《春官宗伯第三》：「王之吉服，祀昊天上帝则服大裘而冕，祀五帝，亦如之。」

《孔子家语》卷六《五帝第二十四》：「……是以太皞配木，炎帝配火，黄帝配土，少皞配金，颛顼配水……」

《周礼注疏》卷二《天官·大宰》：「五帝者，东方青帝灵威仰，南方赤帝赤熛怒，中央黄帝含枢纽，西方白帝白招拒，北方黑帝汁（汁，一作叶）光纪。」

"五"从哪里来？

古汉语文献中被冠以"帝"号的大佬不少：帝俊、帝喾、帝江、帝鸿、黄帝、炎帝、帝颛顼、帝尧、帝舜……他们不是同时的，也并非来自同一部族，在他们之间并没有被排个座次、弄张整齐的神谱出来。

最初，不管有没有整齐的"五帝"，但肯定至少有一帝，即天帝，或太帝、太一、泰一，相当于古"三皇说"中的"泰皇"。

"五帝"之"五"，最初应该是源自方位——二维平面的"五方"。而"五方"来自"四方"。由"东西南北"多出一个"中"，是中原先民自我意识的提升。

后来，"五"由方位之外，又增加了首领序列的含义，表示"前后相继的五个大佬"，或者增加了撷英的含义，表示"五个最伟大的大佬"。

"五帝"的较早版本

前文在"混沌"与"倏、忽"的故事章节提到过的五方天帝，当为"五

山东嘉祥武氏墓群武梁祠西壁画像石《古帝王图》。上有十一位古代帝王的肖像,他们是:伏羲、女娲、祝融、炎帝、黄帝、颛顼、帝喾、尧、舜、禹、夏桀。针对每位古帝王的肖像,石上均有榜题

帝说"的较早版本。复叙如下:地理上,中央是土地,南方北方都有海,西方有山有海,东方也有海(女娲淹死在那里);人事上,央帝叫作混沌,北帝叫作忽,南帝叫作倏(《庄子·应帝王》);混沌神又叫帝江,又叫帝鸿;至于东西方,可能也有天帝,但最早的名字不传了。

最早"五方神"的关系,有可能是扁平的、平等的(我们看不出混沌比倏、忽高级),"贵中"应该是后来的事。

"五帝说"的概括能力是有限的,中国上古神话中另外一些地位显赫的大神,比如出自戎羌的西王母,出自东方夷族的帝俊……就并没有入列"五帝",因为祂们跟黄河上中游一带的混沌、倏、忽不在同一个系统。那么,祂们在自己的原生神话体系中,会不会曾经被归纳入某个精英榜呢?推以情理,也不是没有可能。

融合产生新的"五方上帝"

随着部落征战的持续,民族融合与文化融合也在加速。炎黄文化与戎羌、东夷、南蛮、苗瑶乃至濮越等文化发生了激烈碰撞与交流,于是周边各族的神祇进入到炎黄体系中,融合形成了新的华夏"五方神",即"五方上帝"。

中间筛选掉了多少备胎我们不知道,最后留下来的五位大神是:东方太

皞、南方炎帝、西方少昊、北方颛顼、中央黄帝。其中，东西两帝异名较多，但其实"皞""皓""昊"都是一回事。

这个碰撞、融合到定型的过程有多久呢？可能长达数百年乃至上千年。

这五位大帝，都是有渊源、有事迹、有群众基础的：太皞源自东方崇鸟部落，炎帝源自崇火或崇日部落，少昊与太皞同源，颛顼源自北方或东北方崇奉鱼、蛇的部落。

以上是民间信仰。

"四加一"模式与"五加一"模式

民族融合之际，诸方大神济济一堂，这时候对于祂们关系的理解，可能出现了两种趋势：第一，贵中；第二，全部平等。

这两种解释应该是并行过，但"贵中"终究占了上风。所以我们常看到古文献中将五帝的关系描述为三维的"四加一"模式，其中黄帝最贵，居上位，等同于"皇天上帝"、天帝（清代毕沅校《吕氏春秋》："皇、黄古通用。"）

有核心，这是军事指挥的需要，是祭祀的需要，更是确认天意、强化统治的需要。《孙子兵法·行军》云"凡此四军之利，黄帝之所以胜四帝也",就是这个思想的体现。

"四加一"模式也有自己的盲区。民族大融合之际,神祇信仰是个敏感的话题,东夷人、戎羌人、濮越人、南蛮人……未必那么乐意服膺于炎黄神系。在这样的情况下,"五加一"模式适时而出,抚平伤口,弥合裂痕,安定团结最重要。

"五加一"模式继承了远古一帝独大的思想,在"五帝"之上加一个至高神"昊天上帝"(或沿用老名字"泰皇""太一""皇天上帝")。这个至高神,有人解释为"天"(自然界),有人解释为北极星等等,应该说是一个"概念神",比较形而上,没有世代流传的事迹做依托,即便绘了人形,也主要是作为一种概念存在着。前文提到过的太帝,与这位概念神虽然有着微妙的差异,却又互为表里,逐渐构成了能指与所指的对应关系。

最晚在周代,这种"五加一"的祭祀模式已经固定。《周礼·春官宗伯》曰:"王祀昊天上帝则服大裘而冕,祀五帝亦如之。"《史记·封禅书》曰:"天神贵者太一,太一佐曰五帝。"

是为"六帝"或"六天"。

"六帝"是在平面"五帝"基础上架构起的新三维体系。天地间的权力经过集中—分散的过程,又回到了集中的老路上。

至于民间观念或非祭祀的场合,"尊太一"和"尊黄帝"两套话语系统仍旧各自延续着生命力。

"五帝"的姓氏和属神

屈原的《楚辞·远游》写道:"轩辕不可攀缘兮……历太皓以右转兮……遇蓐收乎西皇……指炎神而直驰兮……从颛顼乎增冰……",挨个点出了当时达成共识的四帝之名(除了西皇)。后来王逸将西皇注为少昊。

东方之帝太皞,后人该不该将他等同于伏羲,学界已有很多纷争不赘述了,单从咱们讲神话故事的角度看,前文也说过,混同是不妥的。据考证,太皞是东夷崇鸟氏族的大神,地位在其族至高无上(徐旭生等),也有人猜测太皞即为帝俊。这倒是跟伏羲在早期中原系的地位相当。所以太皞与伏羲的合体，并不是东夷神话进入炎黄系神话那么简单，而是炎黄族将一个异族的大神与一个地位对等的本系前代大神做了融合，然后放置在了仅次于本族当代大神黄帝的位置——东方。然而这种勉强的混融在逻辑上存在很多漏洞，让一些原本清晰的关系变得复杂了。现在我们将这两位剥离开，将伏羲的位置放到"三皇"里去，太皞的姓氏问题就留白好了。

太皞的属神句（gōu）芒也与伏羲没什么关联。句芒是木神，又是春神，主管树木生长。"鸟身人面，乘两龙"（《山海经·海外东经》），其形象是人头鸟，说明他也来自鸟氏族；他以龙（蛇）为坐骑，属于"操蛇之神"的族群。而伏羲是龙蛇系的，如果句芒是伏羲的属神，怎么能役使龙（蛇）呢。

南方之帝炎帝，在先秦与神农氏是两个人，到汉魏之后才逐渐等同。本书把炎帝与神农氏分开来说。据说炎帝姓姜，跟黄帝是亲兄弟，俩人还掐过架，这反映的是父系氏族时期的事。而神农的事迹以耕作为主，"神农之世……民知其母，不知其父"（《庄子·盗跖》），"刑政不用而治，甲兵不起而王"（《商君书·画册》），反映的是母系氏族社会的景象。炎帝还有几个著名的女儿（女娃、瑶姬等），一般都提"炎帝之女"，不提"神农之女"，可见来源有分别。

炎帝的属神是祝融。祝融是火神，传为炎帝后裔，实则有可能是湘楚一带当地原始神，被楚人目为始祖神。《山海经·海外南经》说"南方祝融，兽身人面，乘两龙"。南方热、有火，主属二神倒是很搭。

西方之帝少昊，百鸟之王，与东方太皞同源。太、少之别，可能表明少昊出自太皞，也带有年代先后的区分（袁珂）。少昊传为青阳氏，又金天氏，又穷桑氏，又朱宣氏等。"青""阳""朱宣"，皆显出东方基因，"金天"像是为了配合五行说而追加的，"穷桑"是传说中其出生地。

少昊出生在西方，但成年后最初的职司在东方，"东海之外大壑，少昊之国"（《山海经·大荒东经》）。后来为啥非被派去做西方天帝？这应该是当时民族间政治平衡在神话领域中的反映。

少昊的属神蓐（rù）收，据说是他的儿子（或说是叔父）。蓐收是刑神，长相相当威猛，"左耳有蛇，乘两龙"（《山海经·海外西经》），"人面、白毛、虎爪,执钺……"(《国语·晋语二》),这让我们想起来作为刑神的古老西王母的形象。蓐是陈草复生之义,说明草茂盛,收就是收割、收获。蓐收,意为割草,可引申为砍脑袋,也可引申为秋天的收获。

北方之帝颛顼,源出东北夷,纳入华夏体系后被委委屈屈说成是黄帝的后裔。据说高阳是他的地望,所以颛顼叫作高阳氏。据考证,颛顼族的图腾是鱼和蛇——都与水、阴、多产等有关。[1]

颛顼的属神是水神玄冥。玄冥又叫禺强(西晋郭璞注《山海经·海外北经》:"禺强字玄冥。"),根据一系列七弯八拐的等同关系,据说他又兼风神、海神、雨师(袁珂)。瞧,一揽子寒冷元素尽入其囊中。

中央黄帝,姓姬,传为附宝感雷电所生,又传与炎帝为同母异父兄弟(炎帝为少典氏之子,则黄帝亦然,这部分传说"人王"感明显,不多议)。黄帝名号很多,轩辕氏、有熊氏、帝鸿氏、缙云氏、帝轩氏等(《史记正义》)。一方面他的事迹多导致名号来源丰富,另一方面,黄帝族融合了多个其他部族后,可能也将人家的名号一起拿过来了。

轩辕氏,一说源于象龙形、主雷雨的轩辕十七星(前文说过,雷电之力常常是主神标配装备),一说源于地望"轩辕之丘",一说源于黄帝发明了车(轩辕),总之这是黄帝最响亮的名号。有熊氏,一说源于封国。但黄帝就是老大了,谁封他?我想可能来自一个以熊为图腾的部族。帝鸿氏,就是帝江,《山海经》里的中央之帝。缙云氏,可能来自一个被征服的姜姓部族(《史记集解》引东汉贾逵曰:"缙云氏,姜姓也,炎帝之苗裔。"),后来成了黄帝的属官,以云纪官。

黄帝的"黄",至少有三个来源:古早央帝混沌神的外观色("黄囊",如果认为"黄"就指颜色的话);土地之色;通"皇天上帝"之"皇"。

神话中的黄帝有四张脸,便于他随时监管四方天帝的治境。《尸子》说:"古者黄帝四面,信乎?"

黄帝的属神是后土。后土就是土地神,传为炎帝后裔,又为地下世界的

---

[1] 可参考萧兵《东北夷传说的再发现》,载《吉林师范大学学报(人文社会科学版)》2005年第1期。

统治者（东汉王逸注《楚辞·招魂》："幽都，地下后土所治也。"），那么后土又兼冥王了。

综上，我们初步得到了一张参差不齐的五方神姓氏及属神表：

东方太皞，姓氏空缺，属神句芒；
南方炎帝，姓氏空缺，属神祝融；
西方少昊，金天氏、青阳氏、穷桑氏，属神蓐收；
北方颛顼，高阳氏，属神玄冥；
中央黄帝，轩辕氏、有熊氏、帝鸿氏、缙云氏、帝轩氏，属神后土。

五方上帝

"五帝"的五行、配色和配四季

汉代是数字"五"大发现的时代，世界的数学结构与哲学意义在多重层面上由"五"生发而出。五方、五行、五色、五味、五德……关于"五"的诸般学说大行于世，五帝被配以五行，又被配以五色。伪托的《孔子家书》曰："……是以太昊配木，炎帝配火，黄帝配土，少昊配金，颛顼配水。"更以五行喻五德。就连少一个数的春夏秋冬"四季"，也被配入了除中央之外的东南西北四方。

于是我们在《淮南子》里看到了一张整齐的五帝表（为了方便诸君阅读我注明了氏号）：

东方木帝青帝太皞某某氏主春，属神句芒，手持圆规；
南方火帝赤帝炎帝某某氏主夏，属神祝融，手持秤杆；
西方金帝白帝少昊金天氏主秋，属神蓐收，手持曲尺；
北方水帝黑帝颛顼高阳氏主冬，属神玄冥，手持秤砣；
中央土帝黄帝轩辕氏统摄四季，属神后土，手持绳索。

五色帝中，我以为黄帝和炎帝可能是较早的名号，源自其自然环境的"黄土"或者"炎热"；而青、白、黑三色，更像是后来依据五色之数配齐的。

五帝的别号

两汉之时，五帝还有了另外的名号。

唐代贾公彦据两汉纬书《河图》疏《周礼·天官·大宰》说："五帝者，东方青帝灵威仰，南方赤帝赤熛怒，中央黄帝含枢纽，西方白帝白招拒，北方黑帝汁光纪。"（略有异文）灵威仰、赤熛怒、含枢纽、白招拒、汁光纪，这几个名号有着浓浓的经天纬地之人工痕迹，不像人或神的自然名字，而是道教刻意编排的杰作。

顺便说一句，这青赤黄白黑五帝，与同时期盛行的"五德终始说"诸帝（太昊包牺氏、炎帝神农氏、黄帝轩辕氏、少昊金天氏、颛顼高阳氏、帝喾高辛氏、帝尧陶唐氏、帝舜有虞氏……）有交集，也有差异。其最大的差异在于：前者视诸帝为天神，后者视诸帝为人王。

区分开来看，就不会混淆了。

欢乐的发散思维

最后聊个欢乐的话题吧。

这个五神谱的操作方式有没有让你感到熟悉？有没有让你联想到金庸武侠小说里的"华山初论剑"和"华山末论剑"？第一次华山论剑，评出了当世五大武功高手，分别是："东邪黄药师、西毒欧阳锋、南帝段王爷、北丐洪七公、中神通王重阳"，而以中神通王重阳统摄江湖；末次华山论剑，由于部分首届高手故去，补替成了"东邪黄药师、西狂杨过、南僧一灯、北侠郭靖、中顽童周伯通"，而以周伯通武功天下第一。

这个"五绝"诞生的过程，可能就跟"五帝"诞生的过程非常相似，是"人工干预"的结果，是靠玩"抢椅子"游戏排定的座次：神界高手很多（厉害的部族很多），神界领导班子位置有限（只有五个），大家先打架（评委会先辩论，各派势力的支持者先开撕），打完了，根据战况和战果，来决定

唐代吴道子白描绢本《八十七神仙卷》（局部）。该长卷描绘了五方帝君中的三个帝君率神仙前往朝拜道教祖师太上玄元皇帝的仪仗行列。图中头上有光环的是南方帝君。

谁比较重要，谁可以进入五神领导班子。对于任何神（部族、首领及其支持者）而言，能进领导班子已经算功德圆满，至于班子里面给安排个什么具体位置，没有顶级实力的就不要太计较了。于是，黄帝势力强，所以稳坐中央当老大；东夷在武力、文化两方面都很彪悍不容小觑，所以给了东西两个席位；炎帝族虽然战败，百足之虫死而不僵，无法漠视，给派个南方席位好了；颛顼族虽受到打击，还是颇有影响力的，别嫌北方阴冷生硬，有这席位就知足吧。至于那些被彻底打趴下了或者很长时间组织不起像样反攻的，比如祝融、玄冥、蚩尤、鬼方之类，给个辅神的位置觉得委屈？打入叛臣一类都不够诛心呢。

更古老的五神系统（有倏、忽和混沌帝江的那个），不知道是否也是这种撕扭着玩"抢椅子"游戏的结果。如果不是，我们可以将混沌五神视为"自然产生的方位神"，没有那么多的后天干预和人为编排；如果是，则我们大可将评选混沌五神视为第一次华山论剑，而将评选黄帝五神视为末次华山论剑。也就是说，在混沌五神"抢椅子"之后，经过很长一段时间，原来的神灵没落了，原来的神位失效了，于是进行再一轮"抢椅子"游戏，新的黄帝五神系统出炉。

五帝小辩证

东方青帝太皞

句芒（清代汪绂释《山海经存》）

句芒（四库本《钦定补绘萧云从离骚全图》）

五帝从东方开始，本节讲这个青春之帝——东方青帝太皞——的故事。

故事

古早的时候，在东南西北中五个方位各有一个天帝。管理东方的天帝叫作太皞，又叫大昊，他同时执掌着苍翠的春天。

太皞统治的地方在东方极远之地。从碣石山往东，过了朝鲜，一直穿过大人国，向东到达日出的地方。日出的地方长着一株巨大的扶桑树，太阳每天就是从这里出发到天空中去走一圈的。这片辽阔的东方共有一万两千里那么宽大，土地是青色的，树木苍翠繁茂，一切欣欣向荣。

帮着太皞一起统治这片东方之地的，是一个叫作句（gōu）芒的木神。他为什么叫这个怪名字呢？其实，句就是勾，是小钩子的意思，芒就是小刺的意思，春天的时候，初生的草木看上去、摸上去总是有许多小钩子、小芒刺，用这个名字来指称象征春天、草木的神，真是太合适了。

句芒长着一张方方的人脸，可是有着鸟的身子。他老穿着一件白色的衣服，手里拿着圆规，驾着两条龙飞来飞去。

据说，句芒是西方天帝少昊的儿子（或说叔父），名叫"重"。后世人们每年立春的时候都要祭祀的春神，就是句芒。

东方青帝太皞　七小 绘

原文出处

《礼记》卷一四《月令》：「孟春之月……其帝大皞，其神句芒。」

《淮南鸿烈解》卷五《时则训》：「五位东方之极，自碣石山，过朝鲜，贯大人之国，东至日出之次，扶榑木之地，青土树木之野，太皞、句芒之所司者万二千里。」

《淮南鸿烈解》卷三《天文训》：「东方木也，其帝太皞，其佐句芒，执规而治春。」

《山海经·海外东经第九》：「东方勾芒，鸟身人面，乘两龙。」郭璞注：「木神也，方面素服。」

《礼记》卷一四《月令》疏：「是句芒者，主木之官，木初生之时，句屈而有芒角，故云句芒。」

《吕氏春秋》卷一《孟春纪》高诱注：「句芒，少皞氏之裔子曰重，佐木德之帝，死为木官之神。」

掰书君曰

  太皞是古代东夷族的神，可能由氏族首领转变而来，可视为东夷族的祖先神。

  皞、昊相通，昊是大的意思，而且专指天的广大，昊穹、昊苍，都是这么来的。从"太""昊"二字的含义和字形结构可以推知：

  第一，太皞在东夷族心目中的地位极其崇高，光用"老天爷"来形容还不够，还要加个极牛的词"太"。"太皞"，即"太的皞"，等于"最牛的天一样的神"，才够格形容他们的真爱大神；

  第二，太皞所统治的民族，是一个崇天、崇日的民族。你可能会说，崇天、崇日，难道不是所有先民原始信仰中的应有之义？话不是这么理解的。天、日这些强大的自然力因素，固然会令每个原始人都虔诚匍匐，也会纳入敬畏的系列对象中，但是否将其推举到最高信仰的地位，则不同族群会有不同的选择。靠山敬山，临海敬海，生存的优先级不同，功能神的排序就不同。东海边的早期渔猎氏族（也杂有农耕）对好天气的依赖，其实比中原的农耕民族更直观，无怪乎他们崇拜"昊"。根据对东海一带崖刻遗迹考古推论，"昊"还可能是他们的族徽。

  太皞与后文要聊到的少昊，都是东夷族的早期神王（或部落领袖），两者之间有个前后相继的关系，一般认为太皞在前，少昊在后。这个部族除了崇拜太阳，还有一个很大的特征是崇拜鸟，这应该与他们当时所处的自然环境中鸟类繁盛有关。太皞、少昊这两个名字的写法，其实很不固定，前文说过，"大""太"常通用，"皞""昊""皓""皋"也常通用，所以若看到这些字组合出的其他名字，没跑，还是他们。本书取"太皞""少昊"这种写法，主要是为了从视觉上更清晰地将二者分开，避免读者混淆。

我个人倾向于太皞就是帝俊，一个同样在民族大融合后被抹去了多数事迹的东方大神。也可能帝俊与太皞是同一个概念神，指东方民族的最高神，未必绑定在某个具体神身上。这与昆仑山的情况仿佛，未必指某座具体的高山，而是代表宇宙中心的最高山、概念山。可参考后文帝俊章节。

古人"贵中"，在先秦典籍中尤有体现。贵中来自占优势的中原对自己所处地理位置的体认。在"中"之外，则以东方为先，多按照东南西北这个顺序往下排列（当然，其他民族，尤其是北方民族的方位排序则与此不同）。按照这种人工排序标准，当曾经各自拥有一方小宇宙的各族大神被放到同一个时空中时，东方青帝的位置是很靠前的。或者说，后世在为这五个位置安置相应的神祇时，根据太皞在世人心目中的地位及族源，将他放到了相当崇高的东方作为青帝。

东夷族是后来华夏族的重要来源之一，它虽然被以黄帝氏族为代表的西来氏族所征服，却仍保留了相当多的族众、相当高的文化水平和相当发达的生产水平，是华夏族中堪与炎黄系抗衡的大山头，不容小觑。因此，在五帝系统中有两帝（太皞、少昊）都出自东夷，或者说给了东夷两个席位。这也顺便解释了为何东方的少昊会成为西帝，以及祖籍不很南（最靠南的说法也不过荆湘一带）的炎帝会成为南帝——这不过是后世搞的席位平衡罢了。还记得前文说过的"抢椅子"游戏么？

前文说过，关于太皞的故事，目前能看到的古文献已经所剩无几。经过累代讹传，一般文献中常以太皞伏羲氏两个名号并举，将有关太皞的情节从中单独摘出来是比较困难的。尽管如此，本书仍然会将二者分列。

南方的红色天帝

早前,炎帝和神农氏并不是同一个人/神,本书会将他们分开来说。前文聊过神农氏,本节单讲炎帝。顺带说说他的属神——火神祝融,以及他的几个女儿。

故事

古早的时候,在东南西北中五个方位各有一个天帝。管理南方的天帝叫作炎帝,他同时执掌着炎热的夏天。

炎帝统治的地方在南方极远之地。从北户孙的外边,连通着北帝颛顼的国家,向南一直到委火炎风之野。在那里,终年从空中往下坠落火焰和火星,吹的风永远是热滚滚的。南方之地共有一万两千里那么宽大,它到处红彤彤,所有的东西都容易让人联想到火。

帮着炎帝一起统治这片南方之地的,是一个叫作祝融的火神。祝融又叫朱明,据说是炎帝的后代,长着一张人的面孔,可是有着猛兽的身子,手里拿着一杆秤。他出行时驾着两条龙,真是很威风。既然祝融是火神,你可以想象,他所过之处,别人的感觉肯定就像着了火一样,热得受不了。

炎帝据说与中央天帝黄帝是亲兄弟,可是后来为了争夺最高的帝位打起仗来了。炎帝虽然是兄长,却打不过本事很牛的弟弟,最终战败了,只得老老实实去做南方天帝,就相当于人世间的一方诸侯吧。

炎帝的妻子是赤水氏的女儿听訞(yāo),他们有几个著名的女儿。

其中一个叫作女娃。女娃到东海去游玩,不小心掉进海中淹死了,她的灵魂就变成一只精卫鸟,每天不停地衔来小石头、小树枝,打算把东海填平。

炎帝还有一个女儿叫作瑶姬。瑶姬还没长大到出嫁的年龄就夭折了,她

南方炎帝 七小绘

祝融（《山海经绘图广注》，清代成或因绘）

的灵魂就变成了姑瑶之山的一株瑶草。后来，瑶姬去做了巫山女神，曾向路过的楚怀王索要她生前没能得到的爱情。

炎帝还有一个女儿，我们不知道她的名字，她跟一个叫作赤松子的仙人一起修道，后来就自在地游历于天地之间，谁也不知道他们去哪儿了。

炎帝的后代中，有不少著名的神。比如火神祝融，据说是他的玄孙；水神共工，是祝融的儿子；土神后土，是共工的儿子；时间之神噎鸣，是后土的儿子……

掰书君曰

　　从炎帝的职司来看，他有可能是（中原系的）太阳神。但这个神职指向并不专注，也不单一。因为炎帝还有着明显的人王特点。作为一个由上古部族首领上升而成的祖先神，他的功能是复合的，如果不是被黄帝打败抢了风

原文出处

《淮南鸿烈解》卷五《时则训》:"南方之极,自北户孙之外,贯颛顼之国,南至委火炎风之野,赤帝、祝融之所司者,万二千里。其令曰:爵有德,赏有功,举力农,振(一作赈)贫穷,惠孤寡,忧罢疾,出大禄,行大赏,起毁宗,立无后,封建侯,立贤辅。……"

《国语·晋语四》:"昔少典取于有蟜氏,生黄帝、炎帝。黄帝以姬水成,炎帝以姜水成。成而异德,故黄帝为姬,炎帝为姜。"

《山海经·海内经第十八》:"炎帝之妻,赤水之子听訞生炎居,炎居生节并,节并生戏器,戏器生祝融,祝融降处于江水,生共工,共工生术器……共工生后土,后土生噎鸣,噎鸣生岁十有二……"

赤松子像(明代还初道人辑《新镌绣像·列仙传》)
赤松子是古代汉族神话传说中的上古仙人,相传为神农时雨师;能入火自焚,随风雨而上下。

精卫鸟(《山海经》明代蒋应镐绘图本)

南方的红色天帝

头,他完全可以发展成为一个大包大揽的全能神,就像他那个四张脸的"亲兄弟"那样。我们现在看到的炎帝切片形象,介于全能神和专职神之间,像是一部宏大的乐章中一个没有充分发展下去的动机。我们虽然感受到了他太阳般的炽烈与威力,却并未从现存神话的断片中捕获到他作为专神的点滴事迹;另一方面,我们虽然推想出了他堪与黄帝抗衡的能量,却也不能笃定地复原出当年他作为神主的威风。

就中国在北半球的地理位置而言,"南方"肯定意味着"炎热"。甲骨文说"南方曰粦",就是这个意思。炎帝—南方—火热这组关联概念中,有可能是"炎"字在先,然后再附会上"热"的各种元素。如果他是先被派位到南方当天帝,再给附上一个"炎热的帝"的名目,那么他原来就应该另有名号。可是,他原来的称呼又是什么呢?也许,那已经在民族融合的过程中被替换得干干净净,没有留下一点痕迹。

一般认为炎帝部落的族源与黄帝接近,可能在西北,也可能在中原,但就是不会在南方。故事中所说的极南流火之地,仅闽粤一带的气候条件还不够,得往海南岛、南沙等赤道周边地界去找感觉了。炎帝及其团队肯定无法亲临并统摄南沙群岛的。所以前文说,炎帝之为南帝,纯粹是后世(大约不出先秦至汉魏这一段时间)对神话进行体系化整理时编派的,是他被分配到的"椅子"。

《国语·晋语》说"昔少典氏娶于有蟜(jiǎo)氏,生黄帝、炎帝",这也是姑妄言之。炎黄两个部族是否真有血缘关系不好说,但他们无疑是较早合并的两个大部族。说起来,炎帝部族当年的声势一定很大,可能是比黄帝部族更老牌的江湖大哥大。炎帝战败了,但族人并没有遭到黄帝屠杀,而是采取了两族合并、融合的策略,所以传说里还承认炎帝是哥哥。也可能,在残酷的部落战争中,黄炎二人惺惺相惜,决定合并起来共同拼天下,于是拜了把子,于是有了二人是兄弟的说法。如果是真的,这大概可以算是我大中华第一桩金兰事件了吧。

炎帝部族的这种结局,比起众多被黄帝兼并的其他部族都好太多了。像颛顼、祝融、帝喾等战败部族,就直接被说成是黄帝的后裔,生生给安插到了以黄帝为中心的家族谱系中去，丧失了自己真正的族源。想想也是挺惋惜的。

炎帝据说出自姜水，所以姓姜。他的妻子听訞出自赤水氏。他们的结合，是两个水边部落的结盟。炎帝与黄帝发生部落征战，赤水氏应该与力协助过，甚至有可能便是炎帝盟军的一员。

听訞在与炎帝结合前，可能是一个部落的女首领（也可能不是），结合之后，则很有可能与炎帝一起被奉为本部落的始祖（母）。这从她的事迹虽然湮没，但名字却顽强地、郑重其事地被传承下来可见一斑。当时并未完全进入对偶婚时代，走婚和乱婚等情况可能仍然存在着。从对炎帝世系的记载方式（"炎帝之妻、赤水之子听訞生炎居，炎居生节并……"）来看，听訞是进入了炎帝部落的（没有行一夜情或走婚制等），并且应该是炎帝最主要的妻子（如果不是唯一的话）。听訞在炎帝部落中，可能曾像嫘祖在黄帝部落中那样地位崇高而有所建树，可惜的是经过几千年父系文化的筛选淘澄，她留给后人的唯有一个名字而已了。

故事中的三个女儿，从背景上考量似乎都是炎帝的女儿，跟那个稼穑、尝药、开市的神农氏关联不强。她们的故事我们以后会有专章聊到。

鸟国神王少昊

蓐收（四库本《钦定补绘萧云从离骚全图》）

蓐收（Werner, E.T.C. 1922. *Myths & Legends of China*）

本节聊聊西帝少昊的故事。少昊跟太皞应该是一脉相承的东夷部族，太皞故事里主要讲其部族多么崇拜太阳，少昊故事则讲其部族多么崇拜鸟类，而且以鸟的后代自居。

故事

古早的时候，在东南西北中五个方位各有一个天帝。管理西方的天帝叫作少昊，名挚，他同时执掌着萧瑟的秋天。西方主白色，所以少昊又叫白帝。西方属金，所以少昊又叫金德之帝，就是说他行政清廉，收放自如，对于真正有罪者给予合适的处罚。

少昊统治的地方在西方极远之地。从昆仑山流沙的尽头和连羽毛都浮不起来的弱水起，向西一直到西王母的三只青鸟所在的三危国。那里的城墙是用石头筑就的，房屋是用金属建成的。住在那里的人以气为食，长生不死。

少昊长大后，在东方的归墟附近建立了自己的神国。归墟是什么地方呢？是个无底的深谷，所有的海水都日夜不停地注入其中，却永远也不满。可见，少昊的国家真是非常偏远的了。有趣的是，少昊的神国里，所有的臣僚百官都是由鸟儿来担任的。比如凤凰总管历法，鹫鸟掌管兵权，布谷掌管营造，鹰隼掌管

西方天帝少昊　七小绘

刑法，野雉掌管工程等等。

后来，少昊回到自己的出生地，做了西方的天帝，只将他的一个叫重的儿子（或叔父）留给东方天帝太皞做了属神，重就是木神句芒。

少昊自己的属神，是他的另一个儿子（或叔父）该，他俩一起管理着一万两千里的西方之地。该又叫蓐收（蓐收是割草的意思，象征收获，也象征砍伐），是金神，又是刑神，手执着斧钺。后世总是在秋后处决犯人，就是因为刑神是归秋天之帝少昊管的。

掰书君曰

少昊所统领的部族，具体地说应该叫鸟夷，就是崇鸟的东夷族的一支。同一个部族崇拜不同的东西，这不新鲜。就像我们今天到处都供着龙凤麒麟狮子貔貅……虽然物种不同，放到一起被崇拜、被喜爱，却也不失和谐。

前面已经提到，少昊是东方人，生给派到西方去做天帝，这大概是民族大融合之际的一种政治平衡。换言之，经由文武各种方式融合而成的华夏诸族之中，东夷的势力太过强大，其族人恐怕对于被征服的结果很不服气，一直伺机逆袭（我们从后来东夷出身的舜的上位就可以发现东夷人有多团结，多能拼）。那么，作为征服者的黄帝部族，为了缓解民族矛盾，一定会分派给东夷旧首领相当重要的神界职司。或者反过来说，东夷人一定会在华夏族的部落联席会议中，为自己争取到相当有分量的地位。这是后世人将东方与西方的大神之位都派给了东夷族去担当的历史依据。

少昊所主宰的鸟国，真实的地理背景应该是森林沼泽、百鸟聚生的原始环境，真实的历史背景应该是若干以不同种类的鸟儿为本族象征或图腾的部落的联盟。少昊想必是一

原文出处

《淮南鸿烈解》卷五《时则训》：「西方之极，自昆仑绝流沙、沈羽，西至三危之国，石城金室，饮气之民，不死之野，少皞、蓐收之所司者，万二千里。其令曰：审用法，诛必辜，备盗贼，禁奸邪，饰群牧，谨著聚，修城郭，补决窦，塞蹊径，遏沟渎，止流水，雝溪谷，守门闾，陈兵甲，选百官，诛不法。」

清代《山海经存》中的少昊(神魂氏)形象

"有人一目,当面中生,一曰是威姓,少昊之子,食黍。"(《山海经·大荒北经》)

个在太皞之后崛起的非常有力的首领,他将所有的鸟系部族集合在自己麾下,联合执政,或者建立了以自己为中心、有各部落首领参与的公社议政制度,反映到神话里,就成了不同的鸟儿在鸟国做不同的官。而少昊自己,从他的名称(挚,通"鸷")可以看出,他在神话中的真身,就是一只凶猛的鹰鸷类大鸟,鸟王。

关于西方与刑罚。在西王母章节将会聊到,早期的西王母与少昊相似,也是主管刑罚的神,而西王母也出身西方。可见在古人心里,西方跟刑罚有着某种必然的联系。要建立这种关联其实也很简单,只需要三个字:负能量。

秋天这个季节,本身就兼具两种截然相反的特质:收获与失去,丰盛与凋敝,美好与凄凉。极盛的收获仿佛夏日诸景的回光返照,世间的繁华沿着抛物线一路走高到顶点,然后倏然滑落,直坠寒冬的气温深渊。人置身于这样的环境中,不由自主便会向自然发生移情作用,以自身之失落为万物之失落,满心满身都是负能量。所以这个时候,也就特别适合做点负能量的事,比如杀头啊,打断腿啊,卸卸胳膊之类的,应景嘛。

鸟国神王少昊

爱在星河之西

本节，咱们聊聊西方天帝少昊父母的美丽爱情故事，这是神界版的《我的父亲母亲》。

故事

少昊的出生十分不凡。

他的母亲皇娥原本是天上的神女，夜里在天宫织锦，白天则坐条小船出去游玩。有一天，皇娥漂游到了西方穷桑这个地方，停泊在一片苍茫的水岸边。

穷桑是一株孤零零的大桑树，有八千尺高，一万年才结一次果子，谁吃了它，寿命可以跟老天一样长。

皇娥正在摘取穷桑树的果子时，有个长得很帅的少年从更高的天上下来了。他是金星的儿子，浑身散发着炫目的光彩，真是迷人极了。

皇娥与少年相爱了，他们乘船泛游在灿烂的星海上，以桂枝做船桅，以香草做旌旗，以玉鸠鸟做风向标，弹着琴瑟唱着歌，心里充满了快乐。

后来，他们生下了一个儿子，就是少昊。少昊又叫穷桑氏，这个名号就是为了纪念他父母相爱的地方。

掰书君曰

少昊父母的爱情故事真是美丽极了，在古代文献中，我们其实很少看到以如此优美浪漫的笔墨去描写一对神祇的爱情的文字。这真得感谢东晋王嘉的贡献，他"兼承《山海经》《穆天子传》等而蕃衍"，为我们展示了一出美轮美奂的神国偶像剧。在王嘉之前，另一个值得称道的书面的神祇爱情故

原文出处

《拾遗记》卷一:"少昊……母曰皇娥,处璇宫而夜织,或乘桴木而昼游,经历穷桑沧茫之浦。时有神童,容貌绝俗,称为白帝之子,即太白之精,降乎水际,与皇娥宴戏……帝子与皇娥泛于海上,以桂枝为表,结熏茅为旌,刻玉为鸠,置于表端……帝子与皇娥并坐,抚桐峰梓瑟。皇娥依瑟而清歌曰:'天清地旷浩茫茫,万象回薄化无方。涊天荡荡望沧沧,乘桴轻漾着日傍。当其何所至穷桑,心知和乐悦未央。'……"

《文选·辨命论》李善注引《春秋元命苞》:"大星如虹,下流华渚,女节梦,意感生朱宣。宋均曰:'华渚,渚名也。朱宣,少昊氏。'"

事,是战国屈原所写的《湘君》与《湘夫人》,参见后文相关章节。

然而,少昊父母的爱情故事最初可能只是一个普普通通的感生神话,它并没有那么原始,没有自发产生、广泛认同、长久传承的历史过程,很可能是硬性编造的。西汉末的《春秋元命苞》为我们勾勒出了这个感生神话初期版本的轮廓:

> 黄帝的时代,天上有一颗硕大的星星,忽然拖曳着彩虹般的七色尾巴,坠落到了华渚这个沙洲上。一个名叫女节的姑娘在睡梦中见到了这一幕,并且感到这颗星星进入到了她的身体里。后来,她便生下了白帝朱宣,也就是少昊氏。

这是距离王嘉的时代大约三百年前的故事版本。在这个较早的感生版本里,姑娘不叫皇娥,而叫女节;下凡的大星星还没有明确为金星;两者相接的方式是异类虚拟接触（星与人的梦接），而不是两个人形实体的情感激荡；两者相接的地点在华渚这个沙洲上，而不是在天河极西端的穷桑树下。两个故事唯一的交叉点在爱情的结果上：生下了少昊氏。

有趣的是，我们从这两个故事在讲述的关联性上，可以发现"白帝"这个位置似乎是世袭的：白帝生金星（太白之精），金星之子又为白帝（少昊）。

最后，顺便说一句，皇娥在天上的工种是织锦，她织了锦来做什么呢？鉴于此故事写成于东晋，其时牛郎织女的故事早已流传深远，我们可以认为，皇娥的手工产品与织女的手工产品一样，都是要铺在天上做五彩云霞的——这还是地上人间"男耕女织"的分工路子。在前文大女神女娲章节，我们提到女神补天的五彩石成了天上的云霞，从织女和皇娥这里，我们又得到了云霞的另一个来源。对比这两种不同的制造云霞方式，我们可以看到这几位女神（神女）的神格和神力之间存在着多么巨大的差异。大女神时代，真的只剩一个背影了。

扑克脸的颛顼帝

导言

从汉典记载中可以看到，颛顼是个严厉的天帝，办事风格比较凌厉，大约这才能匹配他主北方、主冬季的分工。

故事文本

古早的时候，在东南西北中五个方位各有一个天帝。管理北方的天帝叫作颛顼（zhuān xū），他同时执掌着阴寒的冬天。北方的专属之色是黑色，象征死寂险恶的自然环境。大概是为了冲淡这种肃杀的气氛，颛顼帝的名号倒很好听，叫作高阳氏。

颛顼统治的神国在极北之地，从九泽出发，走完夏晦之极，往北一直到令正之谷。那里终年冻寒，积冰、飞雪、飞雹、霜霰（xiàn）不断，各种冻水漂积在那里。这片极北之地，有一万两千里那么宽广。

北帝颛顼被称为水德之帝，他统治的原则相当严厉，平时注意收藏、封闭。他颁布了各种禁令，对犯罪的人毫不宽恕。

其实颛顼帝的这种严厉，我们从一件事上就能看出来了：你知道，从前天上和人间是相通的，人们可以通过建木、昆仑山、马桑树、藤蔓等天梯，自由地上到天上去玩耍。可是颛顼就任天帝之后，立刻就派大神重和黎去将天梯阻断了。这样，下方的四民再怎么折腾也不会影响到天上的秩序，而当需要对他们的错误进行惩罚时，他们也无处可逃。

颛顼据说是黄帝的后裔，他还根据天象变化制定了《颛顼历》，告诉人民什么时候该进行怎样的农作，改变了以前根据动植物的表现等物候来定历法的做法。颛顼历一直用了很久很久，说不定有两千多年，直到西汉初年汉武帝时代才废止。

北方天帝颛顼 七小绘

帮着颛顼一起统治北方之地的，是水神玄冥，他的手里拿着秤砣。玄冥据说就是海神兼风神禺强，也是黄帝的后裔。他长着人的脸，耳朵上装饰着两条青蛇，脚下踏着两条赤蛇——有的时候也变成赤龙。但禺强的身子不是人形的：当他飞在空中做风神时，他是鸟的身子，当他游在海里做海神时，他是鱼的身子。后来庄子《逍遥游》里写到的鲲鹏，大概就是从他的传说来的。

颛顼有几个特别著名的后代。

他的一个小儿子，刚刚生下来就夭折了，变成了一种叫作"魍魉"（wǎng liǎng）的小鬼，居住在若水。魍魉的模样像个三岁小童，红眼睛、长耳朵，身体黑里透红，头发乌黑柔亮，喜欢学人声来迷惑人，是传播疫病的小鬼。

上古"四凶"之一的梼杌，据说也是颛顼的儿子。他人面虎身，猪嘴狗毛，性情狂傲，不听教训。

颛顼的玄孙彭祖，是世上最长寿的人，他从尧舜时代一直活到西周初年，活了八百多岁。

战国时著名的诗人屈原也是颛顼的后代，他说自己是"帝高阳之苗裔"，

玄冥（禺强）(《山海经》明代蒋应镐绘图本)

玄冥（四库本《钦定补绘萧云从离骚全图》）

扑克脸的颛顼帝

原文出处

《淮南鸿烈解》卷五《时则训》："北方之极，自九泽穷夏晦之极，北至令正之谷，有冻寒积冰、雪雹霜霰、漂润群水之野，颛顼、玄冥之所司者，万二千里。"

《山海经·海外北经第八》："北方禺强，人面鸟身，珥两青蛇，践两青蛇。"郭璞注："字玄冥。"袁珂校、郭璞注："北方禺强，黑（应为鱼）身手足，乘两龙。"

《搜神记》卷一六："昔颛顼氏有三子，死而为疫鬼……一居若水，为魍魉鬼。"

《国语·鲁语下》韦昭注："蝄蜽，山精，好学人声而迷惑人也。"

日本出版的《今昔画図続百鬼》中的魍魉食人的形象（约1779年）

看来是很以这位严厉的北方天帝老祖宗为荣的了。

掰书君曰

　　现存的汉语神话文献中将颛顼列为黄帝的曾孙（黄帝生昌意，昌意生韩流，韩流生颛顼），但学界多认为，颛顼的世系是民族融合之后经过篡改被强行归并到黄帝世系中的。他其实可能是当时东北夷族的一个大天神。

　　前文多次提及五帝系统的"抢椅子"问题和被宣称的世系问题，这里总结一下。

　　如果要依从目前见诸文献的世系，五帝系统只包含两大神族：

　　第一，以黄帝为中心的炎黄系神族——含中央天帝黄帝、中央辅神后

彭祖像（明代还初道人辑《新镌绣像·列仙传》）

土（黄帝第六代孙）、南方天帝炎帝（黄帝之兄）、南方辅神祝融（黄帝第四代孙，或谓炎帝第三代孙）、北方天帝颛顼（黄帝之曾孙）、北方辅神玄冥（黄帝之孙，或谓帝俊之孙）；

第二，以少昊为中心的东夷系神族——含东方天帝太皞、东方辅神句芒（少昊之子，或谓少昊之叔）、西方天帝少昊、西方辅神蓐收（少昊之子，或谓少昊之叔）。

这个五帝世系关系表颇耐玩味。

首先，主辅神位之比。炎黄系（名义上）：东夷系（实际上）=6:4，东夷系作为华夏族的第二大股东，所占的股份比例厚实、沉重、不可小觑，却又不至于颠覆炎黄系的领导地位。不得不服，民族大融合时期的神权平衡搞

汉代画像砖上的颛顼像

得真是高妙啊。

其次，炎黄系里，有一半神祇的族源是存疑的。祝融，虽名为炎黄之裔，却可能出自南楚，是个地道的南方神（楚人以之为祖先神）；颛顼，前面提到，被认为源出东北夷，与炎黄无关；玄冥，常认为等同于北海神禺强（禺京），就其行迹看，我以为他可能源出于东北夷，也可能如文献异文所说源出于东夷，就是不太像炎黄系的。所以，祝融、颛顼、玄冥这几位神祇，可能都是炎黄集团在征服过程中吸纳进来的。炎黄集团不仅整合了别的部落的人员物资，而且收编了人家的神祇，然后，依据被征服者的强势程度，给他们的神在炎黄神谱中安放了一个位置。我想，这个吸纳收编的过程是十分漫长、充满斗争的，但是成王败寇，久而久之，战胜者改造的故事占了上风，形成了统一的、官方的版本。而这个官方说法，就是后世人对这个历史悠久的五帝系统进行大规模整理、配位、配五行五色等并最终固定落实的张本。

再次，东夷系的神祇配位颇有意思。我们都知道太皞是东夷系中比少昊地位更高、资格更老的大神（个人以为太皞就是帝俊，或者二者同为东夷族的最高概念神，前文已经提到这个观点），可是在五帝系统中，东夷系的人员配置却不是围绕太皞而是围绕少昊的。四个席位，少昊加上他的两个儿子（一说叔叔）占了三席，原来最了不起的太皞被忽略、被边缘化，成了光杆司令一个，其他神与他都没有亲缘关系；

又次，太皞被严重异化。即使囿于种种原因不能完全抹去太皞的痕迹，其存在也被架空，太皞与少昊的先后承继关系被斩断（两者之间没有血缘或继承关系的传说留存），太皞被连上了"伏羲氏"的姓氏，他的事迹通通置换成比五帝更早的中原大神伏羲的事迹，太皞实际上是个只剩名目的空壳了。

最后，少昊隐约有被纳入炎黄系的趋势。《大荒东经》曾提到颛顼是少昊的"孺帝"，"孺"就是没成年的意思。原文说，颛顼少时去到少昊之国玩，还曾弹琴鼓瑟，那么颛顼大约相当于少昊的侄子之类（袁珂）。这句话可以有两种理解：要么颛顼与东夷神系有亲缘关系（印证了颛顼本为"东北夷"的说法），要么少昊与炎黄神系有亲缘关系（如果视颛顼为黄帝裔孙的话）。如果选择后一理解，东夷族在五帝系统中的席位可谓全军尽没。

中原炎黄系终于统一了新五帝时代的神界。

顺便说一句，颛顼的后裔传说也颇具喜感。虽然在五帝中就数他严厉，整天板着脸，可是他的后裔中不成器的却特别多，好像故意跟他作对似的。

此外，颛顼跟高阳也许不是同一个人，而是在民族融合过程中被归并到一起的。这个问题学界有争议。

黑帝颛顼二三事

上节我们聊了北方天帝颛顼的概况，本节再补充讲两个有关他的片段传说。

故事

据说北方天帝颛顼是韩流的儿子。韩流长了副怪模样：脖子很长，耳朵很小，脸是人脸，嘴巴却是猪嘴巴，麒麟身子，猪蹄儿，两条腿并生在一起……他娶了淖子氏的阿女为妻，生下了颛顼。颛顼的嘴脸，可能与韩流也有几分相像。"颛"字也可以理解为"专"，专专，大概就是讲他嘴巴的奇特样子吧（袁珂）。

颛顼少年时，曾经到叔父西方天帝少昊那里游玩，闲时就弹奏琴瑟取乐。后来不弹了，他就将琴瑟扔到了东海以东的深海大壑里。打那之后，大壑深处就常常传来隐约的、优美的琴瑟之声。如果有渔船恰好经过那里，想必会认为深海的宫殿里正开着音乐会吧。

颛顼长大之后，跟水神共工争当天帝，发生了很大的矛盾。女娲补天这件事的起因，有人说，当时跟共工打仗的不是火神祝融，而是颛顼。这样说也很有道理。因为颛顼是水德之神，要选一个象征阴冷、严酷的神做北方天帝的话，颛顼和水神共工都是有资格的，所以他俩就有竞争关系了。当然，结果你也知道，这一仗反正是共工打败了，气呼呼跑去把天柱撞断成了不周山，害得人类差点灭绝。

韩流（《山海经》明代蒋应镐绘图本）

原文出处

《山海经·海内经第十八》："黄帝妻雷祖生昌意，昌意降处若水，生韩流。韩流擢首谨耳，人面豕喙，麟身渠股，豚止，取淖子曰阿女，生帝颛顼。"

《淮南鸿烈解》卷三《天文训》："昔者共工与颛顼争为帝，怒而触不周之山，天柱折，地维绝。天倾西北，故日月星辰移焉；地不满东南，故水潦尘埃归焉。"

《山海经·大荒东经第十四》："东海之外大壑，少昊之国。少昊孺帝颛顼于此弃其琴瑟。"

《山海经·大荒西经第十六》："有鱼偏枯，名曰鱼妇。颛顼死即复苏。风道北来，天乃大水泉，蛇乃化为鱼，是谓鱼妇。"

颛顼当上北帝之后，需要水神做他的属神，可是并没有找共工，而是找了另外一个水神玄冥。可见颛顼跟共工真是不能相容的。而且，共工的气性也很大，他不甘屈居人下，就跑去躲起来了。后来大禹治水，他又跑出来捣乱。

作为一个天帝，颛顼也会死，可是更会死而复生。传说他死了之后，他的灵魂飘浮在空中，有大风从北边刮过来，地下的泉眼全都涌出大水。在这大风与大水中，一条蛇化成了鱼，颛顼的灵魂便趁机附着在了鱼身上。这条新的鱼叫作"鱼妇"，一半是人一半是鱼，它就是复活了的颛顼的新形象。这真是一个暧昧迷魂的死亡游戏啊。

掰书君曰

颛顼的故事在一般人中流传不广，很多人甚至不能正确地读出他的名字，这导致他在普通人心中的面目非常模糊。不像黄帝，一提起来都知道，就是那个最厉害的中央天帝嘛；或者一提少昊，哦，那个鸟国的神嘛。所以我们不妨也照此给颛顼画个速写：一个板着脸的冷酷神。

颛顼身上体现了丰富的文化交融与冲突，他父亲韩流那疑似猪嘴巴的外貌，他与少昊的亲昵，他与共工的争斗，他与玄冥的共生，他的不死化身……都能看到部族大融合（大掐架）时期的遗迹。

共工怒触不周山（四库本《钦定补绘萧云从离骚全图》）

颛顼是五帝中的最后一个，颇有承上启下的断代意味。他所做的最有影响力的大事是"绝天地通"，即派重黎二神去把天梯破坏掉，让人与神的世界截然分开。这个传说似乎可以解读为：部落内部逐渐形成的贵族阶层垄断了通神的权力，将曾经人们可以通过祭祀、狂欢、互相讲述而习得的巫术知识收归贵族专享（甚至大巫师本身也是贵族）。这自然是个一开始会遭到反对和反抗的、不近人情的命令，所以由一个冷酷神来下这道命令是合适的，完全不耽误中央黄帝的慈爱和"伟光正"。

颛顼死而复生的情节，让人联想到后稷的死而复生。《淮南子·地形训》说"后稷垅在建木西，其人死复苏，其半鱼在其间"，也跟鱼有关。而鱼与水，与寒冷，与阴有关，这都是北方、冬季这类文化元素中的固有之义。

颛顼的死亡是对冬季万物凋敝的隐喻，季节作为一个整体概念死于寒冬，复生于新春，人们敬畏地恭迎着颛顼的到来，心里不免会像雪莱那样感慨："冬天来了，春天还会远吗？"与此相似，后稷作为农神的死而复生，象征着农作物无法熬过严冬的自然环境，而来年春天却可播种下新的希望。

死而复生并不是中国神的专利。像埃及的尼罗河之神俄赛里斯，被杀掉又复活后，成了冥府的国王和仲裁者。这种死亡游戏，显然与尼罗河的年年泛滥有关。

西泰山的鬼神盟主

导言

　　四张脸的黄帝干过的最惊天动地、最有气魄有格调的一件事，不是跟亲兄弟炎帝掐架，不是跟铜头半兽人蚩尤打仗，不是发明各种器物制度，而是将天底下的神怪异兽全部召集起来，到西泰山进行大检阅。

故事文本

　　古早的时候，管理中央的天帝叫作黄帝，他是五帝之中地位最高的，头上长着四张脸，这样，他除了管理自己的地界，还可以同时监管东南西北四方、春夏秋冬四季。

　　中央这片宽广的土地，有一万两千里那么宽广，西起昆仑山，经过恒山，东至碣石，是日月运行所经过的地方。长江和汉水流经此地，龙门、黄河、济水从境内穿过，后来鲧治水的时候，曾经在这里用息壤埋塞过暴虐的洪水。这里人口稠密，气候适宜，土地肥沃，适合五谷生长，真是个美好的中央之国。

　　帮着黄帝一起统治这片中央之国的，是他的属神后土。后土是炎帝的后代——你看，这些五方上帝，都在互相让后代们做下属。后土是土地神，又是管理阴间的神，手里拿着一根绳子，这就是咱们现在说的"准绳"，是为万事万物建立标准的意思。黄帝和后土以博大、宽容、公正之心统治着这片土地，明察秋毫，不苛求、不偏心，他们还帮助和慰问那些老弱病残的人，使万物都有一个好的归宿。

　　黄帝作为五方天帝的首领，可不仅仅是在中央待着，他经常去四处漫游。在巍峨的昆仑山上，他建立了自己的宫殿，派了一个叫"陆吾"的人头九尾虎去镇守。黄帝还经常服食峚（mì）山上出产的一种白玉膏，来保持自己的

四张脸的中央天帝——黄帝 七小 绘

神力，让自己更长寿。这种玉膏非常神奇，如果拿它去灌溉丹木，五年之后，丹木就会开出五种颜色、五种香气的花朵。

一次，黄帝到恒山去玩，得到了一只叫"白泽"的神兽。这只神兽会说话，知道天地间所有的神怪，其中有好些神怪，即使是黄帝也没有听说过。黄帝命人将白泽所说的所有神怪都画下来，并写好注释，一共得了一万一千五百二十种。这本画册，大大地方便了黄帝对天地间万事万物的管理。

有了画册之后，黄帝就在西泰山检阅天底下所有的鬼神。蚩尤带着虎狼在前面开路，雨师为他洒道，风伯为他扫地，大象为他拉车，鹤形独腿的毕方鸟为他驾车，六条蛟龙在身后护卫他，美丽的凤凰在天空飞舞，长了翅膀的腾蛇在地上游走，各种奇形怪状的神怪跟在他后面……。黄帝看到自己治下的神怪队伍这么庞大、这么整齐有秩序，非常高兴，当场作了首乐曲，叫作《清角》。

《清角》不是一般人能听的曲子，因为一演奏，就把天底下的神怪都给召唤来了。

黄帝的事迹可不止这些。在他当上最高天帝之前，他跟各方神族都打过仗，其中最有名的是黄炎大战和黄帝大战蚩尤。

原文出处

《淮南鸿烈解》卷五《时则训》：

"中央之极，自昆仑东绝两恒山，日月之所道，江汉之所出，众民之野，五谷之所宜，龙门、河、济相贯，以息壤堙洪水之州，东至于碣石，黄帝、后土之所司者，万二千里。其令曰：'平而不阿，明而不苛，包裹覆露，无不囊怀，溥汜无私，正静以和，行稃鬻，养老衰，吊死问疾，以送万物之归。'"

《韩非子·十过》："昔者黄帝合鬼神于泰山之上，驾象车而六蛟龙，毕方并辖，蚩尤居前，风伯进扫，雨师洒道，虎狼在前，鬼神在后，腾蛇伏地，凤皇覆上，大合鬼神，作为《清角》。"

西泰山的鬼神盟主

黄帝在西泰山聚会诸侯及神灵进行祭祀（汉代徐州画像石）

掰书君曰

　　关于黄帝，前面已经说过不少，这里再补充一些。

　　本篇故事里提到了黄帝在昆仑山上的事迹。前文说过，入主了昆仑山的这个黄帝其实是天帝，就是一神独大时代的太帝、"皇天上帝"，后世又将这位"皇天上帝"专指为征服了中原的黄帝。我们不清楚他（们）与西王母的关系，不过，情理上推想，有可能是这样的：刑神西王母存在着－皇天上帝存在着－西王母与皇天上帝并行无涉－皇天上帝在昆仑山上盖房子养宠物了－皇天上帝等于黄帝了－西王母被迫搬迁去中原了……

　　神话世界里的"中原/中国"，是想象中的"中原/中国"，属于文化概念范畴，虽然有研究认为（作为人王的）黄帝其部族起于北方/西北方，但这不妨碍他在文化上成为"中原/中国"正统的代表——一个融合了各部族的华夏大民族的大首领。

　　关于部族融合的过程有多严酷，多激烈，前文已经有所述及，这里我们再具体看一段《马王堆汉墓帛书·十六经》里的资料：

　　　　黄帝身遇蚩尤，因而擒之……帝曰：毋犯吾禁，毋流吾醢，毋乱吾民，毋绝吾道。犯禁，流醢，乱民，绝道，反义逆时，非而行之，过极失当，擅制更爽，心欲是行，其上帝未先而擅兴兵，视蚩尤共工……

　　这段话的大意是：黄帝在战胜蚩尤族之后，向天下颁布命令——禁止触犯我的律令，禁止不吃我分给你们的人肉苦酱，禁止扰乱民心，禁止不按我说的路子办。如果违反上述几条，或者不守规矩时限，知错犯错，越过界限，为图自己快活而私改制度，随心所欲，没有我的命令就擅自用兵，那么，你们就看看蚩尤的下场……（译文从马汉麟版本而有修改，更多关于黄蚩之战的故事可参见后文专节）

从措辞上看，这里的黄帝显得比北帝颛顼还要严厉得多。当然，汉墓帛书古佚文中描绘的黄帝形象，未必是上古一成不变流传下来的黄帝形象，但至少是汉代人认可（乃至重新构拟或整理）的形象。有人认为黄帝只是神话人物，未必实有过，从上引古佚文来看，我倒觉得这里的黄帝很符合部落战争时期部族大首领（人王）的特点。如果我们认可那个荒蛮难稽的时期是实有过的，那么那时的战争中就必定会出现很多首领，而最后胜出的那个首领，必定就是个非常厉害的大首领。而这位大首领，也必定有个名号。传说告诉我们，他的名号叫做黄帝，以及轩辕氏有熊氏帝鸿氏等等别称。我想，这是一个很好的解决方案。哪怕这位大首领其实并不叫黄帝，或者其实并非一人，而是个多人军事核心联席会议（上古的军事民主制），但是，文化的凝聚本来就是需要删繁就简，需要归并和明确的。经过反复的、层层的筛选和提炼之后，黄帝从一个传说中的部落联盟大家长（人王），升华成了神话中的宇宙大家长（主神），他的性格也由原先战胜者／人王的严厉本色，增加了博大宽容、公正慈爱的神性。

一个非纸片化的黄帝，显然更加立体、更加丰满，也更加意味深长。就像故事里黄帝的四张脸，他们既体现了黄帝这个形象的多面性，也象征着这位宇宙大家长对于天下的全方位无死角、全年无休的管理和监控。

经过黄帝时期这一波文化大融合之后，炎黄部族升级为华夏民族，华夏民族的文化品格、对待异文化的基本态度初步形成，有归并，有吞没，有置换，有保存，多方吸纳、兼容并包、精挑细选、化为我用，华夏民族的"我世界"逐渐成形，逐渐清晰，随后在文化延续中被强化，被传承，绵延至今，长命不绝衰。

黄帝也有爹和妈

关于黄帝的爹妈,本节为大家掰一掰古文献上的记录。

故事

作为人王的黄帝,他的爹娘到底是谁呢?历来有两种传说。

第一种说,黄帝的妈妈是少典氏,爸爸是有蟜氏(详见下文解释)。

少典氏的女儿与有蟜氏的男子结合,生了两个儿子,就是炎帝和黄帝。后来黄帝去到姬水这个地方长大,于是黄帝族姓了姬;而炎帝去到姜水这个地方长大,于是炎帝族姓了姜。

第二种说,黄帝的妈妈是附宝,爸爸是雷电之神。

有一个夜晚,年轻的附宝在郊野仰望星空,忽然看见一道巨大的闪电绕着北极星旋转,那夺目的光芒将整个郊野都照亮了。附宝的身心受到感应,就有了身孕。经过二十四个月,附宝在寿丘(一说青丘)生下了黄帝。

无论他的妈妈是谁,黄帝注定是个奇异的人:在母腹中待了二十四个月才出生,婴儿时期就会说话,小时候就聪明得不得了,长大了性格又敦厚、见识又敏锐。所以他以后才能够当上中央之帝、完成统一四方的伟业。

黄帝的妻子叫作嫘祖,又写成雷祖。她的事迹大致是在发现野蚕[1]的基础上发明了养蚕这种手艺,并推广到千家万户。

传说黄帝发明了很多东西,包括定历法、制干支、作文字、定度量衡、

---

[1] 马头娘的故事(即蚕女故事),主要讲述了蚕的由来——由一张马皮包裹一个姑娘而变成(其事见于干宝《搜神记》等文献)。这里的蚕显然指野蚕。驯养野蚕为家蚕这门手艺,不只是嫘祖一人具有,后文古巴蜀神章节的蚕丛大王也教民养蚕。嫘祖与蚕丛的养蚕术之间有无关系,以及到底是谁将此术传给了谁,目前尚无定论。

嫘祖教民养蚕（元代王祯《农书》）

造货币、做箫管、定音律、创制战车、著医书《黄帝内经》等。他可真是个文化伟人啊。

掰书君曰

讨论黄帝是谁生的，就意味着将黄帝视为人王，而不是"皇天上帝"。在这里，黄帝神格不显，身份更偏重部族首领。

少典氏与有蟜氏，到底哪方是爹？哪方是妈？原文说"昔少典取（娶）于有蟜氏"，世人常以少典氏为男方，以有蟜氏为女方。但本书更愿意遵从潜明兹先生之说，"最初是女娶男，即少典氏的女儿娶了有蟜氏的男子，行氏族外婚"[1]，故而以少典氏为炎黄的母亲而不是父亲。黄帝生存的时代，可能在母系向父系氏族转化的末期。少典氏生炎黄的版本，反映了氏族结构转化过程中的情况。"女娶男"，至少是过渡期并存的多种婚姻制度中较为主流的一种。本书取此说，主要是为了提醒读者：通常认为的黄帝父母姓名，其实有反过来的可能性。

---

[1] 潜明兹:《中国神话学》，宁夏人民出版社1994年版，第366页。

黄帝也有爹和妈

原文出处

《国语·晋语四》:"昔少典取于有蟜氏,生黄帝、炎帝。黄帝以姬水成,炎帝以姜水成。"

《史记·五帝本纪》:"黄帝者,少典之子,姓公孙,名曰轩辕。生而神灵,弱而能言,幼而徇齐,长而敦敏,成而聪明。"唐代张守节注:"黄帝……母曰附宝,之祁野,见大电绕北斗枢星,感而怀孕,二十四月而生黄帝于寿丘。"(有异文,寿丘或作青丘。)

黄帝像

　　附宝感生的版本,体现了黄帝作为中央天帝的合法性——因为他掌握雷电。虽然看起来有着感生神话的原始性,但我以为这可能是比"少典生炎黄"后起的版本,是后人按照感生故事的模板附会的。前面"五方上帝"章节里提到过,以北极星对应人间帝王的权势,以轩辕十七星的形状和主属呼应黄帝的地位,带上了有汉以来的谶纬色彩。

　　黄帝是个"箭垛式的人物",许多物品、制度的发明都算到了他头上,这佐证了他集天神(神王)、人王、文化英雄于一身的人物定位。

　　嫘祖亦作累祖、雷祖,可能是早期部落女首领。嫘、累、雷音近或音同,与雷神发生隐约关联,可见是掌权的女性。嫘祖权力演变史可能与女娲和羲和类似,有个从上到下的降格过程。帝俊与羲和故事参见后文相关章节。

史上第一场哥儿俩之战

导言

关于炎黄大战与黄帝战蚩尤到底是不是同一场战争，学界有两种看法，文末略有提及。另，黄帝的军队很壮观，很惊艳，跟他之前在西泰山会鬼神的阵容有得一拼。为突出差异，本节以"他"指代男神，以"她"指代女神，以"它"指代神兽或主要呈现为兽形的神。下节同。

故事文本

黄帝与炎帝据说是同母异父的兄弟，炎帝做了南方天帝，黄帝做了中央天帝，也兼管包括南方在内的四方。时间长了，两兄弟闹了矛盾，吵架也解决不了问题，就打了一仗。

哥儿俩闹的是什么矛盾呢？有人说，是因为黄帝要行仁政，但炎帝不肯，就闹掰了。据我看未必。炎帝具有火德，承担着一部分太阳神的功能，是能带给人温暖的。我想，可能随着各自神国的发展，大家都想扩大自己的势力范围，这才起了冲突吧。

战争在阪泉之野展开。

黄帝亮出了他庞大的神怪和神兽军队：以熊、罴（pí）、狼、貔貅（pí xiū）、豹、貙（chū）、虎等等猛兽充做他的前驱，以雕、鹖（hè）、鹰、鸢（yuān）等猛禽做他的旗帜……还有白泽替他画的图册里的那些鬼怪，全都成了他的士兵，真是好威风的一个阵容。

炎帝这边有谁出马不太清楚，想来，他的妻族赤水听訞部族、属神祝融部族都会参战，他的后裔蚩尤兄弟，那时虽然年纪还小，说不定也有参与。

所以黄炎两兄弟的阵容，是旗鼓相当的。

黄帝和炎帝在阪泉之野打了三场大仗。

天空中的猛禽展开巨大的翅膀，黑压压遮天蔽日，它们盯准敌方的头颅和颈项，频繁翻飞俯冲，以它们尖利的鸟喙和爪子叼啄着、撕扯着，直至被下方凶猛反击的士兵用弓箭、爪牙或者铁拳击中肚腹或咽喉。从猛禽们伤口中流出的鲜血随着它们身体的飞速移动，在空中四面喷射，形成连片的巨大血雨和血雾笼罩战场。这些受到致命攻击的猛禽怪叫连声，羽翼分散，它们坚持盘旋着，翱翔着，直至体力再也无法支撑，倏然从半空坠落。而即使到了这最后的时刻，它们坠落的庞大身躯也要摊开来，将敌方的兵士拖倒、砸死一大批。

地面的猛兽狂吼着冲锋陷阵。它们刚毛竖立、目眦尽裂。它们血盆大口呼出的气息仿佛都带着致命的毒气，它们巨牙上的黏液在暗淡的天光中疯狂颤抖，仿佛在弹奏着死亡的序曲。它们庞大的身躯每前进一步，都伴随着脚下被踩扁的对手的最后哀号，以及大地的巨震和无穷的回响。它们挥舞着沾满了血水、黏液和尘土的巨掌与利爪，将无数体型较小的对手𥻗到半空中，又猛地摔到地面变成肉泥……兵士们流出的血集成了血坑，又汇合为溪流，然后变成小河，小河汩汩，再变成大河。无数被丢弃的兵器的木头杆儿，就在这暗红、死寂的血液之河上漂浮着、游荡着，再也找不到它们的旧主。

那真是一次惨烈到前无古人的战争，后世将这一悲惨场景总结为一个成语：血流漂杵。最后，黄帝取得了胜利。

战败的炎帝只好听凭黄帝的摆布，献出了自己的土地、物产和人民，然后垂头丧气回到南方去了。

这一仗把炎帝打趴下了，可是却把炎帝的后代蚩尤打醒了。下一个故事，我们就要讲蚩尤怎样挑起战争，替炎帝报仇。那，是比阪泉之战更加轰轰烈烈的一场战争。

原文出处

《绎史》卷五《黄帝纪》引《新书》：「炎帝者，黄帝同母异父兄弟也，各有天下之半。黄帝行道而炎帝不听，故战于涿鹿之野，血流漂杵。」

《列子·黄帝第二》：「黄帝与炎帝战于阪泉之野，帅熊、罴、狼、豹、貙、虎为前驱，雕、鹖、鹰、鸢为旗帜。」

《史记·五帝本纪》：「（黄帝）教熊罴貔貅䝙虎，以与炎帝战于阪泉之野。」

掰书君曰

关于黄帝族与炎帝族的仗,主要有两种说法:

其一,黄帝与炎帝打了一仗,炎帝败。蚩尤作为炎帝后裔,起来替炎帝报仇,继续挑战黄帝。那么这是有两次战争。

其二,黄帝与炎帝没打仗,是蚩尤冒称炎帝与黄帝打了仗,那么这是一次战争。

这里取第一种说法。

但其实,在漫长的部落兼并过程中岂止发生两场大战?所以仔细想来,以上两种情况其实是可以并存的。也就是说,可以是这种情况:首先,黄帝打败了炎帝;然后,蚩尤打败炎帝取而代之;再然后,蚩尤挑战黄帝,战败被杀。

另外,历史上的蚩尤部族来自主要生活在长江流域的九黎[1],跟黄河流域的炎帝可能没有那种直线的亲缘关系。道理上说,炎帝不会是南方老大(南方天帝),南方老大应该是蚩尤(或其他神,例如祝融)。但蚩尤是败者,所以南方老大的位置,后来就安到中原"自己人"炎帝身上了。

据吕思勉、袁珂等先生辨析,阪泉、涿鹿实为一地。

---

[1] 九黎,传说中远古由九个部落组成的联盟。在神话中,蚩尤是他们的首领。

四张脸大战铜额头

这是炎黄大战的续篇,也可以说与前者是同一场战争。故事较长,所以为其中的关键环节戏拟了民间说书味道的章回体回目,大家一笑。

故事

第一节 难服输蚩尤兄弟寻旧仇 不怠慢黄帝家族练新兵

古早的时候,在南方居住着一个高大凶猛的神族——蚩尤,他们是炎帝的后裔。蚩尤家族共有八十一个兄弟,全都铜头铁额,长相怪异:有的长着牛犄角,有的长着牛蹄,有的长着四只眼睛,有的长着六只手,有的长着八条腿……他们以沙石铁块为食,特别擅长制造弓、矛、斧、盾等兵器。

从他们的长相和习性就可以看出,蚩尤族是一个好战的族群。他们的领头人,也叫蚩尤。

炎帝与黄帝打仗失利之后,整个炎帝族的日子都不好过。蚩尤兄弟咽不下这口气,决定起来反抗黄帝的统治,找回昔日的光荣。

蚩尤兄弟集合了南方的苗民和许多鬼怪,向位居最高天帝的黄帝发动了进攻。

四张脸的黄帝不敢怠慢,重新召来那支由熊、罴、貔貅、

汉墓画像石上的蚩尤形象

黄帝大战蚩尤（汉墓画像石）

貙、豹、虎、狼、雕、鹖、鹰、鸢等猛兽猛禽组成的队伍，连同白泽图册上的各方鬼神怪物，一起与蚩尤对阵。他还用昆吾山出产的、火一样的红铜打造了一把切玉如泥的宝剑，以此来增加自己的神威。

这是一场旷日持久的大仗，不知打了多少年。一开始，黄帝老是输，九战九不胜，后来他想出种种办法，也得到很多帮助，终于取得了最后的胜利。咱们讲讲其中几件特别有意思的事儿吧。

第二节　蚩尤作法兴起漫天大雾　风后奉命造出指南仙车

吃沙石的蚩尤法力高强，有一次，他们在战场上施放出漫天大雾，将黄帝的军队笼罩在里面了。黄帝的军队完全迷失了方向，三天三夜也冲不出去。可蚩尤的军队却很适应这种环境，趁着大雾对黄帝的人马肆意砍杀。就在这种急迫的情形下，黄帝的臣子风后发明出了一种"指南车"，车上小仙人的手可以永远指向南方。在指南车的带领

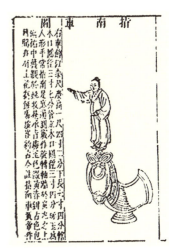

指南车图（明代《三才图会》）

四张脸大战铜额头

下,黄帝军队终于冲出了大雾,开始组织反击。

第三节　魍魉发怪叫施法迷心智　角号如龙吟吹彻退妖声

蚩尤的军队里有一些会发出怪声来迷惑人的小鬼,比如魍魉——还记得吗,他是北方天帝颛顼的小儿子死后变的。听了这些怪声,黄帝的军队就会丧失斗志。黄帝便命令兵士们用牛羊角制作军号,吹出龙吟一般的号声,吓退了蚩尤的鬼怪。

第四节　风伯雨师果真此呼彼应　应龙旱魃可怜有来无回

黄帝召来长了翅膀的应龙,让它行云布雨,去水淹蚩尤军队。蚩尤便叫来了风伯雨师,发动他们的全部神力造出弥天风雨,比应龙布出的更大,将黄帝军队泡在了水里。黄帝只得将自己的一个女儿——旱神"魃"——从系昆山召下来。魃是一个秃头女,个子矮小,老穿着青色的衣裳,身体里储存着无穷无尽的热量。她一来,蚩尤的大风大雨立刻消失了,天底下旱成一大片,黄帝军队趁机反扑,将蚩尤打退了。

为这一仗做出重大贡献的旱魃,因为耗掉太多神力,回不了天上,就在人间留下来。她留在哪里,哪里就大旱。人们受不了,把她轰到赤水以北去居住。当她不甘寂寞又出来游荡时,大旱就重新出现在人间了。

至于应龙,因为透支了神力回不了天上,只好去南方待着。至今南方多雨,就是这个原因。后来大禹治水,应龙还出来帮忙,以尾画地导水。

第五节　遭厄运大夔兽剥皮成鼓　没逃处老雷神拆骨为槌

蚩尤对前次的失利当然不会善罢甘休,过了些日子,又带领他的铜头兄弟和鬼怪们发动了新进攻。

黄帝便叫人去东海流波山捉来了怪兽"夔"(kuí)。夔长得像牛却没有犄角,而且只有一只脚。它在海中进出的时候总是大声吼叫,声音像打雷那么响,非常具有威慑力。黄帝把夔的皮剥下来,绷成了一面鼓。

有了战鼓,还得有鼓槌啊。黄帝便又去雷泽里,将老一代的雷神捉了来。

应龙（《山海经》明代蒋应镐绘图本）

风伯（汉画像石，山东嘉祥武氏祠）

雨师（汉画像石，江苏徐州铜山）

四张脸大战铜额头

风伯（右上）、雨师（右下）、雷公（左下）、电母（左上）（山西宝宁寺明代水陆画局部）

还记得吗，雷神是条龙，有时也幻化成人身，当它吃饱了没事拍打自己肚子的时候，天地间就会响起轰隆隆的雷声。伏羲就是华胥氏踩了它的大脚印而生下的儿子。黄帝将老雷神杀了，抽出他最大的腿骨做了一对鼓槌。

这面由夔的皮和雷神的腿骨联合制成的军鼓，有着无与伦比的神力。黄帝命人连敲九通，把蚩尤部队的兵士吓得魂飞魄散，完全丧失了战斗力。黄帝趁机指挥军队掩杀过去，蚩尤们只好仓皇逃掉了。

第六节　救急难夸父族南奔助阵　解困厄九天女下凡授符

蚩尤兄弟不甘心失败，又去北方的荒野中请来了巨人族夸父做援兵。夸父族本来是黄帝属神后土的子孙，个个身材巨硕、力大无穷，手里喜欢把玩着两条蛇。有一个著名的追赶太阳的巨人，就是夸父族的。夸父族与蚩尤族联手，势力大增，又频繁向黄帝发动进攻，这下黄帝更头疼了。

关键时刻，从天上下来一个人头鸟身的女神，她叫"九天玄女"，据说是西王母的弟子。玄女带来了"灵宝之符"和行军布阵的兵法——别看黄帝很厉害，有些知识他也是不懂的。靠着九天玄女的帮助，黄帝终于彻底打败了蚩尤部队，抓住了蚩尤兄弟和他们的帮手。

黄帝女——魃（左）（清代汪绂释《山海经存》）

第七节　偃旗息鼓猛蚩尤遭断首　背井离乡勇苗民被南迁

黄帝在"解"这个地方，将胆敢反抗自己的蚩尤斩了头。因为怕他死后还捣乱，便将他的头和身子分开到两个相距遥远的地方埋葬。"解"就是分解的意思。后来蚩尤的墓上，常常冒出一大股红色的气体，远看就像一面鲜红的布条，人们就管它叫"蚩尤旗"，似乎蚩尤的亡灵不灭，还在以此召唤他的部属，准备对黄帝发动再一次反攻。后世也将某种形状的彗星叫

夔（明代胡文焕编《山海经图》）

夸父逐日（《山海经》明代蒋应镐绘图本）

做"蚩尤旗"，说见到它就会有兵灾。"解"地有个一百二十里广的池子，人们叫它"解池"[1]。解池的水总是红的，人们说，那就是蚩尤血。沾满蚩尤鲜血的枷栲被抛弃在大荒中，变成了一片火红的枫林。据说，后来蚩尤头的形象又被铸在青铜器上，变成了一个贪吃无厌的怪兽"饕餮"。战败而死的人，是没有办法替自己辩护的。

帮助蚩尤的其他小鬼小怪不用说了，主要的夸父族和苗民，也都受到黄帝严惩。夸父被黄帝杀掉了，苗民也被剿杀了一大批，剩下的很大一部分被迫向边远的地方迁居。但是，骁勇无畏、敢于挑战权威的蚩尤活在了很多人心中。至今我国南方的苗民还说自己是蚩尤的后裔，每年都会定期纪念他。而且，在很长一段历史时期内，蚩尤都作为兵主（战神），受到各朝各国的崇拜和祭祀。

蚩尤断首（清代汪绂释《山海经存》）

---

[1] 解池在今天的山西运城，是个巨大的内陆盐湖。当地至今流传蚩尤被黄帝打败在此地被斩首的故事。

原文出处

《路史·蚩尤传》:"(蚩尤)逐(炎)帝而居于浊鹿,兴封禅号炎帝。"

《太平御览》卷一五《天部十五·雾》引《志林》:"黄帝与蚩尤战于涿鹿之野,蚩尤作大雾,弥三日,军人皆惑,黄帝乃令风后法斗机,作指南车以别四方……"

《初学记》卷九《帝王部·总叙帝王》引《归藏·启筮》:"蚩尤出自羊水,八肱八趾疏首,登九淖以伐空桑,黄帝杀之于青丘。"

《太平御览》卷七九《皇王部四·黄帝轩辕氏》引《龙鱼河图》:"蚩尤兄弟八十一人,并兽身人语,铜头铁额,食沙石子。"

《述异记》卷上:"蚩尤'食铁石'","人身牛蹄,四目六手……耳鬓如剑戟,头有角"。

《皇览·冢墓记》:"蚩尤冢……民常十月祀之。有赤气出如匹绛帛,民名为蚩尤旗。肩髀冢,……传言黄帝与蚩尤战于涿鹿之野,黄帝杀之,身体异处,故别葬之……"

《史记·封禅书》:"三日兵主,祀蚩尤。"

《山海经·大荒南经第十五》:"有宋山者,有赤蛇,名曰育蛇。有木生山上,名曰枫木。枫木,蚩尤所弃其桎梏,是谓枫木。"

《云笈七签》卷一〇〇《轩辕本纪》:"(黄帝)杀蚩尤于黎山之丘……掷械于大荒之中,宋山之上,其械后化为枫木之林。"

掰书君曰

黄帝族与蚩尤族之间的战争也许真实存在过,当年,这是全体部族联盟成员生命中的头等大事,其心理影响延续几千年,至今回响不绝。这场伟大的部族兼并战争遗留下了一些宝贵的历史细节,后经神化,融入传说中,成为我们今天看到的本篇故事。

蚩尤是上古时期九黎部落联盟的英雄代表。关于他的结局,传说中不仅是被砍头那么简单。让我们再次回顾《马王堆汉墓帛书·十六经》里的资料:

黄帝身遇蚩尤,因而擒之。剥其革以为干侯,使人射之,多中者赏;翦其发而建之天,名曰蚩尤之旌(jīng);充其胃以为鞠(jū),使人执之,多中者赏;腐其骨肉,投之苦醢(hǎi),使天下人啑(shà)之。……

凝固在服饰上的民族迁徙史：在这幅老人送给孩子的背带图案中，老人在背带上最先绣上海洋——海边是古代苗族的居住地，然后再绣上河流、高山、田园、星星等图案，代表着这家人穿过多少条河，翻过几座高山，定居过多少地方，从古至今历经了几代人等等。

  这里提到了黄帝对蚩尤肉体进行的各种血腥处理，包括剥皮做成箭靶，剪发做成旗帜，把胃做成球踢，把骨肉做成苦肉酱。这些惩罚方式，除了威慑、警告功能外，还带有很强烈的负面感情色彩。这从侧面反映出黄帝对蚩尤的忌惮，反映出九黎联盟作为强悍对手在黄帝联盟心目中的重要地位。

  历史上，九黎联盟是部落兼并战争中的失败者，神话中，他们却常被刻画成反叛者。客观地讲，我们可以认为蚩尤族群是反对者、反抗者，却不能说他们是反叛者，因为他们并不是黄帝的部属。在败给黄帝之后，他们做出的选择不是屈服，而是大多数成员的玉碎或出走。

  据说，蚩尤的后裔在今天主要是苗族。苗族人用服饰来铭记、讲述和传承他们自蚩尤以来颠沛流离的迁徙史，把他们离开故乡后经过的山河湖海都绣在了女人的裙子上。一首苗族古歌唱道:"我们离开了浑水 / 我们告别了家乡 / 天天在奔跑 / 日日在游荡 / 哪里才能生存啊 / 哪里是落脚的地方 /……让我们把涉过的江河 / 画在阿妈的裙上 / 不要忘记这里有过我们的胎盘 / 时刻记住祖先用汗水浇过的地方……我们织出漂亮的裙子 / 像平坦的泽国水乡 / 像望不到边的田埂 / 道路宽敞四通八达 / 我们裙子上的条条花纹 / 就是我们原来的田园 / 那阡陌纵横的田地 / 那流水清清好插秧的地方……"[1]

  蚩尤的形象,其实颇有异文。《归藏》说是"八肱八趾疏首",《述异记》说是"人身牛蹄,四目六手,耳鬓如剑戟,头有角"等等,总之是个怪异的半兽人。本文选择了较常见的说法,牛头、铜额、巨大的身子、神奇的本领……看起来类似于后来的牛魔王,这可能与当时其部族掌握了较高超的农耕水平和冶炼水平相关。今天苗女头顶上的牛角形银饰,还在以永续不辍的方式表达着子孙后代对蚩尤和耕牛的感情。

  蚩尤兄弟数,《述异记》又说是七十二人。今天苗人流传的故事里,倒是延续了八十一的说法。七十二、八十一,都是中国传统文化中的关节数值,因为它们是由八和九这两个在文化上饱含深意的大数分别相乘而得的。

  《史记·封禅书》记齐祀八神,"三曰兵主,祀蚩尤"。蚩尤虽然战败,雄风震烁古今,最终以战神形象,永垂青史。

  九天玄女授灵符这个情节有着明显的仙话痕迹。这个环节里,黄帝又从那个无所不能的天下鬼神盟主、天帝,降格成了一个人王。神话在发生、演化、传承过程中种种来回摇摆的变化,于此可见一斑。玄女是女战神,参见后文她的专节。

  魃、应龙、夔、雷兽的故事非常悲情,我很喜欢这些富有诗意的片段。从黄帝对待他们的态度看,这个黄帝是冷酷寡情的,但却与他摧枯拉朽统一天下、不惜一切代价争当霸主的人王原型形象并不矛盾。

---

[1] 转引自杨鹏《族源·战争·迁徙:少数民族服饰文化意蕴的一种解释》,《黑龙江民族丛刊》1999年第4期。

这个单元，我们在"三皇五帝"之后继续聊中原的大天神帝喾（kù）以及围绕着他的整个神族。帝喾之所以可以独力撑起一个单元，他自己的事迹倒在其次，主要是因为他的"神族势力"很庞大，很了不起。

第五单元

中原神话最后的大天神

多才多艺的帝喾

五帝之后,中原系神话的大天神也就数帝喾高辛氏了。他是个很复杂、很重要的天神,不容忽视。咱们先看看他自身是怎样的。

故事

帝喾,据说是黄帝的曾孙,又据说其实就是东方夷族的天帝帝俊。

帝喾生下来就很奇异,从各个方面显示出了非比寻常的本事。十五岁时候,他辅佐北方天帝颛顼有功劳,被分封在了高辛这个地方,所以他的氏号就叫高辛氏。

春天和夏天,帝喾乘着龙在天空飞来飞去;到了秋季和冬季,他又改为骑马穿梭在天地间。

帝喾非常喜欢音乐。他命令乐师咸黑做了《九招》《六列》《六英》等曲子,又叫著名的巧匠有倕制造了鼙(pí)鼓、钟磬、吹苓、管、埙(xūn)、篪(chí,一种八孔竹管乐器,横吹,类似笛子)、鼗(táo,长柄摇鼓,俗称拨浪鼓)、椎、钟等乐器。他组成了一个帝王乐团,让乐手们吹打着那些乐器,再让凤凰和天翟这两种美丽的吉祥鸟在音乐声中翩翩起舞。那情形,想来真是让人陶醉啊。

说起来,在所有上古的大神中,就数帝喾的后裔最显赫。帝喾有好几个妻子,每个妻子都生下了非同凡响的孩子,比如,邹屠氏生下了八个神,姜嫄生下了周的始祖稷,简狄生下了商的始祖契(xiè),陈锋氏生下了帝尧,常仪生下了尧的哥哥帝挚。我们以后会讲这些了不起的女人的故事。

帝喾还有些孩子,我们不能确定他们的母亲是谁,可是孩子们本身都很有名。比如他有个女儿,一般就称为"帝喾女",酷好音乐,死后每年正月

原文出处

《世本·帝系篇》：'䘲，黄帝之曾孙。'

《初学记》卷九《帝王部·总叙帝王》引《帝王世纪》：'帝䘲……生而神异，自言其名曰夋。'

《大戴礼记》卷七《五帝德》：'帝䘲……春夏乘龙，秋冬乘马。'

《吕氏春秋》卷五《仲夏纪第五·古乐》：'帝䘲命咸黑作为声歌——九招、六列、六英。有倕作为鼙鼓、钟磬、吹苓、管、埙、篪、鼗、椎钟。帝䘲乃令人抃或鼓鼙，击钟磬，吹苓展管篪。因令凤鸟、天翟舞之。帝䘲大喜，乃以康帝德。'

《大戴礼记》卷七《帝系》：'帝䘲卜其四妃之子，而皆有天下。上妃有邰氏之女也，曰姜嫄氏，产后稷；次妃有娀氏之女也，曰简狄氏，产契；次妃陈丰（锋）氏之女也，曰庆都氏，产帝尧；次妃娵訾氏之女也，曰常仪氏，产帝挚。'

《山海经·大荒西经第十六》：'帝俊生后稷，稷降以百谷。'

十五，人们都会在吹吹打打的氛围中将她迎接回来，向她占卜新年的蚕桑和其他事情。帝䘲还有两个爱打架的儿子，后来做了天上的星星——永远不见面的参星和商星。

掰书君曰

其实帝䘲的族源不是炎黄系，而是东夷系，最初他也不叫高辛氏，高辛氏是另外一个部族或其首领的名称。"帝䘲高辛氏"这个说法是后人合并的，就像"颛顼高阳氏"一样。

东夷后裔殷人以帝䘲为始祖进行祭祀（《礼记·祭法》："殷人禘䘲"），有人认为殷墟卜辞中的"高祖夒"就指䘲。也有人认为帝䘲与帝俊可能是同一人（王国维、郝懿行、袁珂等）。

今天所能看到的帝䘲故事与帝俊故事有诸多相似之处：

帝䘲制作乐器和音乐，能驭使凤鸟歌舞，帝俊也有这种才艺。

帝䘲的（某个）妻子邹屠氏生下了八神，八神又叫"八翌"，是八个升空的太阳（详见下文邹屠氏故事），邹屠氏隐然有"日母"的身份。这与帝俊妻（之一）羲和的"日母"身份是非常接近的（详见下文羲和故事）。

帝喾的某个妻子（后世常排为第四妻）常仪生下了帝喾的接班人、中原下一任统治者、帝尧的哥哥帝挚。一般认为，常仪这个名称就等同于帝俊妻（之一）月母常羲（生下了十二个月亮）。

而帝挚这名号，我疑心挚又通鸷（与东夷大神少昊的名号相同），很可能特意在名号中保留了"鸟族"的痕迹。所以，帝喾娶常仪生帝挚这个神话片段，也可以进行如下解读：炎黄部族兼并了东夷部族，由于种种原因，曾一度让东夷族的接班人（挚）担任了首领。但后来，文献说，帝挚"不善"，于是"弟放勋立，是为帝尧"（《史记·五帝本纪》）。帝挚的下台真是莫名其妙，但不管他是被迫让位、还是病死、还是被干掉，总之，我们可以解读到的信息是：经过短暂的、做样子的妥协之后，炎黄系设法让部落联盟的最高权柄重新回到了自己手中。

故事中提到的制造了各种乐器的巧匠有倕，据传是帝俊的后代。这增加了帝喾与帝俊同一或同源的可能性。因为父子祖孙一起从事音乐事业很好理解，否则，有倕的东夷族天潢贵胄当得好好的，平白无故跑到中原去投奔另外一个天帝做什么呢？

又如，由"帝喾元妃"（正妻）姜嫄所生之后稷，又被说成是帝俊之子（《大荒西经》："帝俊生后稷"），佐证了帝俊与帝喾是同一神之分化。

此外，帝喾的两个爱打架的儿子，实沈（chén，同沉）为参星管山西，阏（è）伯（一说即简狄所生之契）为商星管河南。管山西的先不去说，管河南的商星这个"商"，就是殷商的商，阏伯最初被迁去之地，后来就叫作"商丘"。而我们知道殷商是东夷族的后裔。于是，帝喾—帝喾子阏伯—商星—商丘—商人—东夷族……就这样联系了起来。

既然帝喾与帝俊的关系如此纠缠不清，为什么本书还要将两者分开，将帝喾说成是"中原神话……的大天神"呢？这是因为：

第一，从权力继承关系看。帝喾原先的世系、原先的权力传续链已经完全丢失，后世早已将帝喾编入黄帝世系，安置到了黄帝曾孙的位置，他的权

汉代画像砖上的帝喾像

柄（天帝之位）被说成是来自黄帝系统，即由黄帝的另一个"曾孙"颛顼传位而来。这就像颛顼自己的情况，颛顼的族源也不是中原系而有可能是东北夷，但民族融合之后他被编入黄帝世系，安置在了黄帝的一系列"后裔"之中，与同样被征服的祝融、犬戎乃至禺强等，成为"黄帝之裔"了。这个权柄的传续链很重要，权力从哪里来，到哪里去，决定了所继承的权力是什么样的权力、在怎样的框架内运转。既然神话故事已经将帝喾的天帝权柄放入中原系的解释系统中，那么我们认为帝喾是中原系的天帝，比认为他是东夷系的天帝要"不别扭"得多。

第二，从家庭成员看。在今天留存的故事体系中，帝喾与帝俊有不同的妻子和儿女，而且这些妻子、儿女还不能混融到一起。

帝喾被说成是中原系神话中天帝的集大成者，或者说"终结者"，他娶了当时最主要的几大部族的女儿为妻（这可以被解读为炎黄部族兼并了当时

"人王版"帝喾像

最主要的几大部族),并生下了后世几大部族的始祖:姜嫄生下了周族(后来建立了周朝)的始祖稷,简狄生下了殷族(后来建立了商朝)的始祖契,陈锋氏生下了尧部族(华夏主力之一)的始祖尧。于是,这个明明是"过继"到中原系神话中却被篡改族谱成为炎黄"亲生后裔"的帝喾大神,就上承他之前的所有中原神祇,接过了中华文明的王统大旗,占据了"古中国诸大族共同始祖"这样一个极其重要、显赫的文化位置。

而反观帝俊的诸妻诸子,虽然与帝喾诸妻诸子有着前文所述的种种联系(相似的"日母""月母"基因、名字、领地的关联等等),但从流传的事迹上看,仍旧是可以分别开的两拨人。帝俊诸妻传为娥皇、羲和、常羲诸女,生下的是太阳、月亮等不得了的神或神物,她们可视为诸"天后"(参看后文东方大神章节)[1]。而帝喾诸妻姜嫄、简狄、常仪等生下的是人祖,她们自

---

[1] 考邹屠氏、羲和、常羲等事迹,其实与帝喾、帝俊这些个男神关系不大,应当是远古大女神时期神话的遗存。这里面藏着各族系大女神不断降格的隐秘历程。

己在故事中也没有神力，应被视为凡间女子。还有，帝喾那两个爱打架的儿子阏伯、实沈，也充满了"人"味。

综上，因为帝喾和帝俊的权力继承关系不同，归属到他们名下的妻儿也不同，所以，帝喾和帝俊这两个人物在神话故事中是不能合并的。也因此，将帝喾划归到中原系才能站得住脚。

再来聊聊帝喾本身的形象，为什么说他是"最后的"大天神。

帝喾是一个正在跨越天神与人王边界的形象。将他放到诸"帝"系列中：伏羲氏、神农氏、轩辕氏（黄帝）、金天氏（少昊）、高阳氏（颛顼）、高辛氏（帝喾）、陶唐氏（尧）、有虞氏（舜）、夏后氏（禹）……你会发现，在他之前的诸帝，都具有过硬的神性，神奇出生、神奇本领、神奇家族、神迹等等，不一而足，所以都堪任"天帝"（其中，伏羲虽不被当作天帝，在某些故事中却可以达到创世的崇高地位，神格比继承"大统"的天帝更高）。而在帝喾之后的帝尧陶唐氏、帝舜有虞氏、帝禹夏后氏，虽然事迹中神话色彩仍然存在，但人王特征太过明显，要抬举到大天神、天帝的高度，却是没有可能了。

所以，中原神话的大天神时代到了帝喾这里可以说就终结了。有了前代颛顼故事"绝天地通"、让人与神疏离的铺垫，我们再理解帝喾形象本身的这种跨界性质，就不会觉得奇怪。历史已经进入了一个新的关口，父系氏族社会即将发展到它的极致，神界也该有些新的变化了。

顺便说一句，帝喾还是人王版"五帝"的候选者，这个说法将诸帝当作真实存在的人间领袖，甚至恨不得将荒远难稽的远古时期也拟为朝代，也建个"后宫"来开展宫斗剧，以便将王统上溯到茹毛饮血的蛮荒岁月。聊备一哂。

文中提到的帝喾女，据袁珂先生考，可能在某些传承中又称"紫姑"，但她和某大户家小妾死后做厕神的紫姑是两个人。我疑心可能因为都在正月十五受祭，后人流传中便混淆起来，将紫姑的名字给了帝喾女了。

多才多艺的帝喾

邹屠氏梦中吞下八个太阳

本节讲讲归在帝喾名下的妻子邹屠氏,同时她也是所谓帝喾诸妻中最具神性的一个。如果视帝喾为天帝,邹屠氏显然具有某些天后的特质。

故事

邹屠氏生活在古中国的西北方。当年黄帝杀死蚩尤之后,就把他的后代和部族从南方迁走了。其中作恶的坏人迁到了北方苦寒之地,而善良的好人就迁到了邹屠这个地方。这部分善良的好人就拿邹屠做了自己的氏号,自称邹屠氏了。再后来,他们又将邹屠这两个字拆开做了姓。今天,世上姓邹和姓屠的人大多是他们的后代。

邹屠氏部落有个女儿非常神奇,她走路脚不沾地,甚至可以乘风驾云。她就经常这么行踪飘忽地在伊水和洛水之间云游。想来,这是铜头蚩尤族的天神基因在起作用吧,所以邹屠氏应该是个神女。

帝喾知道有这么个女子之后,就到她常常游玩的伊水和洛水去等着,好不容易等到了她。想来两人见面之后,互相都是满意的,于是邹屠氏答应了做帝喾的妻子。

邹屠氏婚后,就做起了奇怪的梦。她梦见自己一口吞掉了太阳!梦醒后她怀孕了,之后生下了一个儿子。然后她又做了同样的吞吃太阳的梦,又同样生下了一个儿子。以后她继续做梦,继续生儿子。邹屠氏一共做了八个这样的梦,于是一共生下了八个这样的儿子。

看起来,邹屠氏的八个儿子,就是八个太阳的人间化身了。

人们很尊敬邹屠氏这八个非凡出身的儿子,管他们叫"八神",又叫八

原文出处

《拾遗记》卷一："帝喾之妃，邹屠氏之女也。轩辕去蚩尤之凶，迁其民善者于邹屠之地，迁恶者于有北之乡。其先以地命族，后分为邹氏、屠氏。女行不践地，常履风云游于伊洛。帝乃期焉，纳以为妃。妃常梦吞日，则生一子，凡经八梦，则生八子，世谓为"八神"，亦谓"八翌"，翌明也，亦谓"八英"，亦谓"八力"，言其神力英明，翌成万象，亿兆流其神睿焉。"

《路史·后纪八·疏仡纪》："（颛顼）取邹屠氏……邹屠氏有女，履龟不践，帝内之，是生禹祖。国于高阳，故号高阳氏，颛顼娶邹屠氏女而生九子。"

翌、八英、八力。翌就是太阳升空的意思，八翌，就是八个升上天空的太阳。八英、八力，就是八个大英雄、八个大力士的意思。

掰书君曰

八神就是八翌，就是八个太阳。邹屠氏梦中吞日生日，可以做多重阐发：

邹屠氏孕育了太阳，她是日母，地位类似东夷族的羲和。我们不好确切地将邹屠氏等同于羲和，但鉴于帝喾与帝俊的密切关联，我们可以认为，邹屠氏吞日产子，也许是东夷日母神话的变形或遗留。至于八个、十个这种数值差异，可能最初有特定意义，也可能是常见的流变，不影响我们对二者关联的拟测。

梦感是感生的一种形式。邹屠氏梦感生子，所以她的儿子其实是无父的，这是母系神话的遗存。男神帝喾虽然跟神女邹屠氏结了婚，但在生孩子这件事上，却并没有起什么作用。我们在后来姜嫄、简狄等的故事中还会看到，她们都通过无性繁殖（感生）得到了自己的孩子。所以虽然邹屠氏为日母，帝喾却不等于日父；这就像羲和虽然为日母，但帝俊却不等于日父一个道理。母系变父系、又历经民族大融合之后，男神的地位上升，于是后世又有人从女神的日母地位以及男神女神之间的"婚姻关系"，推导出男神的日父地位。但这种说法往往停留在上古帝王谱系构拟中，远远不能构成民族文化的共识。

邹屠氏与帝喾的婚姻可以解读为两个氏族部落的联盟。很有可能，邹屠氏是无夫的（或至少没有固定丈夫），她未必跟帝喾有过真正的结合。甚至，"邹屠氏"有可能指称其整个氏族。那么这个故事还可以进一步解读为：帝喾部族兼并了邹屠氏部族，而邹屠氏部族本身是由八个崇拜太阳的小部族组成的。

邹屠氏这个氏号不是突兀出现的，其实也有记载说邹屠氏是颛顼的妻子（《路史》："（颛顼）取邹屠氏。"）鉴于颛顼和帝喾都被说成是黄帝曾孙，在流传中事迹曾有混淆，所以后人将颛顼妻名安到帝喾妻身上，去接管帝俊系的羲和生日神话，也是有可能的。

"八"这个数字，让人联想到帝俊八子（《山海经·海内经》："帝俊有子八人，是始为歌舞。"）这是帝喾神话与帝俊神话有关联的又一佐证。

姜嫄踏上巨人脚印

除了神女，帝喾还娶了几个人间的女子做妻子。本节我们讲讲传说中他的第一个人间妻子姜嫄的故事。

故事

姜嫄是有邰（tái）氏的女儿。据说有邰氏最初居住在今天山西（一说陕西）境内，姓姜，是炎帝后裔的一支。今天世上姓邰的人就是他们传下的后代。

有一天，姜嫄到郊野去玩，看到一个巨人留下的大脚印。姜嫄觉得太有趣了，就开心地将自己的脚丫子踩上去比。一踩下去，她就感到自己身子一动，好像肚子里有了小宝宝的样子。后来，姜嫄果然生下了一个儿子。

姜嫄并不知道那个脚印是天帝留下的，自己的儿子其实是天帝的孩子。她只觉得这么莫名其妙就有了个孩子不吉利，决定把他扔掉。姜嫄将他扔到了偏僻的小路上。没想到路上往来的牛羊都躲开不去踩踏他，还主动给他喂奶。姜嫄将他扔到山林中，正赶上人们在林子里伐树太吵闹。姜嫄将他扔到结了冰的沟渠中，没想到鸟儿飞过来，用温暖的翅膀覆盖着他，为他保暖。姜嫄这下相信他是个神奇的孩子了。鸟儿保姆飞走了，小婴儿哇哇大哭起来。姜嫄就把他抱回家，自己抚养他长大。因为原本是打算扔掉的，姜嫄就给他起了个名字叫作"弃"，相当于咱们今天管没人要的小孩叫"丢丢"吧。

弃从小就有大志向，连游戏也是栽种麻、豆子等农作物。长大后他成了一个农耕能手，大家都向他学习种地的本领。后来他的兄弟尧做了天子，让他做了天下的农师。尧帝死后，舜帝将有邰这个地方封给他，他就更有条件钻研农耕技术了。人们尊称弃为"后稷"，将他视为继神农氏之后的农神。

原文出处

《大戴礼记》卷七《帝系》："帝喾卜其四妃之子，而皆有天下。上妃有邰氏之女也，曰姜嫄氏，产后稷。"

《诗经·大雅·生民》："厥初生民，时维姜嫄。……诞寘（置）之隘巷，牛羊腓字之。诞寘之平林，会伐平林。诞寘之寒冰，鸟覆翼之。鸟乃去矣，后稷呱矣。"

《史记·周本纪》："周后稷，名弃。其母有邰氏女，曰姜原。姜原为帝喾元妃。姜原出野，见巨人迹，心忻然说，欲践之，践之而身动，如孕者。居期而生子，以为不祥，弃之隘巷，马牛过者皆辟不践；徙置之林中，适会山林多人，迁之；而弃渠中，冰上飞鸟以其翼覆荐之。姜原以为神，遂收养长之。初欲弃之，因名曰弃。弃为儿时，屹如巨人之志。其游戏，好种树麻菽，麻菽美。及为成人，遂好耕农，相地之宜，宜谷者稼穑焉，民皆法则之。帝尧闻之，举弃为农师……封弃于邰，号曰后稷。"

《山海经·大荒西经第十六》："帝俊生后稷，稷降以百谷。"

在郊野留下大脚印的天帝，细究起来就该是帝喾吧。帝喾是黄帝的后裔，黄帝姓姬，帝喾也姓姬，那么按照父系算，后稷也该姓姬。但古者男子称氏，所以后人追溯时不叫他姬稷，而叫他周稷。

后稷往后传了大约十四代时，传到了周昌（俗称姬昌）。周昌领导的周部落夺得了中原的统治权，建立了周朝，周昌就是周文王。

所以周人将姜嫄奉做本族的始祖母。"厥初生民，时维姜嫄"，周人在传唱自己的历史故事时，就是从姜嫄讲起的。

掰书君曰

我们今天看到的帝喾婚姻谱或世系大概是周朝人勘定的，所以他们把自己的始祖母姜嫄说成是帝喾的"元妃"（正妻），把殷商人、东夷人、尧氏族（华夏族中的炎黄支）通通说成是帝喾的"次妻"生的。这真是有趣。

姜嫄履大人迹而生弃，这种感生方式我们很熟悉，与华胥氏履雷神足迹而生伏羲如出一辙。被感生出来的不是神，最多是半神，说明产生该故事的

姜嫄把孩子丢弃到冰面上，企图冻死他。结果鸟儿纷纷飞来，集中在新生儿周围，用翅膀围起一道温暖的屏障，护着孩子。（"诞寘之寒冰，鸟覆翼之。"）

社会已经演进到了人王时代。

姜嫄的故事被周人完整地传承下来，后来收录进《诗经·大雅·生民》中。有人说姜嫄是在郊祭高禖的仪式中履迹生子，我觉得不是很说得通。参与祭祀高禖，说明这个女子已经有了迫切求子的心理，那么一旦得子，又何必惶恐？如果非要与祭祀联系，不妨如此理解：已到青春期（初步具备了生殖能力）的少女姜嫄，参与了一次祭祀天帝的巫术仪式，她可能是出于好奇跟着看看热闹，也可能真的怀有虔诚，亦步亦趋地跟随神巫的指引做出种种舞蹈动作。祭祀过程中，神巫扮演天帝（天帝附身），踩出了一个巨大的脚印（或者这个部族历来就以大脚印代表天帝），姜嫄也跟着去踩了……然后呢……然后发生的事情姜嫄就不知道了……因为她有可能在祭祀的迷烟之中幸福地晕过去了。

有人说姜嫄弃婴是因为未婚先孕，感受到人言可畏，害臊兼害怕了，这也不可信。姜嫄的时代应该还是个人民知母不知父的时代，对偶婚可能正在兴起，但绝对没有普及。姜嫄感到不祥，可能是因为她的受孕是在自己没有明确意识

被后人尊为农神的后稷像

在后世的儒家典籍中,"履大人迹而孕"后又"弃"子的姜嫄却成为母德的典范。(文选楼丛书本《列女传·母仪传·弃母姜嫄》)

到的情况下达成的(比如处于迷幻状态,或年少无知,或病弱,或睡梦中等)。因此,这次怀孕对姜嫄来说肯定是个事故,她并没有做好生子的准备。所以才会以为不祥,惶惑不安,"不康禋祀,居然生子",才有后来的弃子行为。

后稷明显是个半神之体。禽兽对他的呵护,大约是因为他身上的神力感召,也有可能是受天帝之命而为。说到这里不得不提一下后稷的爹。按照姜嫄登记在册的婚姻关系推论,后稷的爹似乎就该是帝喾,那个大脚丫子是帝喾的。然而就帝喾的世系配置而言,帝喾在与姜嫄等女子的关系中又是被当作人王设置的,不是天帝。这体现了感生神话的复杂性和矛盾性。关于帝喾与感生的问题请参见本单元末尾的讨论。

后稷又被说成是帝俊之子(《山海经·大荒西经》:"帝俊生后稷。"),佐证了帝俊与帝喾是同一神之分化。在帝俊章节,我们还会提到这两父子的一点故事片段。

前文提到过后稷能死而复生,这是早期农业以年度为周期的循环性在神话中的体现。

简狄吞下玄鸟蛋

本节讲所谓帝喾的第二个人类妻子简狄的故事。简单地说,简狄吞下燕子蛋,生下了一个商民族。

故事

在不周山的北边是有娀(sōng)氏。有娀氏有一对漂亮的姐妹,姐姐叫作简狄,一作简翟;妹妹叫作简疵,一作建疵。她们筑了一座九重高台,一起快活地居住在那里。每当她们吃饭的时候,旁边就有人为她们敲鼓做乐。看来,她们都是很喜欢音乐的人。

天帝似乎也对这两个美丽天真的姑娘发生了兴趣,有一天,他派一只燕子(玄鸟)去看她们。燕子飞到九重台上,在她们跟前飞来飞去,嗌嗌(ài)地鸣叫着。两姐妹喜欢上了这只黑乎乎的小鸟,争着去捉它。用手捉不住,就拿一个玉筐扑,终于将它盖在里面了。

过了一会儿,两姐妹掀开玉筐,燕子趁机逃出来,向着北方飞走了,再也没有盘旋回来。两姐妹失望地唱道:"燕燕飞走了!燕燕飞走了!"("燕燕往飞")据说,这就是北方最初的歌曲。

可是燕子也没有白来,它在玉筐盖住的地方留下了两枚蛋。姐姐简狄就将其中一枚蛋捡起来吃掉了。另外一枚蛋呢?可能扔掉了,因为没有记录说妹妹建疵吃了一个,也没有记录说姐姐吃了两个。

也有人说,其实蛋是简狄和另外两个姑娘一起去河里洗澡的时候,一只燕子从天上生下来的,简狄抢到了,就赶紧吞进了嘴里。

不管怎么说,有娀氏的女儿简狄吞下了一只燕子蛋。然后,她觉得自己的身体有了一些变化。后来,她生下了一个男孩,起名叫作契(xiè)。

简狄吞蛋 七小 绘

原文出处

《淮南鸿烈解》卷四《地形训》："有娀在不周之北，长女简翟，少女建疵。"

《山海经·大荒西经第十六》："西北海之外，大荒之隅，有山而不合，名曰不周负子。"

《诗经·商颂·玄鸟》："天命玄鸟，降而生商。"

《诗经·商颂·长发》："有娀方将，帝立子生商。"

《吕氏春秋·音初》："有娀氏有二佚女，为之九成之台，饮食必以鼓，帝令燕往视之，鸣若嗌嗌，二女爱而争抟之，覆以玉筐，少选，发而视之，燕遗二卵，北飞，遂不返。二女作歌一终，曰：'燕燕往飞。'实始作为北音。东汉高诱注曰：'帝，天也。天令燕降卵于有娀氏女，吞之生契。'"

《史记·殷本纪》："殷契，母曰简狄，有娀氏之女，为帝喾次妃。三人行浴，见玄鸟堕其卵，简狄取吞之，因孕生契。契长而佐禹治水有功。帝舜乃命契曰：'百姓不亲，五品不训，汝为司徒而敬敷五教，五教在宽。'封于商，赐姓子氏。契兴于唐、虞、大禹之际，功业着于百姓，百姓以平。"

《史记·殷本纪》："帝盘庚之时，殷已都河北，盘庚渡河南，复居成汤之故居，乃五迁，无定处。殷民咨胥皆怨，不欲徙。盘庚乃告谕诸侯大臣曰：'昔高后成汤与尔之先祖俱定天下，法则可修。舍而弗勉，何以成德！'乃遂涉河南，治亳，行汤之政，然后百姓由宁，殷道复兴。诸侯来朝，以其遵成汤之德也。"

契长大后，正赶上大禹治水，他以自己的才能帮助大禹，建立了功劳。当时的天子帝舜就任用契做了"司徒"。司，就是主管的意思，徒，就是徒众、很多人的意思。在当时，司徒可能主管教化民众和一些行政事务。

据说契被封在商这个地方（则契等于阏伯），所以他的部族后代就叫作商族。商族人姓"子"，意即玄鸟蛋。商人早期到处搬家、到处游徙，今天的齐鲁燕冀乃至辽海等地都留下了他们的痕迹。

契往下传了十三代时，传到了成汤（后世又叫他"商汤"）。成汤向西灭掉了由大禹后裔传承的夏朝，建立了商朝。之后，商朝的首都还是经常搬迁。从成汤又往下传了十八帝，到盘庚，将国都固定在了殷（今河南安阳）。此后二百七十多年直到灭亡，商朝再也没有迁都。所以商朝又叫殷朝，商人又被追称为殷人、殷族。

简狄吞下玄鸟蛋

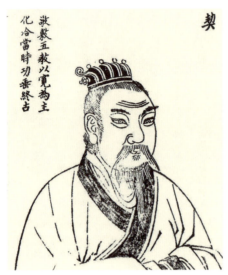

商族始祖契玄王像

　　商人是一个敬祖先、敬鬼神的民族，他们崇奉燕子（玄鸟），将契尊为"玄王"。商人还给我们留下了甲骨文，从那些充满玄妙的文字中，我们可以推知远古时代他们神秘生活的点点滴滴。

　　简狄，就是这个拥有神秘文化的商民族的始祖母。

掰书君曰

　　简狄的名号，让我们想到她可能来自北方的戎狄部落。狄，北狄也，从她居住在不周山以北这个信息看，她似乎真的来自北方。娀，从女戎声（《说文解字·女部》），我以为可以将其理解为戎族的女子。可能有娀氏当时仍是母系部落，所以氏号里有女旁。

　　帝喾娶简狄，可以看作中原黄帝系征服北方戎狄部落的象征。简狄有自己的族系，未必真的与帝喾结合过。她吞食玄鸟蛋而孕，是当时氏族外婚的证明。

玄鸟高飞，为简狄送来帝喾的聘礼。("简狄在台，喾何宜？玄鸟致贻，女何喜？"四库本《钦定补绘萧云从离骚全图》)

文选楼丛书本《列女传·母仪传·契母简狄》中的简狄（右）与简疵（左）姐妹

　　简狄的妹妹简疵（或称建疵），很奇异地出现在故事中，但除了与简狄争抢、促成简狄将燕子蛋囫囵吞下肚子之外就没别的作为了。有的故事没有点明简疵的名号，而是将简疵融入与简狄共浴的女伴中作为背景人物出现，功能性就更弱。我疑心简疵是当时与简狄共存的一个姐妹氏族，可能都擅长音乐，想必当年也有关于简疵氏族的许多神话故事，但惜乎不传。

　　至于两姐妹争燕卵，可以视为部落联盟的一种祈子仪式、祭祀活动或娱乐游戏，也可以视为在与帝喾部族结盟的过程中，简狄与简疵两个氏族曾经有过争夺和纠纷。这侧面说明当时帝喾部族已经是非常强大、令四方敬畏、乐于交结的一支力量了。

　　商族应该是崇鸟的东夷族的一支，这从他们以燕子为图腾也可以看出来。在少昊的鸟国里，玄鸟氏掌管春分和秋分，是个具有历法功能的神。商人那么玄奥神秘，可能跟他们很早就掌握了历法有关。

简狄吞下玄鸟蛋

庆都与红龙生了帝尧

本节讲讲所谓帝喾的"第三妻"庆都,她本人的神奇来历,以及她更加惊悚的产子经历。

故事

上古时候,在三河之南的斗维之野这个地方,生活着一个部族陈丰氏,又叫陈锋氏。氏族中有个女儿叫庆都,她的出生非常神奇。

据说,当时天地间发生了巨大的雷电,雷电过处,有血在斗维之野流动,浸润进了大石头中,庆都就从这大石里诞生了。后来,人们将那一大片血染的石头山叫作丹陵。

庆都身高一丈,相貌很像天帝,身体四周常常缭绕着黄色的云彩,似乎有很多神在保佑她。

到庆都二十岁的时候,一条红龙来到了她身边。天下起了雨,在一片阴暗迷蒙之中,庆都与红龙结合了。经过十四个月,庆都在一个山洞里生下了儿子,起名为尧。

人们又传说,庆都后来做了帝喾的第三个妻子。那么尧也可以说是帝喾的儿子。

据传,庆都是个非常慈善、勤俭而灵巧的人。收割后掉在地上的麦粒,她会捡起来备食。她能用丝、麻、葛和兽皮缝制出漂亮合体的衣服。她还会采草药治病呢。

在庆都的教导下,尧从小就很有仁德,也非常能干。帝喾死后将帝位传给了儿子帝挚,可是帝挚无能,治理不好天下。大约二十岁的时候,尧接替这个异母哥哥做了天子。

尧帝像（宋代马麟绘）。从画面上看尧帝已毫无神性特征，是地道的「人王」。

原文出处

《竹书纪年》卷上：'帝尧陶唐氏，母曰庆都，生于斗维之野，常有黄云覆其上。及长，观于三河，常有龙随之。一旦，龙负图而至，其文要曰："亦受天佑"。眉八彩，须发长七尺二寸，面锐上丰下，足履翼宿。既而阴风四合，赤龙感之。孕十四月而生尧于丹陵，其状如图。及长，身长十尺，有圣德，封于唐。梦攀天而上。高辛氏衰，天下归之。'

《太平御览》卷八〇《皇王部五·帝尧陶唐氏》引《春秋合诚图》：'尧母庆都，有名千世，盖大（亦写作「天」）帝之女，生于斗维之野，常在三河之南。天大雷电，有血流润大石之中，生庆都。长大，形像大帝，常有黄云覆盖之。梦食不饥。及年二十，寄伊长孺家，出观三河之首，常若有神随之者。有赤龙负图出，庆都读之，"赤受天运"。下有图人，衣赤，光面八彩，须鬓长七尺二寸，锐上丰下，足履翼翼，署曰「赤帝起，诚天下宝」。奄然阴风雨，赤龙与庆都合婚，有娠，龙消不见。既乳，视尧如图表。及尧有知，庆都以图予尧。'

《太平御览》卷八〇《皇王部五·帝尧陶唐氏》引《帝王世纪》：'帝尧陶唐氏，祁姓也。母曰庆都，孕十四月而生尧于丹陵。'

《说文通训定声·孚部第六》：'辀，辕也……按大车左右两木直而平者谓之辕；小车居中一木曲而上者谓之辀，故亦曰轩辕，谓其穹隆而高也。'

做了天子后的尧公务十分繁忙，很难常常回家了。想念母亲的时候，他就登上高高的山峰，向母亲所在的地方遥望。后来，人们就管那座山叫作"望都山"，那个山峰叫作"望母峰"。

今天你去到河北顺平县境内伊祁山一带，不仅能找到相传当年庆都生下尧的山洞"尧母洞"，还能找到丹陵和"望母峰"呢。

掰书君曰

后世的"帝喾四妃"排序中，将帝尧母庆都排位第三，而将帝挚母常仪排位第四。我们不必深究这个排序的合理与否，反正也不是真的。排位者可能有这样的心理：帝挚作为被取缔、被排挤或者被干掉的所谓"不善"的王者，哪能比伟大光荣正确的帝尧出生更高贵呢？所以，帝挚就被说成了最小的老婆生下的后代。

抛开这个排序，本来，在帝尧之前，应该讲一下他哥哥帝挚是如何诞生的。无奈关于帝挚和母亲娵訾（jū zī）氏，留给后人演绎的传说不多。

娵訾氏又叫常仪，或常羲，而常羲在东夷族是月神。这印证了前文说过的：常仪和帝挚的族源都是东夷，纳入中原系之后，就只保留了一个名号，事迹却被抹去了。这也是炎黄系神话吞没东夷系神话的证据之一。而且据我看，常仪和帝挚也未必是母子，很可能他们的关系就是被私搭乱建而成的。中原神话保留了这两个东夷男神女神的名号，然后按照出现的先后顺序，给他们重新配上了血缘关系。

另，后世有时会将帝挚与西方天帝少昊搞混，因为少昊据说也名挚或鸷，也号青阳氏。挚鸷同音，流传中搞混是有可能的。

现在说回庆都。庆都的故事有点复杂，可供细究之处也比较多。

她的出生略有原始神话的迹象，虽然比较惊悚。出现巨大雷电，似乎暗示她是雷神之女；血流入石，又似乎表明她是天帝之血化生。为什么会有血，可能来自对血的原始崇拜，血等于生命。但这个情节还是显得突兀。咱们上古的神话里，一般很少直接描述这种血糊糊的画面，就算蚩尤、刑天等被砍了脑袋，你看到的也不是尸体腐肉，而是不屈的绛色蚩尤旗、以乳为眼舞干戚之类的励志场景。所以这块血淋淋的石头，到底是口承原始神话片段的书面遗存，还是后世记录者（汉代编《春秋合诚图》）的杜撰，边界其实是模糊的。

血融入石头而生庆都，而庆都是尧母，而尧是万古人间第一贤君，那么这丹陵也算吾国的"圣石"了。咱们类似的"圣石"还有几块，比如女娲的五彩石——补了苍天、催生了孙猴子和贾宝玉；又如涂山氏被禹吓傻后变成的人形石——从中蹦出了夏启，开创了我国第一个王朝，等等。

庆都生尧，是另一种惊悚，但带上了比较浓厚的谶纬色彩。与别的那些羞答答的感生方式不同，她的受孕是"奄然阴风雨，赤龙与庆都合婚，有娠，龙消不见"，细思恐极。当然，这故事是阴阳家们瞎诌的，因为写这故事时已经有了"五德终始说"这东西。在赤龙与庆都婚配前还啰唆了这么一段：赤龙背着张图（龙怎么才能背一张图呢？是文在身上，还是就着躯干的走势挂上横幅？），图上有字"赤受天运"，下面画了个穿红衣、面目放光、胡子长长、踩着星星的男人。——这就是说，赤帝的精魂化身为赤龙，再次通过生育后代的方式降临了世间，尧就是他的转世之身，所以尧继承了"火德"，注定要取代"木德"的帝喾。

这么一加料，矛盾出来了：如果帝尧是赤帝精魂化龙与庆都所生，他的亲爹就是赤帝（炎帝），而不是帝喾。庆都为帝喾之妃这个说法就不成立。

总之，庆都的诞生和尧的诞生，看起来是两个序列，杂糅到一起，难免贴合困难。庆都到底是帝女还是人间女子，故事的性质大不同。如果庆都是帝女，那是强调她本人血统高贵，故事可能有母系社会观念遗存。如果强调尧是帝子，那么庆都没必要高贵，天帝可以随机找个纯洁少女来借腹生子，就像姜嫄生弃，简狄生契，玛利亚生耶稣这一派传说。所以，这两个片段肯定是杂凑的。

庆都会采草药治病一节，让我们联想到农神兼药神神农氏。与神农氏的情形相似，庆都行医故事应该也是上古部落民众对女首领"德政"的记忆。草药这个东西，它的起源不必是唯一的。

关于斗维之野。斗，即北斗星；维，我以为这里指驾车的绳子，转而指代帝车。天帝住在北极星那里，出行时需要坐车，北斗星的其中一个功能就是帝车。所以，斗、维两个字在这里是复指同一个意思：北斗星。帝车北斗星的位置在哪里？在紫微垣[1]，在象征天帝/皇帝的北极星附近。野，我以为这里是借用的"分野"[2]概念中的"野"字。但分野概念是以二十八宿来配的，而紫微垣在二十八宿之外，所以我说是"借用"，古人藉此比较含糊地表明"斗维之野"也具有天上—地下的对应关系。所以，总结起来，"斗维之野"是紧挨着、围绕着、保护着"帝"的，约略对应人间的

---

[1] 中国古代星相学在天区中定义了三个比较大的星座集团，即三垣，位置在北天球被二十八宿包围的区域内，分别为紫微垣、太微垣、天市垣。其中紫微垣包含北极星、北斗星，象征天帝和帝宫等。
[2] 古代占星家为了藉星象来观察地面州国的吉凶，将天上的星宿（二十八宿）分别指配于地上的州国，使其互相对应，即云某星宿为某州国的分野，或某地是某星宿的分野。

"中央"之地,即"中原正统"黄帝部族的统治和传续之地(即便黄帝部族有可能是从陕西一带或北方草原迁徙过来的)。

那么问题来了:既然"斗维之野"对应中央黄帝族(裔)的治所,它跟尧母庆都又有什么关系呢?为什么尧母(陈锋氏之女庆都)会被说成是出生于黄帝族(裔)的大本营呢?

这就得说说"陈锋氏"[1]这个氏号了。

"陈"者,"阵"也。阵就是车阵,打仗的时候将战车排列起来。不要忘了,黄帝是轩辕氏,轩辕者,高高的战车(的驾驶位)也。黄帝部落据考在早期是一个游徙着生活与征战的部落,尤其以擅长制造优良战车著称。陈锋氏,即阵锋氏,从名字推测,应该就是这庞大的战车家族的部属之一,或者说是这大联盟中的一个盟员,征战中可能常常充当前"锋"的位置。上文说过,"斗""维"并指"帝车",我以为,陈锋氏在黄帝部落中的这个位置,就解释了为何庆都被指出生在"斗维之野"。

这么看来,陈锋氏的确是"中央"派系的,而不是北狄、东夷之类的"异族"。我想,说不定陈锋氏庆都才是帝喾正经的妻子(大的部落联盟内不同氏族之间联姻),而邹屠氏、姜嫄、简狄与帝喾的结合,可能只是文化的隐喻而已。

这样我们才可以理解,为什么作为帝喾"第三妻"的庆都,在神话中得到了"圣母"的地位,她的出生、品行与功绩被反复渲染、歌颂,而帝喾其他的"妻子"们,不管排位如何,其生育之外的个体事迹却付之阙如。因为只有庆都是"正宗的"、是"自己人",她在主流文化中得到了真正的纪念。

帝喾诸妻的故事到此节聊完了,我们可以有个小小的总结。

常说黄帝是个箭垛式的人物,其实帝喾也是。不过具体些,帝喾似乎更该被称为"箭垛式的丈夫"。所谓帝喾四妻(或曰帝喾四"妃",这一说法没有包含神女邹屠氏),大致都是这种后人"拉郎配"的情况。而且,我们也不要被"妃"这种字眼所迷惑,蓬蒿世界,食肉寝皮,结合是有的,但还

---

[1] 陈锋氏又作陈丰氏,"丰"当是"锋"的同音讹传字。我以为"陈锋"更能说通本意。

没有经济基础去建立醋意盎然的后宫制度。

  抛开神女邹屠氏不谈，前文我们提到，这些被拉来的人间妻子，分别成了几个主要部族的始祖之母：大妻姜嫄生了周始祖稷（据考为山西或陕西部族），二妻简狄生了商始祖契（据考为山东或东北的游徙部族），三妻陈锋氏生了尧（据考为"正统"中原河南山西部族），四妻娵訾氏生了帝挚（被尧取代的不争气的中原天子）……单从后裔开枝散叶的辉煌程度上讲，从来没有哪个天神，当得像帝喾这么成功。

  然而帝喾的成功却不是自己的成功，因为他的孩子们，几乎全是"感生"的，与他自身无关：稷是女方"履大人迹"生的，契是"天命玄鸟"生的，尧是感红龙生的。只有挚的出生方式不详。与其说这是当时"民知母不知父"的族外婚实情的曲折反映，毋宁说更像一个文化的隐喻：战胜民族以首领嫁娶的方式将战败民族（或从属部落）的神话纳入自己体系中。这真是性别和文化的双重吞没。

在山东嘉祥县东汉时期的武梁祠中，就有"斗为帝车图"的画像石，图中的北斗七星，由斗魁四星组成车舆，有一帝王形象的人端坐在斗勺之中，斗柄三星组成车辕。这辆车没有车轮，它是腾云驾雾而行的。

更进一步我们还会发现，单就这类男天神之妻的感生神话本身而言，其实隐藏着一个巨大的悖论：女神或女人既然嫁给男天神，孩子当然就是男天神的，还感生什么呢，难道要去感生另一个男天神的精魂？邹屠氏吞日、姜嫄履迹还可算是女方充满象征意味的行为艺术；简狄吞蛋则是对其与帝喾的"夫妻关系"比较露骨的打脸了；当然，最离谱的还是庆都感红龙而生帝尧的谶纬故事。后世编造庆都故事的人们，你们把庆都嫁给了帝喾，却又派一条象征赤帝的红龙来跟庆都开花结果，你们真的考虑过帝喾的感受么？

相较之下，后世关于人间皇帝的感生神话（什么赵匡胤香孩儿、朱元璋天子气之类）逻辑上要通顺得多，毕竟这些皇帝（常常是开国皇帝）的父母的确都是凡人，皇帝本人需要谶纬说来拔高档次，所以，云山雾罩地将他们说成真神入胎，并不会令其肉眼凡胎的亲生父亲尴尬，而他们也因这神圣的感生而获得了承继人间皇权的合法性，名正言顺接过"天之子"的权柄。

庆都与红龙生了帝尧

帝喾家有两个熊孩子

本节将帝喾最著名的两个儿子的故事单独讲一讲。这是两个极不友爱的熊孩子，一见面就会掐得头破血流。这种命中注定的"窝里斗"格局，大约只有火神祝融与水神共工父子间的仇怨能够比拟吧。

故事

帝喾有两个儿子，一个叫阏（è）伯，一个叫实沈（chén）。两兄弟同住在空旷的树林中，可就是无法好好相处。

每天，阏伯和实沈都要找些借口来动手打架。更可怕的是，他们的打架哪里是打架，简直是打仗！他们用上了戈矛和盾牌这样的武器，就像是两个红了眼的仇人，每次不分出个胜负、不将对方打趴在地上起不来，就决不会罢休。

帝喾没有办法，只得将兄弟俩远远地分开。他将阏伯迁到东边的商丘，做了商星，又叫辰星；他将实沈迁到西边的大夏做了参（shēn）星。阏伯和实沈，就分别是商星神和参星神了。

每天，商星（辰星）总是在凌晨五到七点（卯时）出现在东方，而参星总是在黄昏五到七点（酉时）出现在西方，一个早一个晚，一个东一个西，当其中一个出现时，另一个肯定已经从天空消失了。这就意味着，他们俩决不会同时在天幕上现身。人们把这情况种叫作"参辰卯酉"。

从此以后，阏伯和实沈这两兄弟就生生世世永不相见，再也不会在天上打起来了。

不过，分开之后的两兄弟倒是从此都有了不错的结局。

阏伯（商契）的子孙在商丘（属于今天的河南省）这个地方繁衍了下去，

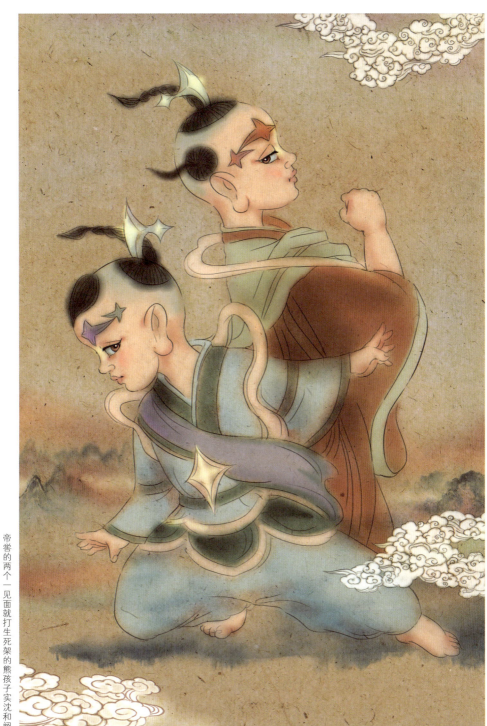

帝喾的两个一见面就打生死架的熊孩子实沈和阏伯后来都成了天上的星宿——参星和商星,此出彼没,永不相见。由此,中国文学史上多了一个丰富有趣的意象:"人生不相见,动如参与商。"

(杜甫《赠卫八处士》)七小 绘

原文出处

《左传·昭公元年》："昔高辛氏有二子，伯曰阏伯，季曰实沈，居于旷林，不相能也，日寻干戈，以相征讨。后帝不臧，迁阏伯于商丘，主辰，商人是因，故辰为商星；迁实沈于大夏，主参，唐人是因，以服事夏商……故参为晋星。"

《汉书·地理志》："魏地，觜觿、参之分野也。"（魏、晋是接壤的，所以参星也管晋。）

商星成了古代河南人的守护星辰。留下了大名鼎鼎的甲骨文的商朝，就是阏伯的后裔创建的。今天在商丘这个地方，还留存着一处名为"阏伯台"的古代遗址，表明了人们对阏伯的纪念。

而实沈的子孙呢，就在大夏（属于今天的山西省）这个地方繁衍了下去。古代山西人都祭拜参星，就是因为他们以实沈为始祖。始祖星当然会保佑自己的子孙平安祥和。

掰书君曰

帝喾把两个爱窝里斗的儿子远远分开这件事，听起来倒是像有点史实基础的样子。当时已经处于原始社会末期，再过两百年左右，禹就要取代舜，筑鼎定九州，建立中国历史上第一个王朝。所以，帝喾时期将亲族支裔发派到离统治大本营较远的地方，去加强中央的管理，可以视为后来分封制的雏形。

《左传》说的是："迁阏伯于商丘，主辰，……故辰为商星；迁实沈于大夏，主参，……故参为晋星。"意思是说，第一，将阏伯分到了商丘这个地

二十八心宿图，参商分别是西方的参宿和东方的心宿

方。商丘属于豫州，豫州是天上心宿[1]的分野，而心宿的主星是辰星，所以，辰星从此又叫作商星了；第二，将实沈分到了大夏（今山西太原）这个地方。大夏是天上参宿的分野，所以，参星后来成了山西的星星。至于后世分野情况的变化，此处就不赘言了。

这个故事让我们清晰地看到了一桩历史事件是如何被神话化的。

---

[1] 心宿，以及下文提到的参宿，都属于二十八宿之一。二十八宿被均分为四份，每份分别用一种方位＋动物来指称，叫做"四象"。每"象"含七宿，具体如下。东方苍龙：角、亢、氐（dī）、房、心、尾、箕（jī）；北方玄武：斗、牛、女、虚、危、室、壁；西方白虎：奎、娄、胃、昴（mǎo）、毕、觜（zī）、参（shēn）；南方朱雀：井、鬼、柳、星、张、翼、轸（zhěn）。

帝喾家有两个熊孩子

下篇

四面光芒：非中原系上古诸神

本单元聊昆仑系,那里居住着昆仑系的主神,也是后来中国神话最重要的女神之一——"西王母"。同时,昆仑山也有很多美妙的东西,值得我们花费些时间去"殷勤探看"。

第六单元

西王母与昆仑山

凶巴巴的昆仑山主神

昆仑山最初可能众神杂糅，但从形貌描写和被提及次数看，西王母肯定是其中的佼佼者。

故事

古早的古早以前，在西海的南边、流沙的旁边、赤水的后方、黑水的前方，有一座大山叫作昆仑山。

昆仑山上什么好东西都有，可是常人很难靠近它。因为它的四周围绕着叫作弱水的深渊。弱水，就是说这种水的力量非常非常弱，就算是飘一片鸿毛到水面上，都浮不起来。这样的水，根本就没办法行船。不仅如此，在弱水外围，又有燃烧着熊熊火焰的大山，扔个东西进去就会燃烧起来，普通的人和鸟兽又怎能穿过去呢？昆仑山就是这样被水火两重天险保护着，想要进去，那可是千难万难的了。

在这座神秘的昆仑山上有个山洞，山洞里，住着一个神，叫作西王母。虽然这个神的名字里有个"母"字，可是也不一定是女性，祂到底是男是女，到现在我们还不能断定。

西王母长得大体像人，但是有老虎的牙齿和一条花里胡哨的豹子尾巴。祂的头发总是乱蓬蓬的，上面簪着用鸟的羽毛做成的头饰。祂特别善于长声啸叫，没事就走出山洞，对着苍茫的山林发出威严的长啸。

祂这种习性，大概跟祂的职责有关，祂是专门掌管瘟疫和刑罚的凶神。凶神的意思，不是恶神，而是很严厉的神。祂对于那些破坏宇宙秩序的家伙，会用瘟疫和刑罚来惩处。所以，祂没必要表现出慈爱的样子，反而要时常凶巴巴地吼一吼，才好叫别人怕祂。

原文出处

《山海经·西山经第二》：「西王母其状如人，豹尾虎齿而善啸，蓬发戴胜，是司天之厉及五残。」

《山海经·大荒西经第十六》：「西海之南，流沙之滨，赤水之后，黑水之前，有大山，名曰昆仑之丘。……有人戴胜，虎齿，有豹尾，穴处，名曰西王母。」

《山海经·海内北经第十二》：「西王母梯几而戴胜杖，其南有三青鸟，为西王母取食。在昆仑虚北。」郭璞注：「又有三足鸟主给使。」

《山海经·大荒西经第十六》：「有三青鸟，赤首黑目，一名曰大鵹（或大黧），一名少鵹（黧），一名曰青鸟。」

西王母有三只红脑袋黑眼睛的青鸟，分别叫作大䳓、大鵹和少鵹[1]，它们负责替祂找食物。想来，这三只青鸟该是老鹰那类的猛禽，它们叼来的，一定是昆仑山中的其他鸟兽，而不是水果之类的植物。为什么呢？因为西王母长着老虎的牙齿，那可是专门为吃肉准备的。

西王母还有一只三足鸟，负责替祂干其他的杂活儿。

虎牙、豹尾、戴着鸟羽头饰、由四只鸟陪伴的西王母，真是一位让人敬畏的神。

掰书君曰

本节故事中的西王母，是祂目前见诸记载的最初面目。归纳起来，祂是一个虎齿、豹尾、爱叫唤、雌雄莫辨的"半兽人"，或曰兽形神。

西王母的最初职司，类似于瘟神（厉神）加刑神。所谓"司天之厉及五

---

[1] 三青鸟的名称，有两种说法：大䳓、大鵹和少鵹，或大鵹、少鵹和青鸟。鵹音 lí，又写作黧。后一种说法以上位概念（作为类名的青鸟）直接指称下位概念（作为个体的青鸟），体现了神话思维和神话传承中不严密的地方。

西王母与三青鸟 七小绘

西王母（清代汪绂释《山海经存》） 　　西王母（《山海经》明代蒋应镐绘图本）

残"，"厉"就是"疠"，灾厉也，病疫也。"天之疠"，似乎表明祂所掌管的不是一般疾病，而是上天施降下来用以惩罚人类的传染病气。除了西王母，颛顼、尧之五臣（尧的五个臣属）等，也都担当过厉神这一职责。五残，五种残疾或残败之象，一说为五残星，人见之就有"毁败之征"，总之也是个丧气的差使。西王母专门执掌这类不招人待见的灾祸之事，意味着在诸神神格的光谱图上，祂属于凌厉的、消极的、暗沉的那端，所以说祂是主刑与罚的。

　　这个职司实在大有深意。进一步说，主瘟疠，主刑罚，也就意味着主生死。西王母实际上是兼具生神与死神功能的生死之神。在先民的观念中，生死互相依存、互相转化，掌握了死的神，也就掌握了生。就像南楚的大司命一样，可以令人生，也可以令人死，生杀予夺系于一心。大司命故事详见后文。

　　这是西王母后来转化为掌管长生不死药之神的神话心理基础，是祂在后

三青鸟（《山海经》明代蒋应镐绘图本）

汉代西王母画像砖拓片

世神谱中崇高地位的依据。

西王母形象的另一个来源，是西方某羌戎部落（一说为"嫫母族"）的女酋长。这个部落的名称就叫西王母，他们的首领也被称为西王母。也有人说，西王母是西方貘图腾（或虎/豹/鸟图腾等）部族的图腾神。还有人说，西王母的发音，可能与印度的湿婆神（Shiva）有关。总之，从族源上看，西王母的来历与祂所在的地理方位（"西"）有紧密的关系。

西王母头戴的"胜"（"华胜"），让人联想到非洲原始部落民众以鸟羽、石珠、贝壳等制作的繁复头饰。这一形象凸显了祂的朴野和原始。此外，这套鸟羽装备还有另一个含义指向。结合其侍从（三青鸟—金乌）来看，祂的来历，可能与崇鸟部族乃至拜日部族也有一些尚未辨明的关系。

凶巴巴的昆仑山主神

永生的秘密

好了,这是大家熟悉的掌管长生不死药的西王母。她已经由半兽人,经由基因突变,演进为一位端庄雍容的美颜女神了。

故事

西边的昆仑山上,住着一位了不起的女神西王母。她面貌雍容华贵,威严慈祥,是山中所有神仙的首领。

西王母掌管着长生不死的灵药。这些不死药,是采了不死树上的不死果炼成的。又传说她的瑶池里还种着三千年一开花、三千年一结果的仙桃,人吃了可以不死,神吃了更能够益寿。不死果跟仙桃,到底是两种功效相近的东西呢,还是同一种东西的不同叫法呢,随你怎么想吧。总之,世间无论人或是神,都千方百计想要去到她那里,讨些灵药或者仙桃来吃。

西王母有时候也离开昆仑山,去到更西边盛产美玉的玉山里,或者最西边、日落之处的崦嵫(yān zī)山上。她虽然老在山里住着,却并不光顾着自己游乐,她对人间的事情清清楚楚,有时候还会主动出手去管一管。

比如后来,人间到了黄帝时期。黄帝想要一统天下,结束长期的战乱纷争。西王母就派自己的弟子、人首鸟身的九天玄女下去,传授给他灵宝之符。而那个发明出了在迷雾中辨别方向的指南车的风后,也是西王母派金星下凡变化而成

东汉时期的西王母陶俑

辽代壁画《绛真图》，左边一人为西王母　　西王母像（明代还初道人辑《新镌绣像·列仙传》）　　清代瓷器上的西王母像

的。在他们的帮助下，黄帝打败了蚩尤等其他部族。

又过了很久之后，有个被贬谪到人间的神箭手天神大羿，经历了种种艰难终于来到昆仑山，向西王母求长生不老药吃。因为大羿当时做了件造福人类的好事，西王母奖赏他，就赐给他灵药，让他和他的妻子嫦娥可以长生不老。不想灵药拿回家，中间出了点岔子，嫦娥一人将两人份的灵药都吃掉了，只能飞向月宫，成了长居月亮的女仙。

又过了很久，人间到了舜帝的时代。舜帝的臣子大禹治水到巫山，遇到很大困难，西王母的第二十三个女儿云华夫人传授给大禹策召鬼神之书。大禹用这个办法召来了大神狂章、虞余等等[1]，帮助他开山辟路，成功地疏导了洪水。

又过了很久很久，人间到了周朝。周天子穆王酷爱旅行，没事就带着大量随从，驾着绿耳、赤骥等八匹骏马领头的车队出门远游。有一次，周穆王的车队跑得太远了，竟然一直向西到达了昆仑山。周穆王的运气真好，他不仅受到了西王母的接见，而且西王母还在瑶池宴请他，请他喝了昆仑山的仙酒。

---

[1] 狂章等，只有神名，不知形貌秉性。五代杜光庭《墉城集仙录》云："云华夫人……名瑶姬……（禹）因与夫人相values，拜而求助。（夫人）……授禹策召鬼神之书。因命其神狂章、虞余、黄魔……等，助禹斫石疏波……"

西王母像（越南，1800年左右）　　西王母像（日本江户时代，19世纪）　　西王母像（1922，Werner, E.T.C. *Myths & Legends of China*）

  又过了很久很久很久——这个很久是多久呢，大概八百多年吧——人间到了汉代。汉武帝是个非常热衷求仙的皇帝，找了很多方士来替他炼丹求道。有道是精诚所至，金石为开，有一天，西王母真的带着一大批随从降临到他的宫殿里来了。汉武帝非常恭敬地迎接她。西王母不吃人间的东西，自带了天厨来与汉武帝一起宴饮。席间，西王母特地赐给汉武帝四颗仙桃。汉武帝吃完了桃，想把桃核留下来自己栽种。西王母说："这种桃是仙物，三千年才结一次果，人间的土地太贫瘠，种下去也不会生长的。"汉武帝这才作罢。后来，西王母叫侍从们奏乐、唱歌，还向汉武帝传授了修道的奥妙。

  在汉武帝之后，还有没有人亲眼见到过西王母呢？也许有吧。可是，大概越到后来，凡人要见西王母的面就越困难，所以，也有好多人不再往西走，而是跑到东边海外去求仙了。

掰书君曰

  上一个故事我们着重聊了西王母类似死神的功能，这个故事我们看看祂的相反一面，作为"生神"的功能。上文已经提到，西王母其实可以看作是兼具生杀功能的"生死神"。

西王母故事进入华夏系后，经过融合及道教有意识地改造，大多数具有典型的仙话特点。

上述几则故事中的西王母可能不是同一个人。尤其穆天子那段，周穆王遇到的，可能是西方羌戎部落的女酋长，俩人互赠了礼物，"西王母再拜受之"——这完全是人间礼仪，同时显示了俩人地位的高下。当然，故事中的西王母自居卑弱，可以理解为地主对远客的礼貌，也可以理解为讲述此事的中原人自高身份。有趣的是，俩人还对唱了情歌。《穆天子传》中，西王母是这么唱的："白云在天，丘陵自出。道里悠远，山川间之，将子无死，尚能复来？"两下有情，却"道阻且长"，这是多么哀怨的情绪表达。四言诗的构架，感觉是《诗经》时代（或拟《诗经》风格）的作品。

《风俗通》里记载："舜之时，西王母来献白玉管"，这个西王母，可能跟穆天子遇到的西王母一样是人而非神。

汉武帝见西王母那一段，一看就是道长们没事编着哄大家开心的。对于一个求仙求寿到走火入魔的皇帝，不明着骗，又能怎么样呢。

云华夫人就是瑶姬，大名鼎鼎的巫山神女，中华古文化中的爱神。据说她是炎帝的女儿。瑶姬故事见后文专节。

原文出处

这个故事，综合《山海经·海内西经》《墉城集仙录》（五代前蜀杜光庭）、《穆天子传》（魏襄王墓随葬的先秦古书）、《汉武帝内传》（六朝人假托汉班固著）等书中的零散片段撰写。

西王母与周穆王瑶池相会（屏风图，日本江户时代，17世纪）

古代朝鲜高丽王朝的绘画作品，描绘了周穆王与西王母在瑶池相见的场景

西王母的"前夫"东王公

现在说起"王母",坊间一般认为她的配偶是玉皇大帝,可最初,情况却并不是这样的。

故事

在某些故事里,西王母有个伴儿,叫作东王公。这是怎么回事呢?

古早的古早以前,在东荒山里有个大石洞,石洞里住着个神仙,叫作东王公。

东王公的身体挺高大,有一丈那么长。一丈是什么概念?假如他到你家里去,站在你家地板上,脑袋就跑到楼上邻居家去了。说不定,他就那么待着跟你邻居一起在餐桌上吃饭,那高度还绰绰有余。

东王公的样貌,大体跟人比较接近,不过,他的头发全是白的,有着鸟的脑袋和老虎的尾巴。他老骑在一头黑熊上出门,边走边左顾右盼。想来,骑黑熊也是一件很拉风的事了。

东王公喜欢跟山中的另一位女神玩一种投壶的游戏。我们不清楚那女神的名字,人们就叫她玉女,想来是很美的了。游戏怎么玩呢?大略就是拿些树枝之类的东西,往一个水壶模样的容器里面扔,比谁扔得准、扔进去的多。

他俩每次玩,都至少要投一千二百次。如果树枝都投进壶中不出来,连老天也要感叹他们的精准;如果有没投中掉出来的,老天又要大笑起来了。噢,你一定要问,老天是怎么叹气的?大概就是吹吹小风之类的吧。老天又是怎么大笑的呢?有人说,那就是闪电了。

东王公原本是太初时候与西王母同时诞生的神,他们是一对儿。他虽然住在东荒山,可是每年都要跟住在西边的西王母会一次面。

东王公 七小绘

原文出处

《子史精华》卷一一〇《释道部四》『玉女投壶』一条下曰:『东方朔《神异经》曰东荒山中有大石室,东王公居焉。长一丈,头发皓白,人形鸟面而虎尾,载一黑熊,左右顾望。恒与一玉女投壶,每投千二百矫,设有入不出者,天为之唏嘘,矫出而脱悮不接者,天为之笑。』

《太平御览》卷九二七《羽族部十四》『希有』一条下曰:『东方朔《神异经》曰:昆仑铜柱有屋,辟方百丈。上有一鸟,名希有,张左翼覆东王公,右翼覆西王母。一岁再登翼上,之东王公也。』

东王公(汉画像石,山东嘉祥)

他们会面的地点,说起来,你可是轻易想不到的。

你可记得,昆仑山上有根围合起来有三千里那么粗的巨型铜柱,那就是天柱。天柱下面有个方圆一百丈的地方叫作回屋,昆仑山所有神仙的府邸便都安置在那里。

在这个所有神仙居住的回屋的上方,有一只叫作"希有"的大鸟。希有,就是很少的意思。它平时到底是悬停在回屋的半空,还是一直盘旋飞翔,还是有时动有时静呢?我们不太清楚。

希有的身体,说起来大得吓人,它背上那些比较小的没有长羽毛的地方,加起来就有一万九千里!这样一只超级巨鸟,当真是世间罕见,难怪叫作"希有"。

希有的脸总是冲着南方。它张开它那无与伦比的超级大翅膀,左边的翅膀下面覆盖着东王公,右边的翅膀下面覆盖着西王母。到了每年约定的时间,西王母和东王公就登上希有的翅膀,到它那广阔无垠的背上去见一面。

西王母东王公(汉画像石,河南南阳宛城)

西王母的"前夫"东王公

东王公像（明代还初道人辑《新镌绣像·列仙传》）

掰书君曰

本故事所本文献是目前所见关于东王公与西王母对偶神神话的最早文字记载，还保留着昆仑系的某些原始特点，但已经显示出仙话的迹象了。

与女娲的情形类似，西王母在"脱离单身"之后，迅速被人们给配上了一位伴侣神、对偶神，但那不是玉皇大帝。玉皇大帝是个晚近的神仙，虽然六朝前已有"玉皇"称呼，但以他为总经理、以三清为董事会的神仙体系固定下来，要到唐宋时期。尔后，民间才渐渐以"西母"（"西王母"的简称）配了玉皇。中间这几百年间，就主要由东王公充任西王母的"原装"伴侣。

汉代是西王母+东王公信仰的盛世。尤其东汉道教大兴以来，道士们使劲编了很多仙话，西王母与东王公迅速成为其中主角，成为代表阴阳两极的仙班领袖。不过那些编排没有"群众基础"，在人们心中扎不下根，只能由他们自娱自乐一下。

从故事中可看到，在起初的记载中，东王公原也是半兽人形象，很有野趣。他与玉女的投壶游戏尤其生动，连围观的老天爷看了都要嘻然大笑，何况你我凡人？可是成为神仙界领袖之后，东王公的故事就不好编了，因为领袖的标配就是一张扑克脸嘛。于是东王公就从一个生动有趣、挺会自己找乐子的老头儿，变成了不苟言笑的神界干部。

"东西会"，即东王公与西王母的相会，类似中原系的伏羲女娲交会，带有创世和感应的功能。其中，在巨鸟"希有"之翼上的一年一会，有可能启发了后来的"牛郎织女"年度鹊桥会这一情节。

西王母（汉画像石，山东滕州桑树镇）

    我疑心，巨鸟"希有"就是天空的具象化形象。在古老的"兽形宇宙"[1]世界观中，先民曾经以乌龟驮大地，以鳌足撑天空。那么，他们眼中的天空，又为什么不可以是一只大鸟呢？希有悬停在空中保护一切神祇与其居所，挺像是"兽形宇宙"观念在后世的残留。

    在汉代的画像砖石里，中原大神与昆仑大神呈现出混融、杂糅的面貌。比如山东微山出土的一块汉代画像砖上，没有东王公，但是有伏羲和女娲，西王母居中，伏羲女娲成了辅神。

    在另外的画面中，西王母坐在她的不死树下，她脑袋上有只鸟儿，可能是她戴的胜，也可能是三足乌。有时候，西王母身边并存着青龙与白虎。

---

[1] 参见陶思炎《中国宇宙神话略论》，收录于马昌仪《中国神话学文论选萃》，中国广播出版社1994年版。

西王母与凤鸟(汉画像砖,河南郑州)

三足乌、青龙这类物事,乍一看属于东方系列、太阳神系列、阳性系列,然而此处却尽收于西方王母囊中。所以,愚见是,有没有可能西王母一度是阴阳合体的(既然祂的神格中把"生神"和"死神"都合体了,祂可能原本就具有"综合性"),直到东王公出现,才把玉兔、金乌、青龙、白虎这些物件,在他俩之间重新做了分配。

老天奶奶不好当

西王母进入道教神仙序列之后,被民间视为玉皇大帝的配偶神王母娘娘。有时候,民间将玉皇大帝等同于"老天爷",那么相应的,王母娘娘就成了"老天奶奶",这是个很妙的说法。

故事

西王母后来被人们尊称为王母娘娘。当她变成王母娘娘之后,她就不再是东王公的伴侣,而跟玉皇大帝成了一对儿了。

王母娘娘是天宫里位置最尊贵的女神,与玉皇大帝一起统治四极八荒。她的神力十分伟大,天上人间的很多事情都归她管。比如,有个叫织女的天女,跟地上一个叫牛郎的小伙子结了婚,王母娘娘很生气,就派天兵天将把织女抓回天上,还拔下自己的发簪,在追来的牛郎前面一划,生生造出了一条波澜壮阔的银河。这种创造宏伟天体的本事,一般的小神仙真是想都不要想的。

本节,我们讲个民间流传的西王母故事。

凡间的人们每天日出而作、日落而息,辛辛苦苦地在大地上耕种、劳动,换取衣食的饱暖。可是,大自然并不总是让他们安心,有时候,该下雨的时候不下,该刮风的时候不刮……搞得他们苦不堪言。

行云布雨归谁管呢?当然是归老天爷了。所以,人们就来到庙里祭拜老天爷,向他求告自己的愿望。

有人说:"老天爷啊,请您赶紧下一场大雨吧,地里的庄稼需要水啊,再不下雨,它们就渴死了。"

有人说:"老天爷啊,请您赶紧出几天太阳吧,我想把收上来的姜晒干,

王母娘娘像（北京法海寺明代壁画）　　　玉皇大帝像（河北石家庄毗卢寺明代壁画）

老是下雨，姜就坏啦。"

有人说："老天爷啊，请您给我刮一阵大风吧，我的船在河面上走，没有风实在是太困难了。"

有人说："老天爷啊，请您不要刮风了，我种的梨还没有成熟，如果大风把梨刮落到地上，我这一年就白干了。"

……

老天爷——也就是玉皇大帝，一听发了愁了：他们的求告是彼此矛盾

原文出处 这个故事根据民间口传的相关故事写成。

的啊,答应了这个,那个就得遭殃。这可怎么办呢?

老天奶——也就是王母娘娘——听见了,呵呵笑了起来:"这有什么难的啊?"

玉皇大帝问:"难道你有办法吗?"

王母娘娘说:"好办得很——白天出太阳,给他们晒姜;晚上下雨,让庄稼生长;大风顺着河流刮,帮他们行船;刮到梨园的风,要从树行之间穿过,不要去摇撼满树的果实。"

玉皇大帝一听,太妙了!他们就按照王母娘娘的主意分配风雨日照,这下子,地上的人们全都满意了。

掰书君曰

王母娘娘地位的尊贵和本事的厉害,读者诸君在孙猴子、牛郎织女、董永七仙女等角色的故事中,想必早已有所领教了——那些故事里基本上没有玉皇大帝什么事。可见古老的西王母信仰有多么强大,人们真心相信西王母所具有的神力。

以上我特意挑选了一个非常接地气的民间口承故事,请大家看一看,王母娘娘在民众心目中不光是威严冷酷不近情理的模样,也有非常智慧风趣生活化的一面。

老天奶不好当

神秘昆仑山

神话中的昆仑山,到底什么样子,到底在哪里呢?

故事

我国的上古神话中有许多高山,昆仑是其中最著名、最神秘的一座。它方圆八百里,高达万仞。远远看去,光辉灿烂,瑞气氤氲,"其光熊熊,其气魂魂",怎不让人神往。

昆仑山的位置,据说是在遥远的西北方海外。它是神祇们的居所,当然不能轻易被世人找到,所以,它设置了五重障碍来阻挡外人的窥探。

第一重:它的附近有浩瀚无垠的流动沙漠(流沙),人踏足流沙上,很快就会深陷其中,遭到灭顶之灾。

第二重:它的西北和东南方还分别有水色乌黑或赤红的两条大河(黑水、赤水),虽然至今我们都没搞清楚这两条河里到底有什么奥秘,但是,光想想它们的颜色,世人也会心惊胆战了。

第三重:它的南边有个三百仞的深渊,掉下去就别想起来了。

第四重:快接近昆仑山的外围,是一圈火焰山,那山上千秋万载一直燃烧着熊熊大火,狂风暴雨不能将它熄灭。昆仑山中的所有鸟兽草木都从这炎火中孕育而出。其中有一种千斤重的老鼠,身上的毛有两尺长,像丝那么细。大鼠在火中时毛呈红色,出来就变白。当它出火时,拿水一浇它就会死。将它的毛取下来织成布,是为"火浣布"。这种布无论穿得有多脏,只要拿火一烧,就会变得崭新如初。

第五重:再往里,火焰山的内圈,昆仑山山脚四周,是一圈浩渺的弱水。弱水没有任何浮力,连鸿毛都浮不起来,所以谁也别想撑船渡过去。

外人想要到达和进入昆仑山是如此困难，所以，这么些年里头，除了获得过"特别通行证"的群巫，咱们就听说原先为天神的神箭手大羿一人突破了这些障碍，成功进去过，得以一窥神山真颜。

为什么昆仑山这么神秘呢？因为，它的功能，其实是天居、天柱与天梯的"三合一"。天居，就是天神的居所；天柱，就是创世之初、天地分开之后用来支撑天幕的大柱子；天梯，就是下界的凡人或者巫师能够攀缘着直达上界神界的梯子。

神山的功能既然如此复杂，它的结构也就显得分外扑朔迷离。有人说它从下到上分为九重，就跟天空有九重相仿。也有人说，它从下到上是三个部分（三级或三阶）。还有人并没明确说出山的结构，可是却指明了神仙们居住的地址，或者说，昆仑神山的几个"景点"。

传说涉过昆仑山西北方的黑水的人脚趾头会变成黑色；吃了黑水里的产物，人会长寿。（"黑水玄趾，三危安在？延年不死，寿何所止。"四库本《钦定补绘萧云从离骚全图》）

传说中九重昆仑山的高重称悬圃的地方，其中有仙人耕种的芝田，约有12000种灵芝，供仙人食用。这幅图所展现的是神仙用龙来犁地种灵芝的场景。

神秘昆仑山

原文出处

《山海经·大荒西经第十六》:"西海之南,流沙之滨,赤水之后,黑水之前,有大山,名曰昆仑之丘。……其下有弱水之渊环之,其外有炎火之山,投物辄然。……此山万物尽有。"

《山海经·海内西经第十一》:"海内昆仑之墟,在西北,帝之下都。昆仑之墟,方八百里,高万仞。……在八隅之岩,赤水之际,非仁羿莫能上冈之岩。"

《淮南鸿烈解》卷四《地形训》:"掘昆仑虚以下地,中有增城九重,其高万一千里百一十四步二尺六寸……昆仑之丘,或上倍之,是谓凉风之山,登之而不死;或上倍之,是谓悬圃,登之乃灵,能使风雨;或上倍之,乃维上天,登之乃神,是谓太帝之居。"

《水经注·河水》:"《昆仑说》曰:'昆仑之山三级,下曰樊桐,一名板桐;二曰玄圃,一名阆风;上曰层城,一名天庭,是为太帝之居。'"

《海内十洲记》:"昆仑,号曰昆崚,在西海之戌地,北海之亥地,去岸十三万里。又有弱水周回绕匝。山东南接积石圃,西北接北户之室。东北临大活之井,西南至承渊之谷。此四角大山,实昆仑之支辅也。"

聊聊"三阶说"吧。昆仑山的最下一级叫作"樊桐",又叫作"板桐"。我们不知道这个名字的由来是不是与山的这个地段生长着许多梧桐树有关。不过,既然梧桐是格调很高的良木,是瑞鸟凤凰的专属歇脚空港,想来是很有资格生长在昆仑神山中的。

往上一级,叫作"玄圃",又叫作"阆风"。这一层距离地面已经很远很远了,有风从空旷的四面吹来。"玄圃"又作"悬圃",意思是悬在半空中的花园,也就是天帝的私家花园。

最高的一级叫作"层城",又叫作"天庭"。"层城",又作"增城",就是指一重又一重的城池或者亭台楼阁不断往上加高的意思。"天庭",也就是天宫、天界,是天帝的居所,同时也是神们的聚居"小区"。这就等于说,昆仑山的最高处就是天界。或者反过来表达:天界,就在昆仑山的最高处。

当然也有人不同意这个说法,他们认为,昆仑山只是天帝的"下都",昆仑山与天界是有一定距离的。如果凡人能从昆仑山这座天梯再往上爬许久许久,就会抵达凉风之山，就可以不死了；再往上爬许久许久，可以抵达悬圃，就能掌握灵力，可以呼风唤雨（这个版本中，悬圃并不在昆仑山上，而是在半空中悬浮着）；再往上爬许久许久，就到达了天界，那就成神了。

掰书君曰

　　昆仑山之所以"神"，就在于它的位置、构造和功能都很梦幻。

　　关于它的位置，大多数古代文献同意《山海经·海外西经》的说法：坐落在西北方。但也有人提出，昆仑山其实并没有具体方位，而是泛指所有高山，先民迁徙到哪里，哪里就有他们的昆仑山。

　　我个人的看法是，神话中的"昆仑山"有不止一个来源。最少最少，有"西王母的昆仑山"和"天帝的昆仑山"之分。我们看到，在古老的西王母信仰中，并没有天帝的位置；而在天帝出现的昆仑山中，同样没有西王母的影踪。后世又常指黄帝为天帝（我不完全赞同，详见下文"太帝"故事的评述），那么西王母与黄帝就离得更远，两者没有谱系关系，没有隶属、并列乃至对立等任何关系，最初更不可能居住在同一个社区了。因为就神话源流而言，他们分属两个不同的神话体系，前者属于"昆仑系"，后者属于"中原系"，后期就算有混融，前期则是各自独立的。这里需要特别注意的是，黄帝神话属于中原系，这与黄帝氏族的族源可能来自西北方关陇一带是两回事。

　　当然，西王母与黄帝也不是没发生过交集。在《黄帝出军决》《玄女传》等文献中都提到，后来黄帝大战蚩尤时，西王母派自己的弟子九天玄女或者某道士下来给黄帝授符、授地图，三官五意、奇门遁甲、灵宝阴阳……，黄帝就打了胜仗。这一看就是后来道士编的故事，跟上古神话风格迥异。而且，这里黄帝的性质属于半人半神，或者人王，就不能cosplay天帝这种极高端角色了。

　　再来说昆仑山的结构。

　　在西王母神话里，昆仑山的地质构造提都没提。即使稍晚的记载中，对山上的"景点"，也只简单提到神祇居住的地方叫作"回屋"云云。可是天帝的昆仑山就不一样了。经过后世历代的条理化之后，昆仑山变成了一座

依照作为天柱的昆仑山形象设计制作的灯柱（约1—2世纪）

层次分明、关卡清晰、难度渐进、积分有赏、逐级回馈的闯关游戏之山。无论山是九重还是三级，游戏结构都是一样的：分版块，每个版块难度不同，不到级别的玩家无法解锁下一个版块。无论悬圃在山腰还是半空，无论山顶的景点叫增城还是层城，游戏规则都是一样的：从人间到天堂是一个线性的进阶路径，人可以成神、成仙，前提是你有足够的本事和造化。

愚见，"山有九重"这个概念来自对"天有九重/九霄"概念的模拟或对照，而"三级"这个概念，则来自古老的造词法。《尔雅·释丘》说，一重的山叫敦丘，两重的山叫陶丘，三重的山就叫昆仑丘（"丘，一成为敦丘，再成为陶丘，再成锐上为融丘，三成为昆仑丘。"）。可别小看这个"三"，你把三座泰山摞起来试试？那可是上帝工程。据此可知，天帝住的这座山有三重，非常巍峨雄壮，所以就叫昆仑了。或者反过来说，既然它叫昆仑，那么它有三重那么啰唆，也是理所当然的。在这里，"三"是虚指，言其多，与虚指的"九"并没有实质区别。

再聊聊昆仑山天居、天柱与天梯"三合一"的功能。天柱已经聊过好几次，这里不啰唆了。天梯呢，"九重""三级"这种表达，其实就隐含着阶梯的意思。当然这个天梯不是谁都有资格爬的，羿可以爬，群巫可以爬，昆仑山的原住民（神与禽兽）生有地利，不必爬,其他普通人,统统没资格爬。至于天居这个功能,详见下一个故事。

火浣布让人联想到现在的纳米布料,虽说原理不同,但功能很接近呀。古时候没有洗衣机,洗衣服是件太过艰辛的事情,尤其冬天到来,只好整季不洗。永远不脏的衣服,或者脏了一烧就干净的衣服,简直是造福苍生的伟大发明,完全可以归入先民最接地气的伟大生活梦想之列。此外,我想,在没有纳米技术的上古,火浣布的灵感可能来自原始冶金术这一生产经验:先民观察到了金属在高温火焰中的色泽转换,观察到高温火焰能够去除金属里的杂质,于是设想如果布里的杂质也能那样去掉该多好啊。不过,这么一发散思维,他们的火浣布服装大概就只能是甲胄类造型了。可是……你能想象一个身穿盔甲的上帝么?

姜子牙昆仑飞仙图(Werner, E.T.C. 1922. *Myths & Legends of China*)。在中国道教文化里,昆仑山被誉为"万山之祖",也是"万神之乡"。

弱水听上去像是一种外星液体,比重比鸿毛还低(谁能告诉我鸿毛的比重是多少?)。地球上,日常最轻的液体汽油,比重也有 0.7 左右,浮个塑料盆绰绰有余,遑论鸿毛?所以放到今天,弱水要么就是科学家们的实验室理论液体,要么就只能去外层空间搜寻一下了。说到这里,我开始怀疑昆仑山其实是一座超级巨无霸的宇宙飞船,而西王母、天帝之类的角色,其实是一些上古时代来到地球的外星宇航员……好吧,我可能又想多了。

顺便说一句,古代医书里曾将肚脐称作人体的"昆仑"。梁丘子引《玉纬经》注《黄庭内景经》说:"脐中为太一君,主人之命也……一名昆仑……"(与今传穴位图中"昆仑穴"不是一回事),联系咱们上文聊过的"宇宙之脐/世界之脐"母题,简直可为"昆仑山是世界中心"的补证、铁证、金刚证了。

昆仑山上有许多神或神兽,有闻名古今的名胜"景点",有无数的奇珍异宝,我们留到下一个故事再聊。

太帝生涯

这个故事，咱们聊聊另一位"昆仑山主"，祂的衣食住行，祂的属神，祂的侍从，祂的各种排场……

故事

居住在昆仑山的天帝长什么模样，从来没人描述过。祂到底是男神女神，我们也并不能完全确定。[1]我们只能通过祂的衣食排场、服侍祂的属神、祂所饲养的神禽神兽、祂所栽种的奇花异卉、祂的居所山水等等，来侧面了解祂的事迹。也许因为天帝就是上天的化身，整个天空都可能是祂的脸或身躯，祂可以有形，也可以无形，可以显在，也可以隐身，所以，祂不需要展示出具体的形貌来。

有的时候，人们也管祂叫"上帝"或"太帝"，意思就是神王，是所有神祇的首领。

太帝所穿的衣裳，想来就是由火浣布所制成的。火浣，就是用火洗的意思。以太帝的神力，衣裳大约根本就不会脏；就算脏了需要到火里去洗，也不必脱下来，太帝自己到火里穿行一下，就焕然如新了。

太帝所吃的食物，主要是"玉膏"。昆仑山附近的崙（mí）山里有一种柔软的白玉，掰开之后就会咕嘟咕嘟涌出如脂如蜡的洁白玉膏，那美妙的感觉，大概就像咬开溏心大白兔奶糖的样子吧。这种玉膏，人吃了可以长生不老。即便是吃剩下的浇灌在丹木上，过五年，丹木都能开出五色花，结出五香果。这么好的东西，太帝并没有吃独食。古书里说，天地鬼神都一起来服

---

[1] 如果将祂等同于黄帝，当然就是男神。但本故事中的天帝与黄帝不能完全画等号。

瑶池仙境

用了这种玉膏。此外，不死树上结着的不死果，也是太帝和诸神的食物。这下我们知道为什么天地鬼神都会长长久久地存在下去了。

很多地方都有太帝的居所：昆仑山、槐江之山、青要之山，乃至云霄之上。昆仑山据说是太帝的"下都"，也就是最靠近下界人间的"增城九重"。这个宫殿群或曰宫城中有九座神气的大门，有九口玉石栏杆的深井，有倾宫、璇室等玉石建筑，有瑶池这样的水景，有阆苑、悬圃这样的空中花园，有樊桐、凉风这样的露台和休憩观景之所，有木禾、珠玉树、璇树、不死树、沙棠、琅玕、绛树、碧树、瑶树等奇花异树（这些树上结的不是珍珠美玉就是

陆吾（明代胡文焕编《山海经图》）

英招（清代吴任臣注《增补绘像山海经广注》）

开明兽（《山海经绘图广注》，明代成或因绘）

不死果），还有四条生命之水汩汩不休，日夜流淌。

槐江之山上有太帝的另一个花园，叫作"平圃"。也有人说，这其实就是"悬圃"。那么，或许是悬圃的占地面积太大，一直从昆仑山绵延到了槐江之山吧。

青要之山上有太帝的"密都"，也就是秘密行宫。太帝有什么秘密需要隐藏呢？真是太让人好奇了。

拱卫着太帝的众多属神，也在这一带居住下来，尽心完成着太帝交代的各项任务。比如人首虎身九尾（一说九头）的陆吾神，负责管理九重宫城和神苑宝藏；一个叫鹑的神鸟，负责太帝的服装；双翼人头马神英招，负责看守悬圃；三头六眼的离朱神，负责看守琅玕树上的美玉；九头人脸虎身的开明兽，负责守卫宫城的正门开明门；人面豹纹细腰的武罗神，负责管理青要之山的秘密行宫……还有许多凤凰、鸾鸟、蝮蛇、雕、蛟、长尾猿之类的吉禽瑞兽，看守着山中的各色景物。

至于其他的属神，比如知、吃诟、象罔、鼓、钦䲹、葆江、贰负、危、猰貐……以及巫彭、巫抵等为太帝所驱使的群巫，这里就不多说了。

掰书君曰

本故事中的太帝，没有具体形貌事迹，像是一个概念神。但是从遗留下来的祂生活细节的丰富片断看，祂又曾经活生生地存在于人们的想象中，有着昆仑系浓厚的神秘色彩。太帝与那个人王化的、征伐中原的黄帝不像是同源的，很难捏合成同一个神。祂应该是前文提过的5+1天帝组团模式中的那个"1"。

本故事中太帝所居住的昆仑山，很有可能不是西王母所在的昆仑山，而是另一座神秘崔嵬的同名高山（如前文

原文出处

《山海经·西山经第二》："西南四百里，曰昆仑之丘，是实惟帝之下都，神陆吾司之。其神状虎身而九尾，人面而四角，虎爪；是神也，司天之九部及帝之囿时。有兽焉，其状如羊而四角，名曰土蝼，是食人。有鸟焉，其状如蜂，大如鸳鸯，名曰钦原，蠚（音zhē，"蜇"意）鸟兽则死，蠚木则枯。有鸟焉，其名曰鹑鸟，是司帝之百服。有木焉，其状如棠，华黄赤实，其味如李而无核，名曰沙棠，可以御水，食之使人不溺。有草焉，名曰薲草，其味如葵，食之已劳。河水出焉，而南流东注于无达。赤水出焉，而东南流注于氾天之水。洋水出焉，而西南流注于丑涂之水。黑水出焉，而西流于大杅。是多怪鸟兽。"

《山海经·西山经第二》："丹水出焉……其中多白玉，是有玉膏。其源沸沸汤汤，黄帝是食是飨。"郭璞注引《河图玉版》"少室山其上有白玉膏，一服即仙矣。"

《淮南鸿烈解》卷四《地形训》："……上有木禾，其修五寻，珠树、玉树、琁树、不死树在其西，沙棠、琅玕在其东，绛树在其南，碧树、瑶树在其北。旁有四百四十门，门间四里，里间九纯，纯丈五尺。旁有九井玉横，维其西北之隅，北门开以内不周之风。倾宫、旋室、县圃（县通"悬"）、凉风、樊桐，在昆仑闾阖之中，是其疏圃。疏圃之池，浸之黄水，黄水三周复其原，是谓丹水，饮之不死。……昆仑之丘……或上倍之，乃维上天，登之乃神，是谓太帝之居。"

所述）。或者，我们可以认为至少有三座昆仑山：西王母的，古老的未名天帝（太帝）的，黄帝的（后两者后来混同）。又或者，我们甚至不必将它绑定在某个具体山脉上，而将其理解为同一座"概念神山"在不同神话时期的分身：先由西王母主持，后来西王母东进，山主渐渐明确为太帝（或曰上帝、天帝）。再后来与中原系神话混融，中原系同样以昆仑命名自己的神山，于是昆仑山主转而明确为黄帝。天帝与太帝也逐渐等同为黄帝（也有例外）。

昆仑山这种"概念山"的感觉，有点类似佛教中的须弥山，后者也是一个概念山，位于每个小世界的中心。

"昆仑之虚，百神所在"，昆仑山在昆仑系神话中的地

武罗神（《山海经》明代蒋应镐绘图本）

位，就像奥林波斯山在古希腊神话中的地位一样。想来，在古老的昆仑系神话中，关于陆吾、英招、离朱、开明兽、武罗神等等，都会有丰富而具体的事迹，可惜今天只能看到它们的一鳞半爪了。

鹑鸟负责管理太帝的服装这个细节，虽说是后世根据人间帝王的御府令、尚衣局之类的职官机构推拟的，但也充分地显示了太帝的偶像气质——什么人物需要一天到晚没事就换衣服呢？看来太帝的经纪团队的包装能力真是很强，今天娱乐界的"天王天后"出镜红毯秀时的各种华服，只怕还是跟着太帝学的排场。

长毛巨鼠有几只，文献里没说，如果仅有一只，那火浣布肯定是专门"供御"的了。你能想象那个场景么：一只神鸟拎桶水守在炎火旁边，等巨鼠钻出来，就一桶水泼过去，随着巨鼠发出凄恻的怪叫轰然倒地，神鸟立马掏出剪、刀或者就徒爪迅速地从巨鼠身上拔丝、切料，再纺织、设计、剪裁、缝纫、成衣……啊啊，真是个又奇幻又生活、又悲伤又欢乐的"用生命来玩时装"的故事啊。

我在故事中所发想的太帝身着火浣布时装出入火焰搞清洁的场景，其实是很有可能的。佛经中就有佛陀出入火焰三昧的描写嘛。他山之石，可以攻玉。

玉膏之说带着仙话痕迹。他们道士一说长生不老，就喜欢服玉、服汞、服药，搞外丹那一套简单粗暴的手段。太帝身份高，服的玉要软些，呈流质，大概"软玉温香"就是这么来的。换了我，没造化，体质不行，软玉也吃不消，真的大白兔奶糖还可以考虑。对比下西王母和太帝的食谱，西王母吃不死果，太帝吃玉膏，一个吃植物，一个吃矿物，可见西王母比太帝荒远悠久、质朴古拙。当然太帝神话里也说了，祂的自留地里栽种着不死树，所以太帝也是要吃不死果的。这大概算是两系神话与早期仙话的混融吧。

神树界的三巨头

上古神话中有三棵著名的巨树,它们分别位于大地板块的极东、极西与正中。它们存在的使命是什么呢?

故事

扶桑、若木与建木,是三棵最为著名的上古神树。人们有时候会将它们搞混,其实,它们的位置、模样和功能都各不相同。

在大地的极东方,黑齿国[1]以北、汤谷的深渊中,矗立着一株几千丈高的巨型桑树,其树身合围起来有两千多丈。它枝条茁壮,往上直通天空;树根盘曲,往下能抵达地底的三泉。它其实是两棵桑树同根偶生,互相依偎、搀扶着长在一起的,所以叫扶桑,又叫扶木、榑(fú)桑。扶桑的叶子是红色的,叶片数量稀少但巨大,每片叶子都有一丈长。扶桑每九千年一结果,结出的桑葚每颗能达到三尺五寸那么大的个头。仙人们吃了扶桑树的桑葚,全身都金光闪闪的,可以在空中恣意飞翔。

扶桑是太阳栖息和预备出工的地方。你想必知道,在大羿射日之前,原本有十个太阳,它们常常一起在扶桑树上玩耍。就算射日之后,剩下的那个太阳,也还是要依赖扶桑树止息的。每天早晨,太阳从汤谷中出来,在咸池里洗过澡,便跳上扶桑树最低的那根树枝,等待乘坐它的妈妈羲和女神驾驶的六龙之车,开始在天穹上的奔驰之旅。当六龙太阳车拂过扶桑树枝时,人间就是"晨明"时分,意味着即将迎来黎明;当六龙太阳车升到扶桑树顶的时候,人间就是"朏(fěi)明"时分,天开始亮了。

---

[1]《山海经·大荒东经》载:"有黑齿之国。帝俊生黑齿,姜姓,黍食,使四鸟。"

在大地的极西方，在昆仑山的西面，黑水与青水之间，大荒的灰野之山上，有一棵巨大的红树，叫作若木，它是若水的发源地。若木的叶子是青色的，花是红色的。远远看去，若木红红的光芒笼照着大地，令周遭的一切流光溢彩，景象十分壮美。

若木为什么会有这样奇异的光芒呢？我们还是要回到太阳每日在天穹上的轨迹来说。当羲和驾驶的六龙车大致来到西方的虞渊、蒙谷一带，人间就到了日暮时分。太阳会在若木上停留一段时间，人们远远看到若木红光照地的景象，就是太阳的光芒造成的。据说，有时候，十个太阳都会来到若木上，静静地挂在若木的树枝末端，就像一朵朵莲花般灿烂夺目，美丽不可方物。

通过以上情节我们可以看出，若木与扶桑是功能相对的两株树，扶桑是日出之所，若木是日入之所。

在扶桑与若木之间，大地中央的都广之野上，还有一株巨树，叫作建木。建木高达百仞，青色的叶子，紫色的树干，黑色的花朵，黄色的果实，上部有九根像柳枝一样的大枝条，下部有九根长满短刺的小枝条。建木到了正中午的时候没有树影，在树旁说话没有回响，这都说明，它的确是身处天地正中央的位置上。

建木是天梯。大皞、黄帝和其他天帝都曾经通过这棵巨树往返于天庭与人间。巫师们要想交通天地，这也是必不可少的路径。

掰书君曰

将三棵巨树放到昆仑山单元来聊，并没有必然性，只是因为其中的建木与昆仑山有个对照关系，觉得趁热打铁聊一聊可能比较应景。

扶桑与若木，最初可能是同一棵树，即都是东方的扶桑树，太阳栖息的神树。即使到了楚辞中，屈原在《离骚》里还说"饮余马于咸池兮，总余辔乎扶桑。折若木以拂日兮，聊逍遥以相羊"，似乎在以"扶桑"和"若木"互文。

更有力的证据来自文字与音韵学。

第一，"若"字可能是"叒"（ruò）的异体字或通假字（即古人的错别

原文出处

《山海经·海外东经第九》：「汤谷上有扶桑，十日所浴，在黑齿北。」

《海内十洲记》：「地多林木，叶皆如桑。又有椹，树长者数千丈，大二千余围。树两两同根偶生，更相依倚，是以名为扶桑。」

《楚辞·九歌·东君》：「日出，下浴于汤谷，上拂其扶桑，爰始而登，照曜四方。」

王逸注：「日出，下浴于旸谷，上拂于扶桑，是谓晨明。登于扶桑，爰始将行，是谓朏明。」

《淮南鸿烈解》卷三《天文训》：「日出于旸谷，浴于咸池，拂于扶桑，是谓晨明。登于扶桑，爰始将行，是谓朏明。」

《山海经·海内经第十八》：「西南黑水之间，有都广之野，后稷葬焉。爰有膏菽、膏稻、膏黍、膏稷，百谷自生，冬夏播琴，鸾鸟自歌，凤鸟自舞，灵寿实华，草木所聚，爰有百兽，相群爰处。此草也，冬夏不死。南海之内，黑水、青水之间，有木名曰若木，若水出焉。……有木，青叶紫茎，玄华黄实，名曰建木，百仞无枝，下有九欘，其实如麻，其叶如芒，大皞爰过，黄帝所为。」

《淮南鸿烈解》卷四《地形训》：「建木在都广，众帝所自上下。日中无景，呼而无响，盖天地之中也。」

字或借用字）。《说文》解释"叒"："日初出东方汤谷，所登榑桑，叒木也，象形。"段玉裁注进一步解释说，"叒"象的是"枝叶蔽翳"之形，而《康熙字典》则说是"象众手之形"，都对。尤其"桑"字就是从"叒"加"木"而来，按照《康熙字典》的意思，桑树就是大家都来采叶子的树，太形象了。

第二，前文说过扶桑又叫"扶木"或"榑木"，再看《说文》如何解释"榑"："从日在木中"之形，也就是神话里所说的太阳栖息于此的意思。

第三，"榑"与"扶"还同音呢，"榑"是"从木専声，防无切"，"扶"是"从手夫声，防无切"，声旁虽然不一样，切法和结果却完全一致，可谓殊途同归。

综上，榑桑＝日栖之桑＝扶桑＝桑木＝叒木＝若木，我们可以直接在"扶桑"与"若木"之间画等号了。

神树界的三巨头

山东武梁祠东汉画像石上的扶桑树,画面上,羲和正要把她的龙马挂到太阳车上,大羿张弓瞄准金乌(太阳神鸟)

扶桑与若木的分化,是神话发展的必然。日落时分,先民西望天际,看到夕阳悬在高树间,放射出最后的光华,很容易将这样的巨树理解为日入之处。那么,他们在西方为扶桑配上一株对偶树,也就是顺理成章的了。我以为,虽说到屈原的时代扶桑与若木都尚未完全分化,但"西方有棵日落树"这个概念,却可能远早于战国就出现了。从有概念到有名目,到该名目得到大家认可,这中间需要一段不短的时间。我们从这个例子中倒是可以得窥古代神话造名法之一斑。

上古神话中,西边还有一棵巨大的桑树,叫作"穷桑",它是西方天帝少昊父母的爱情树(相关故事详见《爱在星河之西》章节)。我个人以为,穷桑应该就是若木。穷桑，意为大地穷尽之处的桑树，当年少昊母皇娥沿着银河泛舟西游至此，邂逅金星之子，可见此树正生在大地的西极。故事虽然没有说明穷桑的职能，但从它的位置、大小、树种看，应该就是若木了。

关于汤谷、旸谷、阳谷。

"汤谷"，意思是太阳洗澡的山谷；"旸谷"也作"阳谷"，意思是太阳居住的山谷；"汤谷"与"旸谷"字形相近，意思相关。总而言之，这三个词都指同一个地方，共享同一个"门牌号"（参见日神羲和章节）。扶桑生长在汤谷中是《海外东经》的说法，到《十洲记》就改为生长在"碧海"之中，又开始嫁接扶桑国的仙话。本节故事中说仙人吃了扶桑树结出的桑葚浑身金光，还会飞，就是从仙话记载中来。从这一细节看，扶桑树的故事带有明显的蓬莱系的特点。

建木和昆仑山都是天梯，但应该是不同神话系统的天梯。建木生于都广之野。根据古文献对都广之野的描述可知，它跟昆仑山肯定不是一个地方。据学界考证，都广之野可能是指成都平原（袁珂），那么建木就是古蜀人、古蜀巫的天梯了。又有人说，建木的原型，其实是大麻，群巫服食了大麻集体致幻，由此升天得见鬼神，所以建木被视为天梯（蔡大成）。

古蜀人以自己生活领域中的神树为世界中心，古代西北氏族以昆仑山为世界中心，两个"中心"证明了故事来自两个不同的源泉。当然，对于古蜀文化的源流及性质现在还有诸多争议，它是不是一个独立的系统，也没有定论。不过大致看起来，古蜀文化与东方文化或中原文化是有交集的，与昆仑文化或许也有一定关系，但

古蜀巫，准确地说是觋（男巫）。传说他们可以借助天梯来往于天地之间，交通鬼神。但后世学者认为，他们很可能是借助诸如马桑树果实这样的致幻食物，才能达到感应鬼神的效果。（清《边裔典》）

神树界的三巨头

四川广汉三星堆出土的青铜神树,三根上翘树枝的花果上都站立着一只鸟,鸟共九只(太阳神鸟)。专家认为这种神树的原型有可能就是建木。

就目前证据看还不明显。三星堆那株有着九枝九鸟的青铜神树，可能是建木，也可能是扶桑树的变形（枝上鸟可能为太阳鸟），或者是古蜀人其他信仰中的神树。古蜀神话故事见后文章节。

有人因为建木与昆仑山都是天梯，又都自居天地之中心，便将建木嫁接到昆仑山上，认为所谓天梯，实指昆仑山顶生长的建木，我以为不妥。建木就是建木，它独立承担着天梯的功能，分量已经骇人听闻，不需要再与昆仑山捆绑来增加神性。

山与木是两类不同材质的天梯，不同民族有不同的想象。除了昆仑山，肇山、登葆山、灵山（巫山）等高山也是天梯；除了建木，藤萝、凌霄花、葫芦、马桑树等植物也是天梯，可见不同原始思维方式各有流布，并行不悖。

这里多说一句马桑树。有学人认为，与建木类似，马桑树的果实含有神经毒素马桑内酯，也能使人昏迷致幻，便于交通鬼神，所以才被视为天梯。[1]

前文提到，建木是天帝大皞借以往返于天庭与人间的天梯。大皞就是太皞（太昊），古代东方殷民族的上帝。后世又有人将他与伏羲混到一起，叫作"太皞伏羲氏"。我个人极不赞成将太皞与伏羲合并（原因见太皞章节），本书中会一直将太皞与伏羲分开来聊。我以为，此处借助了建木上天的大皞，可能指的是伏羲（参见雷神之子章节）。如果你要问，古蜀人的天梯建木，怎么又给中原的伏羲和黄帝来攀爬了呢，而且，人家还特意指出建木就是黄帝所植造的啊，我想，大概这就叫神话的混融吧。

---

[1] 参见蔡大成《楚巫的致幻方术》，收录于《中国神话学文论选萃》。

本单元聊聊东夷的神话。之前聊到了帝喾与帝俊的关系，根据种种复杂的原因，本书将帝喾与帝俊视为两个不同的神，将帝喾归入中原系，而帝俊仍旧属东夷系。这个单元，就从东夷最厉害的大神帝俊说起。

第七单元

东方大神

鸟族的最高神帝俊

故事

上古时候，生活在东方的夷族，有一个非常了不起的大神，叫作帝俊。

东夷族是一个崇拜鸟的民族，他们的大神帝俊（又写作帝夋［qūn］），就长着鸟的脑袋、猿猴的身子。还记得"东方天帝"太皞以及"西方天帝"少昊吗？他们也都来自崇拜鸟的民族。有人说，其实太皞和帝俊就是指同一个人。不管是不是同一个人，总之，他们都来自鸟的王国，彼此之间肯定是有关系的。

帝俊据说有三个妻子，羲和、常羲、娥皇。羲和生下了十个太阳；常羲生下了十二个月亮；娥皇生出了下方的三身国，这个国家的每个人都是一个脑袋、三个身子。

三身国（清《边裔典》）

三身国在大荒的南野中，附近还有个季厘国。除了这两个国家，帝俊在大荒的东野中也有几个子孙国度——中容、司幽、白民和黑齿。白民国的人大概皮肤很白，黑齿国的人牙齿都是黑色的，最有趣的是司幽国，他们的男人女人不结婚，只要互相瞪一瞪，就可以感孕生子了。

帝俊的子孙后代里有很多能工巧匠，比如会造船的番禺，会做车的吉光，发明家巧倕等等。

帝俊喜欢与美丽的五彩鸟做朋友，五彩鸟名为皇鸟，或者鸾鸟，或者凤鸟。也有学者认为它们是三种不同的鸟（袁珂）。五彩鸟居住在东方的荒野里。帝俊经常从天上下

黑齿国（清代汪绂释《山海经存》）

五采（彩）鸟（《山海经》明代蒋应镐绘图本）

来，在两座神坛上与它们一起翩翩起舞。

　　帝俊自己有一片竹林，就在北方荒野的卫丘南面。既然是天神的竹林，当然跟凡间的普通竹林不一样了。这片林子里的竹子非常粗大，剖开其中的一节，就是一只天然的船。再配上一根细竹竿或者一片木桨，就可以将这只竹节小船划走了。

掰书君曰

　　帝俊与太皞，有可能是同一个人，也可能是同源人物的分化。前文已经提过，我个人倾向于将太皞等同于帝俊，或者说，将帝俊与太皞视为同一个概念神——东方民族的最高神。在民族大融合过程中，这位大神的大多数事迹，可能都被由战胜民族主导的话语体系抹去了。

　　另一方面，帝俊与帝喾和帝舜，据有些学者考证也是同一人物的不同分

原文出处

《山海经·大荒南经第十五》：「有人三身，帝俊妻娥皇生此三身之国。」

《山海经·大荒东经第十四》：「有五彩之鸟，相乡弃沙。惟帝俊下友。帝下两坛，彩鸟是司。」

《山海经·大荒西经第十六》：「有五彩鸟三名，一曰皇鸟，一曰鸾鸟，一曰凤鸟。」

《山海经·大荒北经第十七》：「（卫于山）丘方圆三百里，丘南帝俊竹林在焉，大可为舟。」

身，在事迹上有交融和等同之处（王国维、袁珂等），这点我略有异议。

帝俊与帝喾的重大分别如前章所述。

关于帝俊与帝舜。二者虽然看起来有字源、字形、事迹方面的近似，但我认为毋宁说这种混乱是来自后世的讹传更为切当。愚见，帝俊与帝舜是两个存在于不同神话时期的人物。在神话讲述的语境中，舜的时代是人王的时代，与帝俊的天神时代还是有很大差异的。舜的族源是东夷，但他是来自民族融合之后、华夏族内部的原东夷族裔，而不是最初独立于炎黄部落的东夷部落。也许，舜作为东夷代表取代了炎黄系的尧登上最高宝座这个贡献，对于饱尝被征服滋味的族人来说意义非凡，因此很有可能，舜曾经被族人比拟为本族的至高神帝俊。这大概是帝俊与帝舜造成混同的原因之一。

帝俊在殷族神系中的地位是最高的，相当于中原之黄帝、南楚之太一，这从帝俊妻子的地位（日母、月母）可以辗转看出。殷商被来自西方的周所取代后，殷族大神事迹逐渐消泯，乃至后世民间口耳中对他没有太多概念，也是可以想见的事。

关于帝俊三妻（羲和、常羲、娥皇），有了前文对中原系大神诸妻来历分析的铺垫，我们对神话乱点鸳鸯谱的路子应该很熟悉了。羲和与常羲的故事在下文都会具体地聊，这里单聊聊娥皇。

娥皇应该是一个等级很高的女性名字。娥，形容女子姿容美好，也可直接指称美好的女子。皇，大也，君主也。娥皇的含义是女首领，或者部落中地位最高的女人（有可能是男性首领的妻子）。

了解了"娥皇"这个名称的含义，翻回头看帝俊妻娥皇，我们才能理解她为何具有那样的神力，能够生下"三身国"（每个人都有三个身子），而且，繁衍成了一个国家。鉴于羲和与常羲都另有来历，娥皇说不定是天神帝俊的"元配"（天后）也未可知。

古汉语神话文献里叫娥皇的女性，至少还有一位，就是后来的舜妻（娥皇、女英）[1]之一。帝舜妻娥皇死后做了湘水女神（详见下文南楚诸神章节）。

帝俊与帝舜都有妻叫娥皇，这也是一派学人将这两个"帝"混同的证据之一。

古神话中还有一个"皇娥"，就是前文聊过的浪漫神族爱情故事中少昊的母亲。这个名字到底是古传还是王嘉构拟的且不论，反正，名称中有"皇""娥"两个字的女性，神格很高是肯定的了。

顺便说一句，帝俊的子孙国"司幽国"实在太具科幻感和喜感了，居然在那么古早的时代就实现了"瞪谁谁怀孕"的超级生殖功能！

---

[1] 其实细品娥皇、女英这两个名字，你会发现含义是一样的，都是指女性中的精英、尊贵者。

羲和生下十个太阳

羲和是古中国各族的日神中最赫赫有名的一位。更难得的是，她还是位女神。这让我们相信这个故事是古老的、更加原汁原味的。

故事

东夷族有一个伟大的女神，名叫羲和。她是太阳之神，是日母。

羲和的王国在东海之外的甘渊中。为什么叫"甘渊"呢，因为那里的泉水非常甘甜清冽。羲和就在这深深的甘渊中生下了十个太阳。

最初，太阳们到底是羲和的儿子还是女儿？其实我们并不太清楚。可是后来大家都认为太阳是男性的，那么我们就当太阳是她的儿子吧。

刚生下来的太阳，想必有点脏、有点暗，羲和就将它们泡到甘渊里，用甜美的泉水给它们洗澡，将它们每个都洗得干干净净、漂漂亮亮、光芒万丈。有人说，羲和给太阳洗澡的地方叫作"汤谷"，汤就是热水的意思。还有人说，太阳洗澡的地方叫作"咸池"。咸池又是星星的名字。想来，洗浴太阳的地方也得有专门的星官[1]去守护吧。

前面说过，东方的殷族是一个崇拜鸟的民族，同时他们也非常崇拜太阳。它们的太阳就是一种鸟，叫作金乌，有三条腿，模样有点像乌鸦，浑身金光灿灿的。当它们洗干净了奋力发光的时候，就是一个个亮得让人无法直视的大光球了。

羲和女神创造出太阳来，是为了给天下万物送去温暖，也是为了通过太阳的升起、落下帮助人们确定每天的时间，更是为了建立起万物运行、活动

---

[1] 中国古代称星群为某某星官。

羲和浴日（清代汪绂释《山海经存》）

河南汉代画像石中的金乌形象

古代朝鲜高句丽王朝壁画上的金乌形象

的规律，让人们能根据历法进行生产和工作。于是她给十个太阳孩子排了班，每人一天，轮流在天空上当值。不当值的其他孩子，就在东方黑齿国以北那棵几千丈高的扶桑巨树下的汤谷中玩耍。

每天早上，当值的那个孩子从深谷出来，羲和在咸池中给他洗过澡，带他登上由六条螭龙所牵拉的华丽天车。羲和亲自驾车，沿着天空的穹顶奔跑起来，白昼的时刻由此开始划分了。当六龙太阳车拂过扶桑巨树的树枝时，叫作"晨明"；当太阳车升到扶桑顶上时，叫作"朏明"；行驶到曲阿时，叫作"旦明"；行驶到曾泉时，叫作"蚤食"（"蚤"通"早"）——大家可以吃早饭了……如此等等。羲和驾驶的六龙太阳车每行经一个重要的地方，就会对应一个重要的时刻。到达悲泉时，羲和会停下龙车，这个时刻叫作"悬车"，白天已经快过完了，这是太阳停留在天空的最后一段时光。往后，六龙太阳车到达虞渊，这就是"黄昏"了，到达蒙谷，就是"定昏"，天就黑了。

接下来控制天空的时间交给了月亮女神。至于羲和的儿子们，他们不用在天空值班了，就可以借助羲和的神力，从其他道路快速地、悄悄地回到旸谷去。因为第二天，羲和又要带着另一个儿子从东方出发、承担普照大地的工作，不回去可不行。

后来，羲和的十个太阳儿子调皮，一起出来到天上玩，害得大地都烧裂了，东方上帝帝

驾龙车带太阳儿子出勤的羲和 七小 绘

原文出处

《山海经·大荒南经第十五》："东南海之外，甘水之间，有羲和之国，有女子名曰羲和，方浴日于甘渊。羲和者，帝俊之妻，生十日。"

《山海经·海外东经第九》："汤谷上有扶桑，十日所浴，在黑齿北。"

《尚书·尧典》："乃命羲和，钦若昊天，历象日月星辰。"

《楚辞·九歌·东君》："暾将出兮东方，照吾槛兮扶桑。"王逸注："日出，下浴于汤谷，上拂其扶桑，爰始而登，照曜四方。"

《楚辞卷三·天问章句第三》："东汉王逸注羲和，日御也。"

《楚辞·离骚》宋洪兴祖补注："虞世南引《淮南子》云：'爰止羲和，爰息六螭，是谓悬车。'"注云："日乘车，驾以六龙，羲和御之，日至此而薄于虞渊，羲和至此而回。"

《山海经·大荒南经第十五》郭璞注："羲和，盖天地始生，主日月者也。故《启筮》曰：'空桑之苍苍，八极之既张，乃有夫羲和，是主日月，职出入，以为晦明'。"

《淮南鸿烈解》卷三《天文训》："日出于旸谷，浴于咸池，拂于扶桑，是谓晨明。登于扶桑，爰始将行，是谓朏明。至于曲阿，是谓旦明。至于曾泉，是谓蚤食。至于桑野，是谓晏食。至于衡阳，是谓隅中。至于昆吾，是谓正中。至于鸟次，是谓小还。至于悲谷，是谓晡（bū，通"哺"）时。至于女纪，是谓大还。至于渊虞，是谓高春。至于连石，是谓下春。至于悲泉，爰止其女，爰息其马（其马，洪兴祖补为六螭），是谓县（通"悬"）车。至于虞渊，是谓黄昏。至于蒙谷，是谓定昏。"

俊就派神箭手将太阳射下来九个。可以想象，作为母亲的羲和对此该有多么痛心。

有人说，羲和是东方上帝帝俊的妻子。这么看来，帝俊对自己的家人也真够严厉无情的。

后来人们又管羲和叫"东母"，或者"羲和老母"。至今，在我国山东日照还有羲和老母庙，人们在那里祭祀着慈爱、辛劳的太阳女神羲和。

掰书君曰

在遥远的、荒远难稽的大女神时代，羲和可能地位崇高，甚至很可能具有创世的神格，相当于中原的女娲（《山海经·大荒南经》郭璞注："羲和盖天地始生，主日月者也。"）。可惜流传至今，关于她的神话事迹只有创造日月这一条了。当然，仅仅这一条也传达出了丰富的、古雅的信息，足以让我们浮想联翩。

学界认为，最初羲和是日月神，神话流传过程中分化出了一个常羲女神掌月，羲和便只保留下日母、日神的身份。与女娲神格的降低过程相似，到了男神时代，东夷族男神帝俊崛起，羲和又被整合成帝妻，通过婚姻降低了神格和地位。再后来，她在流传中甚至被指为日御（为太阳驾车的车夫）。

前文也提到过，羲和与帝俊的婚姻纯粹是后人拉郎配，所以羲和是日母，不等于帝俊是日父。因为太阳是羲和在大女神时代独自创造的，这隐含了母系氏族社会人民"只知其母不知其父"的现实。关于帝俊命大羿射杀九个太阳的涵义，我们放到"大羿射日"那个故事里再来念叨吧。

神话的历史化时期，羲和变成征服民族首领黄帝手下的天文官，性别变成男性。《尚书·尧典》说"乃命羲和，钦若昊天，历象日月星辰"，所谓"历象日月星辰"，就是通过观察日躔、月躔[1]路线和星星的运行轨迹而总结、提炼出历法来为人们服务。

前文提到，旸谷、阳谷、汤谷，是一回事。甘渊与

在《离骚》中，羲和成为驾驶龙车带领诗人上天入地的"日御"。（"吾令羲和弭节兮，望崦嵫而勿迫。"四库本《钦定补绘萧云从离骚全图》）

---

[1] 日躔（chán），可以概略地认为是（地面上的人们眼中）太阳在天球上运行的轨迹；月躔，可以概略地认为是（地面上的人们眼中）月亮在天球上运行的轨迹。

咸池，非常漂亮的对仗，其实跟旸谷系列也是一回事。太阳生于甘渊，也是始浴之处，后来浴室名字有变化也正常，或者，还杂糅了别族的日出之所的名称。如果说生下来是在甘渊洗澡，以后改为值班前在汤谷之类的地方洗澡，我觉得过于复杂，不像神话思维了。

羲和的龙车，让人联想到古希腊日神阿波罗那驾由天马驱动的太阳车。这种对太阳运动方式和行迹的解释是很美妙的，比起金色乌鸦球直接飞过天穹的简单粗犷，出入坐享专车肯定是太阳游行故事的优雅版。要我说，六龙、天马什么的都是装点门面、虚张声势的，其实人家的车子明明是太阳能驱动的嘛，多酷炫啊！

最后闲聊一句，从东边的扶桑越过天穹抵达西边的若木之后，当值的那个太阳是如何回到东方去的呢？就算它不着急回去，可以在西方玩几天，不是还有日母羲和么？她总得回去吧？明天还有下一个儿子要送呢。我以为，羲和母子应该是从地下水路回到东方去的。前文在"天地的结构"章节提到过"两河三界"，其中的"地河"就是在地底与原始汪洋相通的。千万不要把地河理解为人间的下水道，事实上，它是与天河同等级别的、包裹万物的大水，羲和母子取地下水路返程，是这个结构设置中的应有之义。

常羲生下十二个月亮

常羲是羲和的分身，也是嫦娥的前身。她的"个人经历"其实可曲折了，不过本节咱只讲她的辉煌。

故事

东夷族的月亮神，是美丽的女神常羲。有人说，她和羲和一样，也是帝俊的妻子。

常羲生了十二个月亮。如果说太阳是女神羲和的儿子的话，月亮就该是女神常羲的女儿了。

刚刚出生的小月亮，想来都是黯淡的，并不漂亮，常羲就在西方荒野外的净水中将它们擦洗得干干净净，让每个月亮都焕发出神秘、迷人的光彩。

月亮长什么样子呢？是一个个银球吗？不。最初的时候，月亮的精魂化身为一只只银色的小蟾蜍[1]。当蟾蜍鼓起肚子奋力发光的时候，月亮就圆了，成了银光闪闪的圆球；当它瘪下肚子，月亮就成了一道弯弯的细钩。月圆时你抬头仔细看，就能看到它表面上斑驳的团团阴影，那正是蟾蜍背上凹凸不平的小疙瘩。

月亮担负着夜间为大地照明的任务。月母常羲也像日母羲和一样，给女儿们排了班，洗过澡，让她们轮流到天上当值。每只月亮的肚子一鼓一瘪完成一次长长的呼吸，人间就会过去一个月的时间。十二只月亮排着队到天上去做深呼吸，这就是我们现在一年有十二个月的来历了。

---

[1] 前文提到过，在指代月亮时，古人并不严格区别蛙与蟾蜍，且以提"蟾"为多见。月亮上的阴影，更容易令人联想到蟾蜍背上的疙瘩。在关于月亮的象征系统中，蛙、蟾是一致的，都与阴冷、多产、死而复生、神秘等因素相关。详见下文。

著名的月宫美女嫦娥,就是由月母常羲在后世幻化而成。

至于大家都很熟悉的小白兔、桂花树和吴刚,那都是后来才住到月亮上去的。

掰书君曰

"常羲"这个名号,应该分作两个字看:"羲"上承羲和,从(疑似)创世级大女神羲和的神格中分化而出;"常"等于"嫦",下启后世偷吃灵药、独居月宫的嫦娥,是原始天体神神格的降格和转移。

从常羲到嫦娥的称谓演变,可能是因为上古"羲""娥"两字同音或音近,故而渐渐地,常羲=常娥=(女+常)娥=嫦娥(袁珂)。

也许有人要问,嫦娥原本叫姮(héng)娥,是汉代人为了避文帝刘恒的讳才改成嫦娥的,跟常羲没有关系呀。关于这个问题,我是这么看的:首先,姮娥最初也不是"姮"娥,而是"恒"娥,《淮南鸿烈解》指出,《说文》里原本没有"姮"这个字,"姮"是后人造的——我想,造这个字出来就是为了从字形上避刘恒的讳;其次,"恒""常"两个字意思相同,又都能对应月亮"永恒""不死"的寓意,因此,在月神有了"常娥"这个称号之后,人们很可能赋予了她同义的别号"恒娥"。也就是说,月神原本就可以既称"恒娥"又称"常娥"的,当避讳的需要出现后,就舍弃了不适当的那个,而保留了不犯讳的另一个。至于女字旁的添加,倒没有什么新鲜的。这就是我们今天管月宫女神叫"嫦娥"的原因。

除上面提到的几个之外,月亮女神还有"常仪""尚

原文出处

《山海经·大荒东经第十四》:"有女和,月母之国。"(女和即羲和。此处以羲和为月母,说明羲和、常羲早期是未分化的。)

《山海经·大荒西经第十六》:"有女子方浴月。帝俊妻常羲生月十有二,此始浴之。"

常羲浴月(清代汪绂释《山海经存》)

仪"等别名。从"常娥"到"常仪"的演变路径很好理解,因为上古"仪""娥"音同或音近(都属于上古韵中的"歌部"[1])。再从"常仪"到"尚仪"也很好理解,"常""尚"音近,以讹传讹,女神就变了名。

总之,常羲、常仪、尚仪、姮娥、嫦娥……她们是月亮女神在不同时期、不同文化中的不同幻身。随着演化的进行,她们的不同便并不仅仅体现在名号上,在神格高下与具体事迹上,也有区别。

羲和捧日与常羲捧月(古代朝鲜高句丽王朝壁画)

月亮因其阴晴圆缺的规律,成为远古人心中具有"死而复生"(不死)能力的神秘天神,这也是它与"不死药"相关的依据。而蛙、兔之所以与月亮相关,也源于其"善生""生殖能力超强"的符号特性。蛙类(蟾蜍)的繁殖策略是大量产卵而不养育,我们只要看看《小蝌蚪找妈妈》这个童话就知道了;而兔子的善生,连著名的斐波那契数列(1,1,2,3,5,8,13,21……)也拿它打比方。对于一年最多只能生产一次、而一次大多只能生产一个后代的人类而言,蛙和兔这类生物的繁殖能力实在让人羡慕,他们心目中的生殖女神(或者始祖母),就应该具有这样的神奇本领。由此,月亮—蛙/兔—女性(尤其是生育功能)构成了紧密的意义链条。月神所具有的强烈女性特质,至今犹存。

作为阴晴圆缺运转有时的天体,月亮与太阳一样自然而然地具备了历法功能。有人认为,干支计时法中的十天干,即演化自羲和生十日,而十二地支,则演化自常羲生十二月(郑文光)。

---

[1] 清代以来的音韵学家将上古音拟为若干个韵部(不同学者构拟的韵部数量不同)。按照今人王力先生的拟音,其中周秦时代的"歌部"大致发音为 [ai],仪、娥两字在该部中。另,参见《康熙字典》注"仪"字:"又《韵补》叶牛何切,音俄。"——用叶音的方式将"仪"的发音等同于"俄",也就等同于"娥"了。

神箭天神大羿的三角恋

羿是上古神话中著名的神射手,是铁血与柔情兼备的悲情英雄。他与个性女神嫦娥、美神宓妃的爱情纠葛,数千年后读来仍让人怦然心动。

故事

帝俊的手下有一个非常善射的天神,叫作羿,又称夷羿。羿的本义,就是手持两支羽毛箭。羿字又作䍡,连弓带箭。可见在人们心目中,善射就是羿最大的特点。羿的妻子是个美丽的女神,叫作嫦娥。这一对英雄美女,就在天上过着幸福的生活。

羿的性格很刚直,非常喜欢打抱不平、管管神界的闲事。比如河伯胡乱把人溺死,羿就去射瞎了他的左眼;风伯损坏了人们的屋子,羿就去射伤了他的膝盖。

后来,世上出了很多祸害,变得很不太平。

首先是羲和的十个太阳儿子一起跑到天空值班,搞得地上的庄稼草木全部枯焦,人民没有吃的,晒死的晒死,饿死的饿死。人们将一个叫女丑的女巫抬到太阳下暴晒,以此来求雨。可是,直到可怜的女丑被晒焦了悲惨地死去,还是半点用也没有。

除了天上的十个太阳,地上还有些可怕的怪兽为害:比如,叫声像婴儿啼哭、喜欢吃人的人头牛身马蹄兽"猰㺄"(yà yǔ);长着五六尺长像凿子一样锋利牙齿的人形怪

善射的天神——羿(四库本《钦定补绘萧云从离骚全图》)

"凿齿"；能喷水火的九头怪"九婴"；一拍翅膀就能刮大风毁坏房屋的巨鸟"大风"；老在烂泥潭中打滚、会吃人毁庄稼的大野猪"封豨"（xī）；能一口吞掉大象的巨蟒"修蛇"……

天上地下的祸害一起来，人民实在受不了了，纷纷向天帝哀告。

天帝帝俊知道这样下去不行，便赐给羿一张红色的神弓，一袋白色的羽箭，让他到下界去解决人们的困难。

羿和嫦娥一起到了下界。看到人民深陷悲惨的境遇无法自救，羿决心凭自己的神力为大家解除痛苦。天下的灾祸这么多，先从哪里救起呢？他决定先拿最有地位的捣蛋者——帝俊和羲和的太阳儿子们——开刀。

羿将红色的神弓拉满，将白色的羽箭搭在弦上，定心静气，稳稳地一连发出了九箭，每支箭都正中空中的一个太阳。

片片巨大的金色羽毛漫天飞舞，中了箭的九只三足乌发出尖锐而惊恐的巨大嘶鸣声，像团团火球从天上急速坠落到地面，一只接一只死去了。大地迅速地凉爽下来。浩渺的天宇中只剩下了最后一只被吓得浑身战栗的太阳鸟。羿还想一鼓作气，将最后那只三足乌也射下来。人们急忙说，太阳对我们是有恩德的，我们需要它的热量和光芒，就像以往那样，为我们保留一个太阳吧。

羿同意了人们的请求，放过了最后一只太阳鸟。从此以后，普照大地的职责将由它独自承担，再也没有兄弟跟它轮值了。

也有人说，被羿射落的那九个太阳坠落到了东海中，成了沃焦，又叫尾闾。沃焦大概就是东海中的无底洞归墟的构成材料，也许它残余的热力太强了，再多的水灌进去

封豨（清代汪绂释《山海经存》）

修蛇吞象（四库本《钦定补绘萧云从离骚全图》）

神箭天神大羿的三角恋

人头牛身马蹄兽猰貐（《山海经》明代蒋应镐绘图本）

也会被即刻吸收或蒸发，所以东海永远也不会满。

接下来，羿马不停蹄，到中原杀了猰貐，到畴华之野杀了凿齿，到北方的凶水杀了九婴，到东方的青丘之泽杀了大风，到南方的洞庭湖杀了修蛇，最后，到桑林活捉了封豨。

天下的人们高兴极了，都感激地赞颂他，尊称他为大羿，就是伟大的羿。

大羿办完了这七件大事，就和嫦娥一起把最后捉住的封豨宰杀了，做成肥美的肉膏奉献给天帝，向天帝报告自己完成了任务。他们本以为这样会让天帝也很高兴，没想到，天帝不仅不吃肉膏，还革掉了他们的神籍，将他们贬谪为会经历生老病死的凡人。

原来，天帝帝俊赐给大羿神弓神箭，是让他斩杀那些怪兽的。至于自己那些不听话的太阳儿子，天帝原本只想让大羿吓唬他们一下。谁知道大羿太刚直了，一点没领会到天帝的意思，毫不留情地几乎把他们杀光了。帝俊虽然是天帝，也没有办法让儿子们活过来。

后来，大羿历经艰险，去昆仑山向西王母求到了不死药。嫦娥独自吃掉了全部的灵药，重新变回神仙，飞往了月宫。大羿从此变得消沉颓丧，经常打骂仆从。据说，有一段时间，他还与具有惊世之美的洛水女神相好过，但

羿射阳鸟、杀猰㺄之特写（湖北随县曾侯乙战国墓出土衣箱上的漆画）

大羿射日（汉画像石，河南南阳）

也没有什么结果。

大羿有个徒弟叫作逢蒙。逢蒙心术不正，跟随大羿学会了射箭术后，心想现在天下射箭比我好的人只有大羿一个了，干掉他，我不就成天下第一了吗？反正他现在对底下人那么糟糕，我就算把他杀了，也没人会为他报仇的。于是，逢蒙准备了一根桃木大棒，趁其不备，一下子把大羿打死了。

对于大羿之死，大羿的仆从是什么反应，逢蒙有没有受到惩罚，古人没有记录下来，我们也就不知道了。

大羿死后做了宗布神，也就是全天下鬼的首领，这真是"死亦为鬼雄"了。因为大羿是被桃木杀死的，所以全天下的鬼都怕桃木。这就是后世以"桃符"来辟邪的原因。

掰书君曰

羿是东夷族的英雄，可能是其中一支部落的首领。羿之部族后来可能融入以帝俊/太皞为首的东夷部落联盟中，所以才会有羿受命于帝俊的说法。

前面我们提到，日神羲和具有创世特质，诸日是她在大女神时代独创，所以帝俊不是/未必是日父。在这个意义上，帝俊命杀九日，也可看成是父

原文出处

《淮南鸿烈解》卷一三《氾论训》:『羿除天下之害死而为宗布。』高诱注:『羿除天下之害死而为宗布。』高诱注:『河伯溺杀人,羿射坏其左目,风伯坏人屋室,羿射中其膝。』

《淮南鸿烈解》卷八《本经训》:『猰貐、凿齿、九婴、大风、封豨、修蛇,皆为民害。尧乃使羿诛凿齿于畴华之野,杀九婴于凶水之上,缴大风于青丘之泽,上射十日,而下杀猰貐,断修蛇于洞庭,禽封豨于桑林。』

《山海经·海外南经第六》:『羿与凿齿战于寿(通『畴』)华之野,羿射杀之。在昆仑墟东。羿持弓矢,凿齿持盾,一曰戈。』

《山海经·海外南经第六》:『昆仑墟在其东,墟四方。一曰在岐舌东,为墟四方。』

《山海经·北山经第三》:『又北二百里,曰少咸之山,无草木,多青碧。有兽焉,其状如牛,而赤身、人面、马足,名曰窫窳(猰貐),其音如婴儿,是食人。敦水出焉,东流注于雁门之水,其中多䱱䱱之鱼,食之杀人。』

《山海经·大荒南经第十五》:『有人曰凿齿,羿杀之。』郭璞注《山海经·海外南经第六》:『凿齿,亦人也,齿如凿,长五六尺,因以名云。』高诱注《淮南鸿烈解卷八·本经训》:『凿齿,兽名,齿长三尺,其状如凿,下彻领下,而持戈盾。』

《庄子·秋水》成玄英疏引《山海经》:『羿射九日,落为沃焦。』

《玄中记·恶燋》:『天下之强者,东海之恶燋(即沃焦)焉……海水灌之随尽,故水东流而不盈。』

《楚辞·天问》:『胡射夫河伯而妻彼雒嫔……』

权消除杂种、清理门户的隐喻。就像草原上的新狮王在霸占母狮群之后,会把旧狮王的幼子通通咬死一样。

或者,依照神话思维,九日就是帝俊的亲儿子,那么"父杀子"这个话题,具有与"子弑父"这个话题同等复杂、重要的文化和伦理意义。但这说来就话长了,暂不多聊。

又或者,如果九日代指九个崇日的部落(或其首领),那么帝俊杀九日代表了部落联盟首领对异己者的征服,对盟员的整顿与清洗。

当然,我们也可以如故事中所说的那样理解:帝俊并没有打算杀子,大羿错误地理解了领导的意图，为自己招来了贬谪的后果。这种理解有个好处，就是完善了事件的因果链：帝子为患—百姓求助—神令除患—英雄奉命除患—英雄除患失当—英雄受到惩罚……不过，这个因果链可能是后来才慢慢形成的："羿射九日"与"羿求不死药"这两个故事，有比较明显的后期捏合痕迹，一开始，它们很可能只是两个不相干的神话，其中的主角也各不相同。

还有一种解释：天帝想杀帝子是真的，因为那是天后自己生出的儿子，跟他没关系；但如果天帝杀帝子，在天后那里说不过去，他便让大羿替自己背了黑锅。将这个假设进行历史化，我们可以想象出这样的场面：帝俊部落兼并了羲和部落；羲和部落原本由十个小氏族组成；帝俊派自己麾下的羿族首领杀掉了羲和麾下的九个小氏族首领；羲和各部愤怒抗议；帝俊让羿做替死鬼，将羿夫妇逐出本部落联盟以示惩戒；羿接受命运，羿妻却不甘心，千方百计想重归部落；羿夫妻反目，羿仍游离于部落之外，羿妻则以某种方式回归到部落中，或者投奔了其他部落……

多么复杂诡谲的上古命运哪。

另有一种说法，说羿是尧的臣子，是尧命令羿除害的。这是将两支族系的神话杂糅起来了，我们一般认为尧属于中原系，而羿属于东夷系。尧与帝俊的时代，可能是母系社会向父系社会的过渡期，距今时间大致在四五千年这个数值范围内（不同部族进入父系社会的时间有很大的先后差异）。前文提到过，当此之时，全球气候处于持续性干旱加突发洪水的灾变阶段。于是，不同的先民部族都受到同样的高温炙烤，从而产生了近似的射日狂想。尧命羿射日与帝俊命羿射日，也可能是异源神话合流的例子。

羿·宗布神（汉画像砖，河南郑州）

现在说回羿这个人物本身。

神箭天神大羿的三角恋

强健的羿射落太阳鸟（四库本《钦定补绘萧云从离骚全图》）

羿是神界中个体资质特别突出的英雄。他除七害的故事别具史诗色彩，让人联想到古希腊神话中的赫拉克勒斯。此外，他还是吾国神话中少见的有"绯闻"的男主角。他面容俊不俊不知道，想来保底七十分是有的（或许其中一只眼因为经常眯缝瞄准的缘故会显得略小或鱼尾纹略多，但这不影响他朝气蓬勃的基本面）。我们更有理由相信他身材好：既称第一射手，自然膂力强，臂肌胸肌发达，腰壮，人鱼线适中，下盘稳……这种精悍的倒三角身材，搁今天得连续几百届蝉联健美先生殊荣。将面容、身材与性情、事迹加起来看，大羿绝对是当之无愧的偶像级英雄。

那么妙得很，这位偶像级英雄，就与吾国神话中两位大名如雷贯耳、姿容万古长青的美女神标杆——嫦娥与洛神——建构起了一种模糊不清的三角恋爱关系。

嫦娥与洛神，下文都有专节来聊。这里先略说一说洛神与大羿的事儿。

洛神又名雒嫔（luò pín），即宓（fú）妃，传说是伏羲之女，淹死于洛水之中，即为洛神。"宓"这个字，就来自伏羲氏（宓牺氏），所以宓妃实为帝子。宓妃是中华文化中的美神。

成为一方水神后，宓妃嫁给了同属水神系统的河伯。河伯是黄河水神，据传名为冯（píng）夷，又叫冰夷，人面鱼身。黄河在中华文化语境中地位非常高，相应的，河伯地位也就不低。单讲门第的话，宓妃嫁给他不算特别委屈。不过河伯这个神性情暴虐，喜欢滥杀无辜（发大水淹死老百姓），又贪玩（没事变条白龙到处转），又骄淫（每年都要民间童女献祭，谓之"河伯娶妇"）。对于洛神这样一个天下第一等帝子美女神而言，是可忍孰不可忍？所以夫妻俩的感情想来很不和谐。这是洛神移情别恋的心理基础。

羿的婚外情（《楚辞》："胡射夫河伯而妻彼雒嫔？"），不知道发生在嫦娥奔月之前还是之后。情理上讲，两者都说得通。

如果发生在奔月之前，说明羿和嫦娥两口子的关系（很可能由于射日后果的影响）一度进入了多少年之痒（他们神界的痒痒按七十年还是七百年还是七千年算呢，您随意），于是羿移情别恋，嫦娥怨愤在心，后来尽管羿跟洛神分了手，还去求到了不死药来弥补、缓和夫妻关系，嫦娥也不肯原谅，独自吃了不死药飞升去了。聊到这里我得替羿说句话：那个排除万难去求到长生药的羿，真是个光芒四射的情圣啊——活着进入昆仑山的概率有多低、亲眼见到西王母的可能性有多渺茫，请参考前文昆仑山章节。他以如此虔诚的姿态改悔前过，嫦娥你为啥就不能让往事翻篇儿呢？你这孩子气性也太大了吧？

婚外情如果发生在奔月之后，那么更好理解：羿在被抛弃后消沉了，灰心了，放纵了，不再遵守神界的道德约束，而转向有夫之妇洛神那里寻求慰藉。此时的洛神与大羿，同为天涯伤心人，简直是毅然决然发生了婚外情，根本不屑于向外人解释什么。但这样会遇到一个逻辑困境：羿还没背叛时，嫦娥的行为怎么解释？理论上如果两口子感情稳定，在人间一起长生显然是更好的选择嘛。这样我们往往只得转而分析嫦娥的神格特点，并且如同后世很多人一样，将嫦娥对爱情的背叛归结为自私。不过，我个人肯定不建议在神话解读中引入道德批判的。关于大羿求药与嫦娥奔月原因的解析详见后文嫦娥专节。

羿射瞎河伯左眼的事是这样的：当时河伯变作一条白龙在水边玩（调戏民女？），羿就对准他左眼一箭射去。后来河伯向天帝告状，天帝偏心羿，护短说：谁叫你放着天神的正身不显，非要变成动物的？变成动物当然大家都可以来射你啰。

射目这件事，听上去突兀又蹊跷，其时机不知发生在羿跟洛神闹婚外恋之前还是之后。如果是之前，那么高诱在《淮南子》注里解释了动机："河伯溺杀人，羿射其左目"，似乎说明羿伤河伯是出于义愤，看不惯河伯老是淹死平民才出手的，与感情纠葛无关。那么，他接着再同样出于"义愤"去拯救河伯妻子的感情生活，似乎也说得通。如果射目发生在羿与宓妃相好之

河伯（四库本《钦定补绘萧云从离骚全图》）

后，我感觉就有点像情杀了。以河伯的秉性，知道自己戴了绿帽子，肯定要跟洛神算账、找羿讨说法的。情敌相见，吼两句，动手。河伯会兴风作浪，可是格斗技术不如羿过硬。羿只射眼睛，没取他的性命，不是不想，更不是不能，而是碍着天帝的约束、河伯的重神身份，不好下死手。

由此可见，不管选择哪条线、哪种解释，这个神界四角恋故事的内在张力都很足，时代背景荒远、人物绝美、场景梦幻、剧情跌宕起伏，拍成连续剧，兑水加料，卖七十集都没问题。真是好狗血的一部神界家庭爱情伦理动作片。

羿与洛神的感情，大约在射目事件之后也就无疾而终了。我们看到，那个时代的女神，已经不再能自主地决定感情和命运，比起古老的大女神时代，她们的能量要小了很多。不过，这还仅仅是女神末世时代的开端。

"爱过"的两大美女神接连从身边离去，这个打击对羿来说可能太大了。一代英雄，有着轰轰烈烈的生，最终却低格地死于逢蒙这种宵小的偷袭，我们只能猜测他当时的精神状态是有多么糟糕。

逢蒙这个人物，一作逄蒙，一作蠡门。逢、逄、蠡是字形之讹传，门、蒙是字音之讹传，并没有本质的区别，故而本书从多数资料取"逢蒙"两字。

坊间有人误用后羿指称这个射日英雄，但事实上，后羿与大羿是两个不同人物，时间相距至少几百年。

后羿，又叫有穷氏后羿，是夏朝的"射正"（执掌射箭的主官，大致相当于军队首脑或禁卫军司令之类吧）。他赶走了夏王太康，建立了短命的"有穷国"，后来为臣属所杀。再后来，夏之后裔少康复国，夏祚得以延续。

之所以坊间容易将这两个人物搞混，是因为：

羿射河伯（四库本《钦定补绘萧云从离骚全图》）

第一,名字里都有个"羿"字。很有可能,"羿"是民间对善射者的褒称。不知道这个传统是不是因大羿而兴起,但后羿之名,的确有向前辈伟人"致敬"的意思。此外,后羿之所以称"后",是因为他一度统治了整个国家,这是人王时代的特点。"后"者,继体君[1]也。大羿不称"后",因为他是天神,是天神中的英雄,不是人间英雄或者王。

第二,都善射。后羿尤其被提到"臂长",这一特点可以使弓拉得更满、射击力度更强。

第三,都有奸佞的部属。大羿的徒弟逢蒙,后羿的臣下寒浞(zhuó),都憋着坏心眼害他们。

第四,都被人暗算而死。大羿被逢蒙用桃木打死;后羿更惨,寒浞指挥一群家众伏击了他,还把他煮了,逼着他儿子吃他的肉——这种对人肉活灵活现的血腥处理带有明显的三代[2]风格。

第五,都被帝王赐予彤弓素矢(红弓白箭)。《史记·夏本纪》说后羿的彤弓素矢是帝喾赐给的,这个情节很像帝俊赐给大羿彤弓素矢,我想这是太史公取信了《山海经》的某些词句而成,是明显的混融。

有了这么多相似,难怪到现在许多人还将"大羿"和"后羿"混在一起分不清了。

另,对嫦娥形象的分析和论述,以及关于洛神的更多故事,详见后文"诸女神"章节。

夏朝经禹建立到启攻伯益夺得王位,此后,禅让制变成了世袭制。启死后,其子太康继位,太康继位后终日不理朝政,被后羿夺走王位,史称"太康失国"和"后羿代夏"。

---

[1] 继体君,就是说这个君王不是开创之君,其统治权是继承来的。正史不待见篡位者,称他"后"已经很宽容了。
[2] 三代,指夏商周三代。相比远古神话,这三代留下的传说故事在关于杀戮的记录上似乎血腥味更浓,什么夏桀用活人喂食妖女蛟妾啊(《述异记》),什么商王亥因为偷情被人分尸啊(《山海经》),什么比干被挖心啊(《史记》),就不多举例了。

本单元聊聊古代巴国和蜀国的神话。其实从起源和表现上看，巴文化的渊源与楚文化更亲近，巴国创始者廪君的故事放到后面古楚诸神章节要更贴切一些。不过考虑到古楚章节的神话故事多选自屈原的《楚辞》，突兀地加入另一篇风格迥异的故事不是很和谐，而且，本章中古蜀国的开明帝似乎与巴人也有些关系，加之巴蜀连称也成了习惯，所以权衡之下，还是将巴蜀两地古神话并列于此。

第八单元

古巴蜀诸神

一见廪君误终身

本节聊聊古巴国的创建者廪君的故事。他是巴人世代追念的伟大王者，同时，他也是个"绝情君"。

故事

很久很久以前，在武落（今天湖北长阳一带）这个地方的钟离山崩塌了，露出了两个大石洞。一个洞像朱砂那么红，一个洞像漆那么黑。从红洞里钻出来一个人，名叫务相，姓巴；从黑洞里钻出来四个人，分别姓樊、瞫（tán，有异文）、相、郑。这就是钟离山五姓。

这五姓出来之后开始争夺地盘，谁也不服气谁。于是他们商量，要想个办法来比赛，获胜的人就是神，就当"廪君"。廪，就是米仓的意思，廪君，意思是米仓之主。俗话说民以食为天，只有五大姓氏的王者，才有资格掌控大家的口粮。

他们约定的比赛项目是往一块石头上掷剑，能掷中的就做君王。樊、瞫、相、郑四氏都是孔武有力的人，可是他们都没能投中石头。巴氏子务相却一剑命中目标，剑稳稳插在石头上，剑柄兀自轻轻颤抖。四氏心中赞叹，可是口中却不能完全服气。要做他们的王，光是武艺高强可不够。

于是他们又约定了第二个比赛项目：造土船。船上要有雕刻、描画等装饰，并且在水里能浮起来的，才可以做君主。樊、瞫、相、郑四氏造的船放到水里就沉下去了，只有务相造的土船，稳稳地浮在了水面上。

这下子，四氏不服也不行了。务相用自己的真本事证明了他才是真正的王者，于是大家就拥立他为廪君。

既然廪君为巴氏，后来便将从钟离山石穴中出来的这五氏称作巴蛮五姓，将务相统一之后的部族称作巴人。

务相为什么这么厉害呢？因为，他是大神太皞的后裔。当初，太皞生下了咸鸟，咸鸟生下了乘厘，乘厘生下了后照，而务相，就是后照的儿子。巴氏务相是太皞后裔中来到此地的第一代。

廪君于是带领大家离开石洞去开拓新的疆土。他们乘坐土船沿着夷水行进，来到了盐阳。盐阳在盐水的北岸，是个丰饶的地方。

盐水女神看上了廪君，对他说道：我这个地方广大开阔，盛产鱼和盐，富庶而秀美，请你留下来和我一起生活，别再继续前进了吧。廪君不肯答应，回复说：我要做众人的君主，我要寻找一个盛产粮食的地方作为我的领地，我不能停下来。

痴心的盐水女神不愿放弃自己的爱情，每天黄昏都过来与廪君同宿。到了天明廪君想启程的时候，她就化为飞虫，并且指挥她手下诸神一起化为群虫，遮天蔽日飞舞在空中，令天地间万物昏暗难辨。就这样过了十几天，每天盐水女神都用这招来挽留廪君想要离去的脚步。

廪君被困在盐水女神的飞虫阵中，分不清东南西北，没有办法启程，十分恼火。他想杀掉盐水女神，却苦于她混在飞虫阵中无法辨别。想了七天七夜，他想出了一个办法。他派人给盐水女神送去青色的丝线，并且对她说：你如果佩戴上这个，我就跟你一起生活。

盐水女神看到廪君送来的爱情信物，非常高兴，立即就将它佩戴在了自己身上。然后她展身向空中一跃，仍旧化作飞虫与群虫共舞起来。

廪君立刻站到一块突兀的阳石上，瞄准空中的青丝缕，拉弓搭箭全力射出，正好射中了盐水女神。

沉浸在收获爱情的喜悦中的盐水女神从空中一头栽下，戛然而亡。其余众神见主神死亡，纷纷四散而去。遮天蔽日的飞虫阵终于消散了。

廪君于是重新乘上土船带领大家继续航行，来到了一个地方。这个地方石岸弯曲，泉水也是弯弯曲曲地流出来，看上去就像洞穴一样。廪君叹了口气说：我刚从洞穴中出来，难道又要进入洞穴吗，怎么办呢？

话音刚落，弯曲的石岸就崩落了，露出了三丈多宽的石阶，一级一级通

廪君射杀盐水女神 七小 绘

向上方。廪君踏着石阶走上去，看到岸上有一块横一丈，纵五尺的平坦的石头。廪君在平石上止步，扔下草棍进行卜算，结果草棍都粘在石头上拿不下来了。

廪君认为这是天意，就下令在平石旁边建立了城池，这就是夷城[1]。廪君所领导的巴人，就在这里繁衍生息开来。

据说廪君死后变成了白虎，仍然在保佑着自己的子民。所以巴人崇拜白虎，将它绘制、雕刻在了自己的生活场景中。

掰书君曰

从巴人的角度看，廪君是一个不为色诱的王者，一个坚持建国理想的先驱者，一个不肯小富即安的拓荒者。他对待情感的决绝，比为了事业含泪离开女儿国国王的大唐和尚要狠上一万倍。从盐水神族的角度看，廪君却是一个不折不扣的负心汉。女神对他情深义重、缠绵缱绻，为了留住他的脚步，不惜频繁变身为虫；他呢，吃也吃了，喝也喝了，睡也睡了，最后将脸一翻，杀掉女神走人了。

与古希腊神话中浓浓的荷尔蒙气息不同，我们大中华帝国的神话里很少谈情说爱，仅有的几段就显得特别醒目、各有旗号：羲娲兄妹故事讲"责任"，湘君湘夫人故事讲"痴慕"，嫦娥大羿故事讲"背叛"，皇娥帝子故事讲"甜蜜"，廪君盐神故事讲"绝情"……

无论怎么解读，廪君与盐神的故事都深藏隐喻，它同时表达了不同生产方式、不同部族以及两性之间的斗争。

从石洞钻出来的五个人，代表了五个部落。洞穴本身就是一种生产形态的象征。钻出石洞，代表了这群人渴望结束穴居生活（其活命方式主要是采集和狩猎），开创一种新的生产方式（比如农耕）。又《水经注·夷水》说"昔巴蛮五姓，未有君长，俱事鬼神"，《世本·氏姓篇》曰："廪君之先，故出巫诞巴郡南郡蛮"，说明他们都是崇奉巫术的部落，掌握了与神鬼交流

---

[1] 夷城，一说在今湖北长阳县；一说在今湖北恩施市。

原文出处

《山海经·海内经第十八》：「西南有巴国。太皞生咸鸟，咸鸟生乘厘，乘厘生后照，后照是始为巴人。」

《路史·后纪一·禅通纪》：「伏羲生咸鸟，是司水土，生后照；后照生顾（务）相，降处于巴。」

《世本·氏姓篇》（秦嘉谟辑补本）：「廪君之先，故出巫诞巴郡南郡蛮。本有五姓，巴氏、樊氏、曎氏、相氏、郑氏，皆出于武落钟离山。其山有赤、黑二穴，巴氏之子生于赤穴，四姓之子皆生黑穴，未有君长，俱事鬼神。廪君名曰务相，姓巴氏，与樊氏、曎氏、相氏、郑氏凡五姓，俱出皆争神。乃共掷剑于石，约能中之，众皆叹。又令各乘土船，雕文画之，而浮水中，约能浮者，当以为君。余姓悉沉，惟务相独浮，因共立之，是为廪君。乃乘土船从夷水至盐阳。盐水有神女，谓廪君曰：『此地广大，鱼盐所出，愿留共居。』廪君不许。盐神暮辄来取宿，旦即化为飞虫，与诸虫群飞，掩蔽日光，天地冥晦，积十余日。廪君不知东西所向，七日七夜。使人操青缕以遗盐神，曰：『缨此即相宜，云与女俱生，宜将去。』盐神受而缨之。廪君即立阳石上，应青缕而射之，中盐神，盐神死，天乃大开。廪君于是君乎夷城，四姓皆臣之，世尚秦女。」

《水经注·夷水》：「……昔巴蛮有五姓，未有君长，俱事鬼神，乃共掷剑于石穴，约能中者，奉以为君。」

《后汉书·南蛮西南夷列传》李贤引《世本》注：「廪君之先，故出巫诞也……」

的技术。他们长期居住在洞穴中，可能与他们的精神生活需要经常交通鬼神有关。洞穴，其实是大地的子宫，是地母的子宫，他们居住在神灵的"内怀抱"里，他们果然离神灵很近。

至于单单务相出自红洞（其他四姓出自黑洞），我觉得很有可能是后来追加的一种神圣特点。因为务相这一支最后成了整个部落联盟的正宗或者说代表，连部落联盟的合称，都不叫"钟离山五氏"，而以偏概全地叫作"巴蛮五氏"了，那么，务相作为始祖，来一个"根红苗正"的出处也是很有必要的。人家没有杜撰大脚印、神蛋、龙凤投胎之类的桥段，已经很低调了。

廪君放弃洞穴生活，他想带领大家寻找的，是一种远离洞穴蛇虫、有持续衣食收益的、安全稳定的新生活。出发之前，这个新生活该是什么面貌，也许他之前曾经从远方异闻中多少听过一点，也许他完全是两眼一抹黑根本无从想象，但在他的内心中，肯定已经模模糊糊有了一些基本的判断尺度。

廪君的迁徙之路，其实也是一个兼并沿途其他氏族的历程。在部落兼并的时代，男性的肌肉力量肯定是第一致胜要素，这就是五氏"争神"的竞赛中，首先进行投剑比试的原因——将剑掷入石壁不坠，充分地证明了务相是个大力士，是部落中最孔武有力的人。而造泥船大赛，则是为长途迁徙进行技术上的准备。掌握了最强造船术的人，才能带领族众安然渡过惊涛骇浪，抵达理想乐土。

至于为什么要用泥造船，我想来想去，觉得这一表述有两种可能：第一，表明务相的神奇本领——用木头造船谁都会，可是泥入水是要化的，所以这是一个苛刻的、不可能完成的任务，只有真正的神才做得到；第二，可能是讹误或者另有所指，比如，会不会是用"泥"胚烧制的陶船？我没法用陶船做实验，但咱们知道，只要设计足够合理、排水量足够大，钢铁巨轮也可以在海中航行，想来制造出民用陶船也不是没有可能，实不实用是另一回事。

在这样的情况下，廪君遇到了盐水女神。历史化地看，巴蛮五氏是以男性为首领的部落，而盐水部落是个母系部落。女首领爱上了过路的男客人，希望他留下共同生活。

我们看当时的盐水族，是一个以渔盐为业的部落。虽然尚未进入农耕阶段，但所谓靠山吃山、靠水吃水，盐水里动植物水产都很丰富，除非遇到重大灾变，大家吃饭是没有问题的。这与廪君他们原来采集打猎为生的洞穴生涯相比，不说更靠谱多少，至少并不逊色。更难能可贵的是，盐水含盐量丰富，盐水族可能已经掌握了原始的晒盐技术，并开始与附近的部落进行原始的商业活动了。因此，盐水族是一个富足的氏族。这两个因素结合起来，盐水的地理优势显得很明显。

何况，还有爱情。爱情在盐水之畔夜夜流连，以温柔之网牵绊他如刀锋一般的前进势头。

那么，反过来说，这里是不是廪君心目中的乐土呢？无论是通过战争或

巴人捕鱼图

巴人的战争舞蹈

者和平的方式,他们有没有可能留下来呢?很遗憾,答案是否定的。

无论基于什么原因,廪君认为渔盐仍旧不是他心目中最理想的生产方式,盐水不是他梦想的立国之土。也许我们可以将这解读为:富有预见性的先驱者拥抱先进的农耕生产方式的愿望锐不可当。

何况,就算要留下,他会是以怎样的方式留下呢?盐水女酋长会像女儿国国王对大唐和尚那样,托奉"一国之富"而逊为"王后",让他"南面称孤"吗?恐怕不是的。恐怕是要让他入赘,以巴蛮五氏全族融入盐水部落,形成一个更大的部落联盟，而仍旧在她的统治之下。退一步说，即便盐水女酋长愿意为了爱情让出王位，我们看到她还有很多部属（队伍拉出来遮天蔽日），除非战败，他们是不可能轻易容许一个外来者称王本土的。

于是，她落花有意，他流水无情。一个执意要留，一个拼死要走，争执终于爆发。

从肌肉力量上看，盐水部落的女首领并没有优势。但是很有可能，盐水族的智力很发达。遮天蔽日的飞虫阵（其创意也许发想自蝗灾时的场景，据赵爽），可能隐喻着她们掌握了一种布置迷阵的本领。她们人多势众、软硬兼施，布下重重机关，将廪君部族困在盐水之畔不能动弹。白天是大棒，晚上是胡萝卜，一心想让这个彪悍的男性群体臣服于她们的温柔乡中。

廪君的杀心，是久在羁縻不得逃脱的结果。他的执念与盐水女神一样重，他说不要的东西，白给、倒贴都不行。爱情诚可贵，自由价更高。何况，十几夜的肌肤之亲算得了什么，那不是爱情，他根本就不爱她。

爱她，动手之前还会犹豫、还会绞尽脑汁、曲尽其他的办法；不爱她，一切就简单多了，只剩一个字：杀。擒贼先擒王，破解迷阵的关键，在于杀死盐水女神。不爱她，才可以心安理得地用她最渴望的爱情去骗她：佩戴上我送给你的信物，我就跟你在一起；你不戴，我就不会爱你。

悲乎盐水女神，真可谓一见廪君误终身。

爱情将盐水女神的智商和情商降到了极低的水平。痴心的她哪里知道：象征着两人心意相通的青丝，其实正是她自己的招魂幡。廪君的青丝，大概是史上第一件精确制导的辅助型兵器或者第一个以实物方式呈现的空中定位系统吧。

廪君站立其上射死盐水女神的阳石，又叫旸石，这名目本身就包含一个经典的隐喻：男性上升，骄傲地夺得统治权；女性沉沦，悲惨地隐退。

也有可能，这是个单方面由男性讲述的故事：廪君（父系）部落残酷征服了迁徙途中遇到的盐水（母系）部落之后，又反过来定义并强化了她们的"咎由自取"（她单方面爱他，所以招他烦；她还要用他不要的爱来阻拦他的伟大事业，那就活该被杀）。真相会不会与故事中说的相反？毕竟，历史是由幸存的战胜者来书写和讲述的。

氏族之间的兼并与反兼并，生产方式之间的融合与反融合，性别之间的征服与反征服……廪君与盐水女神的故事，将数千年前风诡云谲的大时代中诸多不可调和的矛盾浑然地集中到了一起。那是一片滚瓜切菜、杀意盎然的江湖。细细想来，当真心惊胆战、血汗淋漓。

关于廪君的族源。《山海经》等书有"太皞生咸鸟"数语，表明他是东夷族裔。不过，咱们先来辨一辨：这里的"太皞"有没有可能是人面蛇身的伏羲的误称呢？也就是说，廪君有没有可能来自中原或者南蛮呢？应该说，不会。虽然南宋罗泌的《路史》中有异文为"伏羲生咸鸟"，不过我们能看到的太皞与伏羲的书面合体大致是在西汉刘向、刘歆父子时代，所以罗泌以伏羲指称太皞，也就可以理解了。何况，"咸鸟"是什么呢？"咸鸟"至少是鸟之一族，我同意它有可能是"玄鸟"的近音讹传（董其祥）。前文提到，"玄鸟"在东夷文化中，是一个极其重要的族源符号。那么，鸟神太皞生鸟神咸鸟（或玄鸟），这是天经地义的。蛇身神伏羲去生鸟神，逻辑上就不通了。

由此，巴人部落源自东夷，似可定论。

不过按照这个世系，廪君务相的时代是很早的，辈分也相当高。太皞—咸鸟—乘厘—后照—务相，务相是太皞的玄孙。如果假设太皞与黄帝同时代、同辈分，那么我们看一下，在所谓正规谱系中，黄帝的玄孙之一是火神祝融（一说祝融为炎帝玄孙）。那么，是不是可以将务相视为与祝融同时代、同辈分的人呢？我看还是不要这样比的好。因为这种所谓的神谱或者说上古帝王世系，大多是后人东听一句、西拼一句、甚至刻意歪曲的，很不靠谱。别忘了，在女娲补天的时代，祝融就已经存在了，要是这么比附过去，岂不是黄帝比女娲还要早？

回到务相的问题上。务相与太皞之间的血缘链条，有没有失误或者失落，我们不是很清楚；务相为什么会在数代为巫之后又放弃洞穴生活，我们也不是很清楚。我们能够从故事中明确的是：务相的时代，是一个由神王向人王过渡的时代，人王有时候被视为神——所以有巴蛮"五氏争神"的说法，也有盐水族女酋长为女神的说法。而务相之后，巴国就开始了人间王国的传说。

巴蛮五氏究竟为哪五氏，异文比较多。其中，巴、樊，郑三氏没有异文；瞫又作䣕、晖、谭、嬗、婵……这几个字字形或者读音相近，当是传写中的讹误；相又作向，这是同音异文，也是口传中常见现象。务相又作顾相，也是这种讹传的情况。

廪君在选择王城基址时，曾经"投策计算"。"策"是指算筹一类物品。我认为这里要表达的意思，并非说廪君是个讲究科学的数学家，建城之前要用算筹来丈量方位、尺寸、角度等等，这里的投策计算，应该属于"枚占""枚筮"，是一种巫术占卜仪式。这意味着廪君本人看上了这个地方，但还不能最终确定这是否便是神的"应许之地"，便用竹棍、树棍、草棍之类的占卜工具投于石来征求神的意见。想想吧，他们可是世代相传的巫族啊。卜棍粘在平石上，意味着神让他们留下来。神的旨意，才是廪君选址的最终依据。

这么想来，廪君在是否接受盐水女神留居建议的重大问题上，大约也是进行过类似的占卜的，不然，他不会走得那么坚决。

疑似外星客蚕丛大王

在今天我国的四川一带，上古时期有着与中原不同的文化。本节我们聊聊目前能追溯到的第一代蜀王的故事吧。

故事

古蜀地的第一位神王叫作蚕丛，他的模样非常奇怪：两只眼睛的眼珠子像两根小柱子，往前方直直地伸出来，就好像在眼球上直接安装了两个单筒小望远镜似的。他的嘴唇又扁又薄，鼻子高挺而宽实，耳朵有点像一种叫作"戈"的兵器的顶端那样，上部往外招着。

蚕丛和他领导的人民都梳着锥形发髻，有的还编条大辫子盘在脑袋上。他们穿着斜襟的衣服，并且"左衽"——也就是说上衣的右片压着左片，在身体的左侧开口，这与中原的"右衽"习俗恰好相反。

在高高的岷山山脉里有很多石头，开采起来也比较方便。蚕丛带领人民用石头建起了自己的屋子，叫作"石室"。

蚕丛为什么会叫这么个奇怪的名字呢？那是因为，他会养蚕，并且教会了人民这项非常重要的生产技能。

为了让人们能够顺利养蚕，蚕丛大王做了几千头金蚕。每年年初，他就从自己的石室里把这些金蚕拿出来，每家每户发一条，让他们拿回去，放在自己养蚕的地方。说来也神奇，凡是得到了金蚕的人家，这一年养的蚕一定特别多、特别大，出的丝一定特别足、特别好。蚕桑季节结束之后，人们就会将金蚕还给蚕丛大王，让他给它们重新注入神力，直到下一个蚕桑季节到来。

蚕丛大王非常关心人民的生产事业，常常在自己的国度里巡视。他每到一个地方，那里的人们就会自动聚集起来，形成一个集市。人们在集市中进

四川广汉三星堆出土的青铜纵目面具,被认为是依据第一代蜀王蚕丛的形象制作的。

三星堆出土的商代大型青铜人立像,可以说是发现最早的"左衽"实物。

第八单元 古巴蜀诸神

行着蚕丝和其他农作物、猎物、工具等的交换。蚕丛大王离开之后，那里的集市也就解散了。

蚕丛大王一直统治了蚕丛古国好几百年。因为他总是穿着青色的衣服，在他死后，人们就将他奉为"青衣神"，还用石头做他的棺材。青衣神就是蚕神，有他保佑，蚕桑业将继续兴旺发达。今天四川境内的青衣江，就是根据蚕丛的别号来命名的。

也有人说，其实蚕丛大王根本就没有死，他只是回到天上去了。

原文出处

《汉唐地理书钞》辑《蜀王本纪》："蜀王之先名蚕丛……是时人萌，椎髻左衽，不晓文字，未有礼乐。"

《事物纪原卷八·蚕市》："《仙传拾遗》曰，蜀蚕丛氏王蜀，教人蚕桑，作金蚕数千。每岁首出之以给民家，每给一所，养之，蚕必繁孳。罢即归于王。王巡境内，所止之处，蚕成市。蜀人因其遗事，每年春有蚕市也。"

《太平御览》卷八八八《妖异部四·变化下》引《蜀王本纪》："蜀之先名蚕丛，后代名曰柏濩，后者名鱼凫。此三代各数百岁，皆神化不死，其民亦颇随王化去。"

《华阳国志·蜀志》："周失纪纲，蜀先称王。有蜀侯蚕丛，其目纵，始称王。死，作石棺石椁，国人从之，故俗以石棺椁为纵目人冢也。"

《史记·五帝本纪》："黄帝居轩辕之丘，而娶于西陵之女，是为嫘祖。嫘祖为黄帝正妃，生二子，其后皆有天下：其一曰玄嚣，是为青阳，青阳降居江水；其二曰昌意，降居若水。昌意娶蜀山氏女，曰昌仆，生高阳，高阳有圣德焉。"

《路史·前纪四·因提纪》："蜀之为国，肇自人皇，其始蚕丛、柏濩、鱼凫，各数百岁。号蜀山氏。盖作于蜀。蚕丛纵目，王瞿上。""鱼凫治江，逮蒱泽俾明。时人氓，椎结左言，不知文字。""上至蚕丛，年祚深眇，最后乃得望帝杜宇，实为满捍，盖蜀之先也。自丛以来，帝号芦保，其妻曰妃，俱葬之。""昔黄帝为其子昌意取蜀山氏，而昌意之子干荒亦取蜀山氏继其后叶。及高辛氏，以其少子封蜀，则继之者也。秦惠文元年，蜀人来朝，八年，伐灭之，始降侯云。"

疑似外星客蚕丛大王

265

掰书君曰

　　学界认为,蚕丛部落可能由川西氐羌部落迁徙而来,他们原本生活在距离青藏高原比较近的岷江上游的山脉中,征服了当时生活在四川盆地、文化相对落后的原始土著,而肇始了古蜀人文明。关于迁徙的原因,我比较倾向于这种说法:这是"气候大移民"——距今大约4500年前,古气候史上温暖潮湿的大西洋期结束,进入亚北方期,地震、酷热、冰川前进等灾变间杂。所以,是气候与地质的大原因,而不是战乱或内讧之类的小原因迫使他们背井离乡的(刘兴诗)。

　　"蚕丛"这个名字,与他是蚕神有关。而作为人王来看,他对部族的最大贡献可能在于他发现和主导驯化了野蚕。"蜀"又写作"蠋"(zhú),这个字形甲骨文作 𧎢,据说就是野蚕的象形。古蜀国的得名,直接来自于他们所熟练饲养的这种动物。蚕的头部触突,很可能被先民认为是蚕的眼睛。我想,有可能,蚕丛大王的立柱状眼睛特点,其实跟蚕的这一生物特征有关。

　　"丛"是什么意思呢?这是家蚕聚集养殖的特性。野蚕(蠋)"性不群居",而人们驯化野蚕的过程,就是将它们从桑树上一只一只地捉下来,放到平面上集中饲养,所以谓之"丛"。丛者,聚也。由"蜎蜎独生、分散作茧"变为"一箔饲之、共簇作茧",蠋也就演化成了蚕(任乃强《蚕丛考》)。掌握这门技术的族群,也就以这技术自名或被命名了。族群之事迹、名号凝缩于一人身上,于是有了蚕丛大王。

　　马头娘和嫘祖故事中也会提到蚕。马头娘的故事解释了蚕这个物种的来历,嫘祖的故事则表明了野蚕是如何被驯化的。据载,马头娘生活在高辛氏(帝喾)时代的蜀地,这与古蜀人养蚕的传说在地点上是吻合的。

　　有人说蚕丛族的驯蚕术来自嫘祖,即来自中原。这个说法以古蜀人为黄帝后裔,如罗泌《路史》:"昔黄帝为其子昌意取蜀山氏,而昌意之子干荒(疑为"韩流"之讹误)亦取蜀山氏继其后叶。"且不说这个世系是否准确,就算黄帝后裔真的有一支来到古蜀地,并且与古蜀人结合,也不能证明桑蚕这种农业技能就必须是单一起源的。何况,这里还存在冲突:黄帝入蜀的后裔是父系的,是娶了蜀山氏之女,所以理论上古蜀人在传承桑蚕技艺这件事上居于辅从的地位；而在蚕丛传说中，古蜀人自己是父系的，自己在主导桑蚕之事，没有受到任何外来力量的影响。这两个说法的时空裂缝太大，空缺的信息太多，要完美地捏合起来是比较困难的。

关于蚕丛的怪眼睛。本书前面有关造人的章节提到了诸神一个失败的造人试验，其中第二代实验室产品叫作"立目人"，眼睛竖着长，既懒且馋。有人说，也许柱子眼睛的蚕丛形象与立目人有点关系。对此说法我个人有些吃不准。因为我理解"立目"是二郎神脑门上那只眼睛的样子，而"纵目"简直像直接在眼珠子上装了两只望远镜筒似的，两者外观差距非常大。不过，"纵""立"二字意思相近，也不排除在流传过程中传歪了的情况——万一"立目人"的意思真的是在眼珠上立两筒望远镜呢？万一咱们的先民曾经亲眼见过这样的外星人从而将这形象曲折地留存到了造人神话中呢？

从青铜面具上看，蚕丛绝对是天神形象，从文字记录来看，又更接近人王。这说明蚕丛前后有很大一段文明是丢失不传了的。三星堆一期据考在公元前14世纪末到前13世纪中叶，大约相当于中原的殷商早期。现存的青铜器上有一些类似于文字的刻画符号，其涵义今天还没有定论。

古蜀人有没有过女神时代，今天我们没有资料。但从同为氐羌系的彝人等族创世史诗里我们知道，氐羌系的确是有女神的。事实上，已经有彝族学者从各方面论证过，今日的彝族文化，就传承自古老的三星堆文化。这个问题就不细聊了。

蚕丛的石室，让我们想到昆仑山上的石室，还记得吗，东王公也住在"大石室"里。但是，蚕丛的石室可能

马头娘像（清代）。马头娘是中国神话中的蚕神。据《通俗编·神鬼》引《原化传拾遗》记载，古代高辛氏时，蜀中有蚕女，父为人劫走，只留所乘之马。其母誓言谁将父找回，即以女儿许配。马闻言迅即奔驰而去，旋父乘马而归。从此马嘶鸣不肯饮食。父知其故，怒而杀之，晒皮于庭中。蚕女由此经过，为马皮卷上桑树，化而为蚕，遂奉为蚕神。

蚕神图（元代王祯《农书》）

是石块垒砌的（当地出产片岩），东王公的石室，则有可能是个天然大溶洞。

　　古蜀国前三王是蚕丛、柏濩和鱼凫，然后进入从天而降的望帝杜宇时代。《路史》说"蚕丛、柏濩、鱼凫，各数百岁，号蜀山氏，盖作于蜀"，似乎是说前三王统称为"蜀山氏"，这让我觉得"蜀山氏"像是外人对古蜀人的称呼。又，前三王各自活了几百岁，这大概是指蚕丛、柏濩和鱼凫分别作为一个家族的统治时间，或者作为一个氏族名号的存在时间。

　　李白在《蜀道难》里说："蚕丛及鱼凫，开国何茫然"，"尔来四万八千岁，不与秦塞通人烟"。我倒真希望能有传承不灭的原始神话来讲述那邈远蛮荒的四万八千年。

水鸟族取代了外星蜀黍

古蜀神们的形象很有意思，不断跨界的物种似乎表明了古蜀先民不断变换的生态环境。第一代蚕丛是蚕（山中定居），第二代柏濩可能是一种鸟（迁徙途中的山鸟？），第三代鱼凫是鱼鹰（渔业发达了），后面的杜宇是杜鹃（布谷鸟，农耕），再后来的开明帝是……一只鳖（水性良好的战斗民族）。

故事

蚕丛之后的第二代蜀王名叫柏濩（huò），又叫柏灌或柏庸。柏濩统治了三百年左右的时间，他成功率领人民从岷江上游的大山中走出来，穿过龙门山，进入了富饶而美丽的成都平原。

第三代蜀王叫鱼凫（fú）。凫，就是水鸟。鱼凫就是抓鱼的水鸟。所以，从名字就可以看出来，鱼凫王的形象原来是一只大鱼鹰。

鱼凫大王带领人们在平原上建筑起了一座座城池。那是一个洪水频繁的时代，鱼凫大王修建的城池都刻意加强了防水的功能。频繁的洪水可能也给古蜀人带来了丰富的食物，各种鱼类水产让人们的餐桌变得五花八门。想必那时候的人们水性都不错，捕鱼捞虾的工具和技能比从前也有了很大提高。而鱼凫大王，当然就是其中水性最好、最会抓鱼的那一个。

很有可能，当遇上那些特别狡猾、特别难抓的大鱼时，鱼凫大王会变回一只鱼鹰，亲自上场去干活。

鱼凫王也统治了古蜀好几百年。后来有一天，他来到湔（jiān）山这个地方打猎，就再也没有回来。原来，他离开人间回到天上去了。他的人民非常思念他，就在湔山这个地方为他立了祠庙，每年定期祭祀他。

原文出处

引《蜀王本纪》云："蜀王之先名蚕丛，后代名曰柏濩，后者名鱼凫。此三代各数百岁，皆神化不死，其民亦颇随王化去。（鱼凫）王猎至湔山，便仙去。今庙祀之于湔。"

《太平御览》卷八八八《妖异部四·变化下》

《华阳国志·蜀志》云："次王曰柏灌。次王曰鱼凫。鱼凫王田于湔山，忽得仙道，蜀人思之，为立祠。"

掰书君曰

柏濩应该也是指"柏濩氏"家族，才可能统治古蜀几百年。柏濩氏的事迹不详，据说，他（们）可能就是率领部落走出大山、来到平原的那一代或几代领导人。他们走走停停，一路寻找合适的栖息地。这个搬家之旅，用了三百年。

三星堆文物中有很多鱼鹰形或近似的鸟形青铜器，印证了鱼凫的传说。

三星堆的部分文物如海贝、象牙等，表明古蜀文明与西亚文明的频繁交流。他们养那么多蚕、生产那么多丝绸，大概很大部分是要外销到西亚的。这可是四千多年前的西南丝绸之路啊。又过了两千多年，才有汉代的张骞开辟那条历史课本上大书特书的西域丝绸之路。从张骞再往后两千多年，才有气势磅礴的"一带一路"。所以，蚕丛王、鱼凫王他们实在太超前、太具有前瞻性了。

三星堆出土的铜鱼鸟头像，可能是鱼凫王朝的遗迹。

天上掉下个杜宇王

杜宇王的故事，有点诡异，有点悲情，又有点……怎么说呢……莫名其妙的香艳。虽然正文中我们没有采用那个香艳版本，不过从文末的评述中，你仍可一窥端倪。

故事

鱼凫王归天之后，古蜀民便没有很好的首领了。这可不是个好现象，怎么办呢？

似乎老天感受到了人们的焦虑似的，有一天，忽然从天上掉下来一个男子！

男子掉到了朱提这个地方，自称杜宇。朱提在今天的云南昭通。

与此同时，在古蜀人的发源地、岷江上游的江源地方也发生了一件怪事：一个女子忽然从地井里面钻了出来。这个女子叫作利，属于梁氏部落，所以也叫梁利。她的水性想来一定是极好的了。有人说，她其实是井水神。

杜宇自己是天上掉下来的，看到这个水里冒出来的女子觉得非常可爱，就跟她成了亲。

且慢，他俩是怎么相遇的呢？想来，是杜宇来到了江源这个地方，进入了古蜀人最古老的生活区域吧。

杜宇的长相跟蜀人不同，穿戴跟蜀人不同，说的话也跟蜀人不同。可是他有一样本事很让大家服气：他会耕种，而且他的农耕技术，比古蜀人还要高——要知道，古蜀人可是从蚕丛时代起，就已经种了将近一千年的地了。

杜宇用自己的本领赢得了大家的信任，古蜀人慷慨地接纳了他这个外来人。杜宇便自立为蜀主。

自立为蜀主后，杜宇不称王，而称帝，自号望帝，想来就是"承载着人民希望的帝王"之义吧。他还改了名，叫作蒲卑。蒲卑据说是一种鱼鹰。看来，杜宇王很想让人民尽快将对鱼凫王的感情转移到自己身上。

望帝的统治持续了一百多年，人民都很爱戴他。那时候洪水仍旧很频繁，望帝的一个手下鳖灵熟悉水性，受命去治理洪水，取得了非常好的成绩。望帝觉得自己老了，能力也不如鳖灵，就将帝位让给了他。

退位后的望帝，仍旧关心着蜀地的人民。他化作一只大杜鹃鸟，每年到了春天该播种的时候，就在田野间飞来飞去，大声地提醒人们：布谷布谷，布谷布谷！就是快点撒布谷种的意思。他是那么担心人们错过农时，啼叫得那么用力，如果你仔细看的话，会发现大杜鹃鸟的嘴角都啼出了血了呢。

也有人说，帝位并不是望帝禅让的，而是鳖灵抢过来的。望帝死后也不甘心，所以化作杜鹃鸟后才会那么怨恨地啼血。

依我看，说不定望帝原本就是一只杜鹃鸟，死后不过回归本相罢了。别忘了，他可是从天上降下来的啊。

原文出处

《太平御览》卷八八八《妖异部四·变化下》引扬雄《蜀王本纪》："时蜀民稀少，后有一男子名曰杜宇，从天堕。有一女子名利，从江源地井中出，为杜宇妻。宇自立为蜀王，号曰望帝，治汶山下邑郫，化民往往复出。望帝积百余岁。"

《华阳国志·蜀志》："七国称王，杜宇称帝，号曰望帝。"

《华阳国志·蜀志》："后有王曰杜宇，教民务农，一号杜主。时朱提有梁氏女利，游江源，宇悦之，纳以为妃。移治郫邑，或治瞿上。七国称王，杜宇称帝，更名蒲卑。"

《说文解字·隹部》"巂"字注："巂……一曰蜀王望帝淫其相妻，惭，亡去，化为子巂鸟，故蜀人闻子巂鸣，皆起云'望帝'。"——（《巂》音guī，即"规"，"子巂"即"子规"，杜鹃鸟。）

《全上古三代秦汉三国六朝文·蜀王本纪》："望帝以鳖灵为相。时玉山出水，若尧之洪水。望帝不能治，使鳖灵决玉山，民得安处。鳖灵治水去后，望帝与其妻通。惭愧，自以德薄不如鳖灵，乃委国授之而去，如尧之禅舜。……望帝去时子巂（规）鸣，故蜀人悲子巂鸣而思望帝。"

望帝托身杜鹃　七小 绘

掰书君曰

杜宇王的故事翻译作历史事件，有可能是这样的：一支来自云南的杜宇部族，在四川的江源地区与梁利部族联姻壮大后，向东进入川西平原，征服了原居此地的鱼凫部族，成了新的蜀主。杜宇王统治的末期，一支以前服从于他的部族鳖灵族崛起。鳖灵族可能来自多河湖的湘楚地区，熟悉水性。他通过治理水患树立民望，并最终将杜宇赶下了统治宝座（多么像大禹治水成功后就造反迫舜退位的故事啊，这真是绝对的暗黑系神话了）。

从遗留的传说看，杜宇族与鱼凫族的融合（或者说杜宇族征服鱼凫族的过程）似乎相对温和，没有留下火花四溅的厮杀（像黄帝大战蚩尤那样），甚至连部落首领婚嫁联姻的隐喻都没有（像帝喾与有娀氏、有邰氏结合那样）。看上去，鱼凫族人民毫不犹豫地接纳了杜宇的统治，并且在他死后非常怀念他。为什么会这样？个人猜想，会不会与当时的水患有关。那个时代，从青藏高原边缘一路东行而来的古蜀人，虽然生产技术有所发展，工程技术却处于黎明前漫无边际的黑暗之中，在水患面前几乎没有反抗的能力。于是，川西平原上的居民被洪水逼迫频繁地迁移，好不容易建立起一座城市，却被洪水冲毁了，于是又换地方再建一座，再冲毁，再搬迁，再新建（这从对当地上古城市遗址的考古发现中可以得到印证）……生产与生活的不确定性，有可能让鱼凫族的社会组织相对松散，也给异族进入提供了更多机会。而且，史料有载，"时蜀民稀少"，一个部族人口少了，还有什么竞争力呢，接纳移民简直是必须的了。另，最后一代鱼凫王在湔山打猎时突然"仙去"，有可能是隐喻他被杜宇族突袭吗？

鳖灵族与杜宇族的融合就没那么温和了，或者可以说，

望帝像（清代）

古代春耕插秧时节，西南少数民族地区保持着祭祀望帝的习俗。（清代民俗画《开秧祭》）

是鳖灵族征服了杜宇族，这个过程充满了火药味。"禅让"是一个漂亮的隐讳说法，却保留着幽怨的尾巴："啼血"。不平则鸣，死不瞑目，灵魂化作小鸟一直叫一直叫，叫出血来也不肯闭嘴，那是怎样的仇怨啊。这不得不让我们联想到炎帝的小女儿、那个衔着树枝去填东海的精卫。恨有多深，抗议就有多执著。

望帝的禅让原因，还有另一个香艳的版本：鳖灵是杜宇的臣子，在他外出治水期间，杜宇跟他的妻子发生了婚外情。统治者霸占臣属媳妇这件事呢，也许不妨叫作"组织内通奸"，其实是可大可小的：放到唐明皇身上，儿媳妇入宫封妃就是，父子照常行天伦；放到爱新觉罗·福临身上，弟媳妇抢过来就是，兄弟自行了断；可是放到董卓身上，却赔了貂蝉、折了老命；放到杜宇身上，后果也异常严重。婚外情被鳖灵发现后，杜宇很羞惭，觉得没脸混了，就逃到山上隐居起来，忧愤而亡。偷情不成蚀了王位，所以心里幽怨啊，愤恨啊。"望帝春心"之"春"，不仅是播种的春天，大概也指春情。

当然，对于这个香艳版的故事，我是不大信的。因为拿不正当男女关系来污名化一个前领导人,也算吾国历史悠久的"古法传承"。这样,取而代之的新领袖鳖灵被塑造成一个光明的复仇者/抱屈者形象,他所做的一切是顺天承运、痛起沉疴,具有了道义上的合法性。

杜宇"教民务农",听起来有点怪,因为古蜀人早在岷山深处就掌握了高超的农耕技术。不过结合当时气候条件看,川西平原时不时变成水乡泽国,人民都化作鱼鹰、改当渔民了,古老的山耕技术倒真的有可能退化。杜宇族据考可能来自古代滇民或百濮[1]等,都属于农耕民族。他们重新教会已经渔民化的蜀人转回农耕,是很有可能的。

从神话的角度看,杜宇和梁利均可视为神。杜宇是天上的鸟神(司耕作)或者鸟形的农业神,梁利则可能是井水神。大杜鹃(布谷鸟)催人遵守农时,井水保障农耕条件,都属于农业系统。所以,柏濩、鱼凫、杜宇三帝虽然都是鸟神,但所对应的生产生活状态是不同的。

杜宇更名蒲卑,如果真有其事,以及如果蒲卑真的是一种鱼鹰,那我以为这是杜宇入乡之初的随俗变通:想要征服渔民,就先将自己改造成一只鱼鹰取得身份认同。不过,他的时代是农耕时代,相比之下还是布谷更贴合真身。杜宇在其治世的一头一尾跨越两个鸟的品种,似乎隐含了古蜀部落那一百年间的世事变迁。

关于杜宇从天而降云云,在古文记载的断句上一直有争议,导致了理解的歧义,就不细掰了。我比较倾向本节"原文出处"中所附的这种断句方式。

---

[1] 濮,上古时生活在西南方的部族/民族,具体分布地域有争议。百濮,许多不同濮人部族的合称。

一个鳖神接管了古蜀国

本节故事讲的是，从湖北来了只神奇的大乌龟，他抢了四川人的地盘，还当上了四川人的王……但是且慢，被抢走地盘的四川人，其实是之前抢了别人地盘的云南人。乱么？

故事

鳖灵从杜宇王手中接过统治权登位后，建立了开明王朝，自己号称"丛帝"。开明王朝的都城一开始在郫邑（pí yì，今天的郫县），后来迁到了成都。

可是鳖灵原本并不是古蜀部族的人，他是怎么来的呢？这里头可有个诡异的故事。

一个荆地（今湖北）的人叫鳖灵，有一天掉到河里淹死了，可是当地人到处找他的遗体都找不到。原来，他的身子逆着江水来到了郫邑。

一到郫邑，鳖灵就活了，从水里走出来上了岸。这么看来，他其实根本就没有死，大概只是施展了闭气神功在休眠吧。而且，他能够逆着汹涌的江水往上游，说明他的水性非常高超，再联系他的名字"鳖灵"，这下我们发现了他的真身：他就是一个来自荆楚水乡的鳖神或者鳖精嘛。

此时的蜀王杜宇正在为境内的水患而头疼，听说有这么个神奇的人，就立刻召来询问。鳖灵在望帝面前连说带比画，充分展示了自己对水性的熟悉、过往的治水经验和未来的治水构思。望帝非常高兴，任命他负责治水。

鳖灵果然有本事，他带领人们打通了玉垒山，清理了金堂峡等地的淤积，将上游泛滥的岷江水和沱江水安然引导向下游。很长一段时间内，蜀中的人们再也不用经受水患的困扰，可以安心生产和生活了。所以人们说："鳖灵首开宝瓶口，李冰不过后来人。"今天，在郫县附近还有"鳖灵峡"。

原文出处

《全上古三代秦汉三国六朝文·蜀王本纪》："……荆有一人，名鳖灵，其尸亡去，荆人求之不得。鳖灵尸随江水上至郫，遂活，与望帝相见。望帝以鳖灵为相。时玉山出水，若尧之洪水。望帝不能治，使鳖灵决玉山，民得安处。鳖灵治水去后，望帝与其妻通。惭愧，自以德薄不如鳖灵，乃委国授之而去，如尧之禅舜。鳖灵即位，号曰开明帝。帝生卢保，亦号开明。望帝去时子鴂（规）鸣，故蜀人悲子鴂鸣而思望帝。"

《华阳国志·序志》："荆人鳖灵死，尸化西上，后为蜀帝。"

《后汉书·张衡列传》中张衡《思玄赋》："鳖令殪而尸亡兮，取蜀禅而引世。"唐李贤注："鳖令，蜀王名也。令音灵。殪，死也。禅，传位也。引，长也。"

所以鳖灵能当上蜀主，也是靠了自己的真本事。古蜀国在他的治理下继续发展，迎来了繁荣昌盛的好时代。开明一世鳖灵后来生了个儿子，叫作卢保，这就是开明二世。开明王朝往下一直传了十二世，前后三百多年，直到战国时期被秦惠文王所灭。

从此，古蜀国消失了，蜀地蜀民都加入到中原的文化大家庭中。

关于古蜀国是怎样灭亡的，这里还有个悲壮的故事，下节再叙。

掰书君曰

古蜀居民真是悲摧。先是最早的土著被西边岷山来的蚕丛族征服了，然后蚕丛族发展到鱼凫族，又被云南来的杜宇族征服了。后来，杜宇族又被湖北来的鳖灵族征服了。最后，鳖灵族被陕西来的秦始皇他们家族给灭了……

统一了就太平了吗？沿着时间线向后展望，刘璋、刘备、诸葛亮、王衍、孟昶、王小波、李顺、张献忠、白莲教、刘文辉、刘湘……一大波豪强正走在投胎做人的道路上，准备到蜀地大大折腾一番。

鳖灵的"尸化复生"，可能隐喻鳖灵部族在荆楚的地方战争中落败后，装死向西南潜逃入川，并寻机崛起的过程。但是关于那场荆楚之地的战争，我们却没有更多的资料可以追溯，只能靠想象力补位了。

当初鳖灵族逃难到四川，靠治水的本事在杜宇王治下混饭吃，这是合理的。但是鳖灵族本来就是亡命部族、战斗部族，肯定不愿久居人下。尤其遇到杜宇王这么个号称仁爱的农业首领，不伺机夺权简直对不起湘楚人的彪悍血缘。杜宇与鳖灵的夺妻大战，隐喻着杜宇族与鳖灵族最后的图穷匕见。以婚姻喻政治，这路子的神话思维咱们很熟悉的。

五丁力士与美女间谍

本节故事讲述古蜀国的结束。当然，比起早已失落的那些上古文明，古蜀国算是幸运的，由于地理因素的保护，它直到战国末期才为秦惠文王所灭，彻底消失。

故事

开明王朝的末期，上天为蜀王降生了五丁力士。五丁力士是五胞胎兄弟，身形魁伟，力大无比，能够将蜀山搬移。每一代老蜀王死后，五丁力士就徒手为他们竖立一块大石头作为墓碑，号称石笋，又叫石井。每块石笋都有三丈长、千钧重，上千人一起用力也不能移动，五丁力士却可以不依靠任何工具、只用手就轻松地将它竖立起来，可见他们的力量有多么伟大。蜀人有了他们的保护，就安安稳稳地在古蜀国中过着自己美好太平的日子。

到了战国秦惠文王的时候，秦想吞并蜀国，却找不到路途入蜀，就让人雕刻了五头大石牛放在秦蜀交界一带的大山下，在它们的屁股后面放置了金子。路过的蜀人发现了，认为这是些能够拉出金子的神牛，赶紧向蜀王汇报。

蜀王一听有这等好事，大喜，命令五丁力士去把石牛拖回来。于是五丁力士一人拖住一头石牛，将它们从秦蜀边境的大山底下一直拖到了成都的蜀王宫。石牛拖曳过处的地面就此形成了一条道路，被人们称为石牛道。由秦入蜀的道路就这样被打通了。

可是五丁力士还在，秦惠文王还是不敢贸然进攻。他听说蜀王好色，就从秦地挑选了五个美女，说要送给蜀王。蜀王听了再次大喜，命令五丁力士去迎接这些美女。

五丁力士迎到了五位美女，带着队伍往回走。走到梓潼附近，忽然看见一条巨蛇钻进了山洞。巨蛇是很危险的，必须在它发难伤人之前干掉它。于是他们将五女和随从队伍留在山下，飞奔上山追蛇。

一个力士抓住了大蛇的尾巴，大声疾呼，让其他的兄弟来帮忙。

巨蛇的力量很大，仿佛在山洞里扎了根似的，半天拔不动。五丁力士喊着号子合力一拽，忽然惊天动地一阵巨响，大山崩塌了。

被埋在山洞边的五丁力士此时仍旧牢记自己的使命，用脚踏住蛇的身子大声呼喊，可能是要警告五个美女和她们的随从队伍吧。五女和随从听到五丁力士的呼喊，急忙上山来看。一霎时，所有的人都化作了石头，而大山分成了五个山岭。

蜀王闻听这个消息很悲痛，可是他最悲痛的是没有娶到五个美人，至于五丁力士的死亡倒在其次。他亲自登上出事的山地哀悼，将五岭命名为"五妇冢"，将山顶上一块平石命名为"思妻台"。

蜀王待五丁力士如此薄情寡义，蜀人实在看不下去了，私下又将五岭叫作"五丁冢"。

五丁力士死了，秦王对蜀国再也没有忌讳了，于是遣派张仪、司马错领兵从石牛道攻伐蜀国。蜀王战败被杀，古蜀国就此被彻底消灭，纳入了秦国版图。

"地崩山摧壮士死，然后天梯石栈相钩连。"（李白《蜀道难》中以五丁力士开山典故入诗，日本宽政五年[1793]刻本《唐诗选画本》）

原文出处

《华阳国志·蜀志》："时蜀有五丁力士，能移山，举万钧。每王薨，辄立大石，长三丈，重千钧，为墓志。今石笋是也。号曰笋里。……周显王之世，蜀王有褒汉之地。因猎谷中，与秦惠王遇。惠王以金一笥遗蜀王。王报珍玩之物，物化为土。惠王怒。群臣贺曰："天奉我矣！王将得蜀土地。"惠王喜。乃作石牛五头，朝泻金其后，曰"牛便金"。有养卒百人。蜀人悦之，使使请石牛，惠王许之。乃遣五丁迎石牛。既不便金，怒遣还之。乃嘲秦人曰："东方牧犊儿。"秦人笑之，曰："吾虽牧犊，当得蜀也。"……惠王知蜀王好色，许嫁五女于蜀。蜀遣五丁迎之。还到梓潼，见一大蛇入穴中。一人揽其尾，掣之，不禁。至五人相助，大呼曳蛇。山崩，时压杀五人及秦五女，并将从，而山分为五岭。直顶上有平石。蜀王痛伤，乃登之。因命曰五妇冢山。川平石上为望妇堠。作思妻台。今其山，或名五丁冢。"

《刘子·贪爱》："昔蜀侯性贪，秦惠王闻而欲伐之。山涧峻险，兵路不通。乃琢石为牛，多与金，日置牛后，号牛粪。言以遗蜀侯。蜀侯贪之，乃斩山填谷，使五丁力士以迎石牛，秦人师随后，而至灭国亡身，为天下所笑。以贪小利失其大利也。"

《雍大记》："（五丁峡）连云叠嶂，壁立数百仞，幽邃逼窄，仅容一人一骑；乱石嵯峨，洞水湍激，为蜀道之最险。"

《雍大记·考迹》："金牛峡，又名五丁峡，在沔县西南一百七十里。峡下旧有通秦乡。景泰二年四月初十日，大理寺丞河东薛瑄奉使过五丁峡。序云，蜀在禹贡为华阳黑水梁州之域，是其道通中国也久矣。世传惠王以金牛诈蜀，使五丁力士开此峡，皆缪妄不稽。"

掰书君曰

五丁力士的故事发生在开明王朝的末代，可以算作古蜀神话的最后篇章吧。从蚕丛、柏濩、鱼凫一直到杜宇、开明，辗转延续了上千年（或数千年？）的古蜀国就此消失了。此后历朝历代政权分合中出现的蜀国都是新的蜀国，是与中原及其他文明更充分混融之后的文明，再也不是那个眼珠子自带望远镜筒的蚕丛大王所开启的蜀国了。

石牛粪金的故事，很容易让人联想到古希腊神话中的木马计。木马与石牛虽然功用不同、外形各异，就实质而言倒颇为相近，都是对峙中的一方借以深入敌方腹心的介质。

作为末代之君的开明王具有两个典型的败家子特点：贪财，好色。而作为对手的秦惠文王，其吞蜀事业则有两大障碍：道路，力士。秦惠文王针对蜀王贪财的特点以石牛计解决了道路问题，针对蜀王好色的特点以美人计解决了力士问题。当然这美人计是个间接的美人计，美人既不是刺客，也不是蛊惑君王的妖魅，而只相当于一味"药引子"。真正的杀手是巨蛇，美人在这里也是懵懂的牺牲品。

关于这个美人计的设计到底是怎样的原理，实在值得多掰两句。在我看来，可以有三种解释：

第一，秦惠文王原本的计划真的是美人计。他打算给蜀王送去五个妖姬组合（类似于妹喜＋妲己＋褒姒＋骊姬＋西施的超强女间谍团购优惠装），靠她们拖住蜀王的后腿，让这败家子不理政事，将厚重的家当一败到底，直到败成空壳，再给他致命的一击。

第二，秦惠文王实施的其实是釜底抽薪之计。这五位美女，不是给蜀王准备的，倒是替五丁力士准备的（不然为什么费老鼻子劲儿找齐五个呢）。五女怀有在路途上色诱五丁力士的绝密使命。一旦诱惑成功，她们将与力士们一同远走高飞，类似于后来被徐福带走的五百童男童女一样。

第三，秦惠文王实施的其实是反间计。与第二条猜想一样，五女是为五士准备的，然而她们的颜值有高低，性格有差异，她们的责任就是要让自己在五士之间的分配不平衡，挑起雄性之间的战争。当然，这对女士们的个体

五丁力士与美女间谍

素质要求更高，得像凤仪亭里的貂蝉姑娘一样，有本事将原本打算接受现实、息事宁人的男士们拨弄得赌咒发誓"今生不能以汝为妻，非英雄也！"不过，如果是这个目的，我觉得秦惠文王更应该好好学习一下晏子先生的"二桃杀三士"，只派四个美女来，因为差额选举从来都是挑拨是非的必杀技，更保险、更容易出成果。尽管如此，这仍然是一条高明的反间计：就算路途上挑拨不成也没关系，只要成功留情，将来有的是策反机会；就算不能色诱全体五人也没关系，只要挑唆动其中两三个，就会造成五丁团队的撕裂，早晚达到目的。

窃以为，以上二、三条都是极经济的计策，一旦在隐蔽战线上无声无息剪除王之羽翼、斩断国之肱股、颠覆国之栋梁，则摧枯拉朽吞并古蜀指日可待矣。写到这里我好佩服秦惠文王的智商，也好佩服五女的情商，一个发生在古蜀国末代王朝的谍战片，尚未上映就已经让人感受到了那蠢蠢欲动的钩心斗角，那暗雷满天的神机妙算，那凄婉凌厉的腥风血雨。

然而，这一切智商情商的真人秀都因为一条巨蛇的出现泡了汤。

巨蛇的出现颇为蹊跷，对此我想出了两个解释：

第一，此乃天命也。梓潼位于秦蜀两地的界山余脉处，蜀山自古多蛇，天意必亡古蜀，所以在此处安排了大蛇钻洞，安排了力士追蛇拔蛇导致山体塌方自埋，安排了诸人"化石"的神奇情节，这些非常态动感元素的集中出现，似乎是天意对这一结局的首肯和盖棺论定。

第二，此乃巫术也。巨蛇可能是敌方（秦王国）针对五丁力士"爱炫耀""好征服"的英雄心理而幻化出来的——想想吧，他们曾经立"石笋"向世人夸示力量。就像在猫面前放置的毛毛球，在狗面前放置的肉骨头，施术者深知，五丁力士难以抗拒自己内心"去干掉巨蛇"的诱惑和冲动。联系到秦人是伯益的后裔，而伯益是东夷的后裔，而同为东夷后裔的殷人尚鬼重巫，我们说秦惠文王对五丁力士玩了一把大巫术，也不是没有可能。

巴蛇（明代胡文焕编《山海经图本》）

最后说说力士的形象。与早期神话中蠢萌的巨灵神形象相比，在这个故事中，力士的形象已不是神，而是拥有神奇本领的人类英雄了。它保留了一些较早传说的粗拙可爱，比如立石笋、揪蛇尾的情节，来体现大力士们作为赳赳武夫的好勇斗狠的天性。

关于石牛，还有一些前情或异文没有写到故事里，本节的"原文出处"略附一二供了解。

上一个单元咱们聊了古巴蜀诸神，聊到了荆地的鳖神鳖灵如何进入古蜀地，并建立开明王朝的故事。紧接着在本单元，咱们就聊聊鳖灵的故乡荆楚之地的神吧。楚神比较芜杂。本单元的前五个故事取材自《九歌》，一般认为，《九歌》中的神祇是当时楚国民间实际祭祀的神祇，只不过屈原大夫进行了整理（就是"美图加工"过了）。本单元后两个故事取材自其他的历史和考古资料。

第九单元

南楚诸神

东皇太一：崇高而神秘

荆地，属于广义上的楚国。楚国是很大的一个地盘，全盛时包括了今天的湖北、湖南、重庆、贵州、河南、江苏、江西、安徽、浙江等诸多省份的大片地区。本节讲南楚的最高神。南楚主要是荆湘，区别于东楚（吴越等地）、西楚（淮汝等地）。

故事

南楚的最高神叫作东皇太一。就像中原的最高天帝一样，东皇太一是楚国统领一切天神的神主，在神界地位最为尊贵。太一又作太乙、泰一，称太帝或泰帝，祂在天幕上的化身就是北极星，居住在紫微垣所在的帝宫中，神秘莫测。所有的星官都拱卫着祂，所有的星辰都围绕祂旋转。

每年的年初元日，楚国人都要隆重地祭祀东皇太一。主祭的巫师腰间佩戴着修长的宝剑和华丽的玉琮，剑与玉轻轻相碰，发出铿锵清亮的声音。祭祀的神宫地面上铺着香草编织成的衬席，席上铺陈着世间罕见的美玉，宫中装饰着火红而芬芳的大蕝（花）。人们向东皇太一供奉的，是用兰蕙蒸肉做成的香酱，以及用月桂屠苏酿成的酒浆。在人们有节奏的挥槌拍鼓声中，在竽瑟伴奏的高唱中，身穿鲜艳服装的巫师翩跹起舞，整个神宫光彩流溢，异香满堂。

古楚人用这种最高规格的祭祀，表达他们对最高神东皇太一的虔诚信仰。

如果东皇太一对这祭礼感到满意的话，祂就会降到人间，附灵在巫师身上，通过巫师之口发出自己的指示。

东皇太一 七小 绘

原文出处

《楚辞·九歌·东皇太一》："吉日兮辰良，穆将愉兮上皇。抚长剑兮玉珥，璆锵鸣兮琳琅。瑶席兮玉瑱，盍将把兮琼芳。蕙肴蒸兮兰藉，奠桂酒兮椒浆。扬枹兮拊鼓，□□□兮□□（这里□表示缺字）疏缓节兮安歌，陈竽瑟兮浩倡。灵偃蹇兮姣服，芳菲菲兮满堂。五音纷兮繁会，君欣欣兮乐康。"

《汉书·郊祀志》："天神贵者泰一，泰一佐曰五帝。"

《楚辞补注·九歌·东皇太一》题下五臣注："太一，星名，天之尊神，祠在楚东，以配东帝，故云东皇。"

掰书君曰

楚人是一个十分注重仪式的民族／人群，尤其在敬神、娱神、降神的过程中，仪式感带来的肃穆庄严与参与感带来的骚动冲击构成强大的张力贯穿始终。利奇说仪式是社会结构的象征或隐喻，楚人的仪式正是与捆绑其上的神话一起，为我们探索其时的人间秩序提供了一体两面的鲜丽图卷。

"东皇太一"到底是谁，这公案扯了两千年也没扯清楚。

这位神祇之名，仅见于屈原的《九歌》，不见于中原，也不见于南楚其他神谱。准确地说，祂是南楚的最高神"之一"。最高就最高，怎么又"之一"呢？就是因为在其他的文献中，我们看到除了"东皇太一"或"太一"，楚人又有以伏羲为创世神即最高神的。太一与伏羲，显然是两个不同系统的神，谁该占据最高宝座呢？冲突了。

太一与伏羲在楚地神系中的地位冲突，体现了楚当时中原文化与荆蛮文化并存的现实，是二者反复纠缠、撕扯、融合的体现和结果。

先说"太一"。

东皇太一,词根是"太一",概念其实来自中原。"太一"具有多重复合语义:第一,指太一神,在 5+1 模式中是高于五帝的最高神,在 4+1 模式中等于中央天帝黄帝;第二,指太一星(或作"太乙星"),为帝星(多数时候等于北极星);第三,指宇宙的元初状态,约等于"混沌",是在"无"之后的"一";第四,指道家的"道",整个宇宙的"玄牝之门"。

以上这些义项彼此相通,都来自"元初""根本""最高"之义。所以,太一神=北极星=中央天帝=太=太帝=泰帝。关于北极星在实际星空中的对应问题有点复杂,与千万年来恒星在天球上的位置关系变化有关,这里就不细掰了。

"太一"好解,学界纠缠最多的是"东皇"二字,因为"东"字出现得有点没着没落的。楚王室先祖、商末的鬻(yù)熊来自中原,与楚地原住民

东皇太一(元代张渥《九歌图》)

东皇太一（元代赵孟頫《赵松雪九歌图》）

等混融而成楚人，与中原一向多有文化交流。到了战国时代，邹衍以四季配五行、五方、五色、五帝、五神等的思想，在楚地也应该有所传播。那么，"东皇"有没有可能指东方天帝太皞呢？我想，就算是指太皞，也至少不是五帝系统中的太皞。因为太皞在五帝系统里是偏神，地位肯定不可能超过黄帝成为最高神。只有当祂是独立的东方系统中那个事迹失落、只留姓名的最高神太皞时，才有可能匹配上"太一"的地位。

东皇太一：崇高而神秘

"吉日兮辰良,穆将愉兮上皇;抚长剑兮玉珥,璆锵鸣兮琳琅。"
(《九歌·东皇太一》,四库本《钦定补绘萧云从离骚全图》)

东皇太一（明代陈洪绶《九歌图》）

    很多学人解释过"东"的来历。有人说,"东"来自祭祀所在的方位（王逸注《楚辞》："太一,星名,天之尊神。祀在楚东,以配东帝,故云东皇"）；还有人说,"东"可能指他们的祖先所来的方向（楚人部分来自东夷）,这倒是与上面提及的"太皞说"相吻合；也有人说,"东"可能源于日出的方向,因为楚人以祝融为祖先,祝融是火神、太阳神,所以楚人崇拜太阳……；也有人说,"东"可训为"重",转训为"申",再转为"神",所以"东皇"等于"神皇",这样就与"太一"的地位匹配了（何新）。……种种说法,聊备得闲时烧脑。

    "东皇太一"真的是屈原时代楚国人所实际祭祀着的神吗？抑或只是屈原进行民间宗教改革的鼓吹？个人以为,楚人祭祀"太一神"这个行为肯定是有的,宋玉在《高唐赋》里有"醮诸神,礼太一"之语,楚简和楚帛中也印证了"太一"的崇奉实践；但"东皇太一"这个名目,则可能是屈原的改革和创新,加个定语"东皇",也许是为了强调其地位的尊崇。

"拿起鼓槌打起鼓,徐徐唱歌慢慢舞。鼓瑟吹竽声悠扬,美貌妖娆,衣裳楚楚。香啊香,香满堂。满堂乐器会宫商,你高兴我们喜洋洋。"——郭沫若(傅抱石绘《九歌图·东皇太一》)

楚地巫风昌炽,多淫祀,楚国的神祇谱系广大驳杂,既包括商末楚人祖先从中原带来的诸神,也杂糅荆蛮土著原有的神灵,换言之,楚国的老百姓活得神神叨叨的,甭管什么来路,听说是个神就习惯地拜祭拜祭,大概也不怎么计较内外主次。屈大夫有点看不惯了:祭祀这么严肃的事,怎么可以没有轻重秩序呢?——看,这里再次涉及了"秩序",社会需要象征性,更需要象征性背后的结构,仪式本身就是为秩序、为结构服务的。因此,屈大夫在《九歌》中,结合中原信仰和楚地神祇,重新规定了受祭的神谱,要纠正社会风气。也有人说,其实屈原就是楚国最大的神巫,不然,他何以来创作祭神组歌,来倡导宗教改革呢。我个人是很喜欢屈大夫为神巫的说法的,《九歌》里那些凄美、迷离到窒息的人神关系,很像是有过致幻通神经历之人的亲身体验。

关于楚地传说中的另一位大神伏羲的故事,与中原版的大不一样,后文将会聊到。

东皇太一:崇高而神秘

日神东君与高深莫测的云中君

本节讲的这一对儿神祇叫作"东云组合",祂们行迹神秘,关系暧昧。尤其是云中君,两千多年来雌雄莫测、职司莫辨……

故事

楚国的太阳神叫作东君,这个名字很好理解,因为太阳每天从东边升起,祂是东方能够呈现给人们的最伟大的天体。

每个晨星皎皎的黎明,东君穿上青云和白霓做成的衣裳,在高高的扶桑树那里登上龙车,携带着雷霆神力横跨长空。五彩的云霞绚烂迤逦,正是祂出行的万千旌旗。在东君身下的大地上,楚国的人民击鼓奏乐,高歌狂舞,向日神献上他们虔诚的膜拜和赞美。

东君在天空巡视一圈后,黄昏来临了。完成了一天工作的东君并不休息,祂从天幕上取下巨弓和长箭,射向引起下方战火的天狼星。然后又摘下北斗星勺,用它舀起桂花酒痛饮一番。最后,祂才握紧缰绳驾车飞翔,在冥冥的夜色中悄然奔回东方。

东君在天上的伙伴,是云中君。云中君,就是居住在云里的神灵。

云中君是一位高冷美貌的神祇,有人说祂是男神,也有人说祂是女神。每天出场之前,祂都会用兰花香汤沐浴,然后穿上比鲜花还要华丽的衣裳。祂在云端缱绻逗留,焕发出无边无际的昭昭神光。祂在云中的宫殿是那么金碧辉煌,甚至可以与日月同光。祂常常驾着龙车离开自己的宫殿,在漫漫长空随意地游荡。有时候,祂会突然降临到人间,附灵在巫觋的身上,然后又突然离开,只给地上的人们留下深深的惆怅。

有人说,东君和云中君在天神中是一对儿。

"青云袍子白霓裳,手挽长箭射天狼。我拿着雕弓往西降,举起北斗酌酒浆,酒中桂花香。我抓紧辔头在天上,迷迷茫茫又跑向东方。"——郭沫若(傅抱石《九歌图·东君》)

"云神放辉光,比赛得太阴和太阳。坐在龙车上,身穿着五彩的衣裳。她要往空中翱翔,游览四方。"——郭沫若(傅抱石《九歌图·云中君》)

掰书君曰

东君是日神,这个自古没有异议。古楚人的日神出发之处,仍旧是扶桑树,这大概应该视作是不同族源神话混融的结果。其实我们并不知道最早楚地土著的信仰里,太阳神的具体形貌和事迹是怎样的,祂的出发地是树还是山。比如,《山海经·大荒东经》里提到了"日月所出山"大言、合虚等,显然跟扶桑树那套故事里的旸谷、咸池等不属于同一个系统,说明在上古不同族源的先民心目中,太阳并不单单可以从树上出来,也可以从山后(或者别的地方)出来。而且窃以为,以山为日出之所的民族未必是少数,这全要看当时这个民族所生存的地理环境是平原还是高岭,是山多还是树多,是树压山,还是山压树……

原文出处

《楚辞·九歌·东君》:"暾将出兮东方,照吾槛兮扶桑,抚余马兮安驱,夜皎皎兮既明,驾龙辀兮乘雷,载云旗兮委蛇,长太息兮将上,心低徊兮顾怀;羌声色兮娱人,观者憺兮忘归;縆瑟兮交鼓,箫钟兮瑶簴。"

《楚辞·九歌·云中君》:"浴兰汤兮沐芳,华采衣兮若英;灵连蜷兮既留,烂昭昭兮未央,蹇将憺兮寿宫,与日月兮齐光;龙驾兮帝服,聊翱游兮周章;灵皇皇兮既降,猋远举兮云中;览冀州兮有余,横四海兮焉穷,思夫君兮太息,极劳心兮忡忡。"

日神东君与高深莫测的云中君

东君（[传]北宋李公麟《九歌图卷》）

东君（元代张渥《九歌图》）

　　射天狼这个画面真是壮美极了。天狼星的视星等[1]约为 -1.46，是全天最明亮的恒星，这一亮度凸显了它的跋扈和凶险，古人譬之以狼，大有深意，因为这正是当时环伺于国土周围、随时准备进行入侵战的异族在他们心目中的形象。在分野理论中，因为天狼星在东井星附近，而东井星的分野为秦，所以天狼星正是楚地西北方强敌秦国的象征。联系到屈原大夫的身世和结局，你可以想象强秦在他的心目中是怎样可恨的一种存在，他让日神东君去射杀天狼星，又包含着多么深沉的家国之情。

　　东君所操的长矢，可不是随随便便佩戴在身上的神箭神矢。事实上，它

---

[1] 视星等，指观测者用肉眼所看到的星体亮度。视星等的数值越小亮度越高，反之越暗。比如太阳的视星等大致是 −26.70（因不同观测条件下有差异，下同），天狼星的是 −1.46，织女星的是 0.03，北极星的是 2.02。

是天狼星东南方的弧矢星官[1]。古人在天狼星的旁边设置弓箭，就是为了镇住天狼星，当然，从神话的角度，我们可以说是为了东君射天狼的方便。

我们知道紫微垣中的天床、天厨等星都是给天帝（太一）准备的东西，我们还知道北斗星既被视为帝车，也被视为勺子。这里不说车子，单说勺子。那么大一把勺子横陈在夜空中，总得有谁去用吧。了解了东君的神迹后，现在我们知道北斗星勺是留给谁用的了。想象一下，在深黑的夜空中，有一个神将我们芸芸众生素来仰视敬畏的重重星团抚弄于股掌之间，祂随行随止，俯仰笑傲，满天星宿不过是祂随手取用的工具与器皿，那是怎样经天纬地、壮阔雄浑的气魄！

拿南楚太阳神话对比东夷太阳神话，我们发现二者有不少差异。第一，本体差异：南楚神话里，东君等同于太阳本身，球状天体与人形神是合体的，而东夷神话里，羲和与太阳是分体的，羲和可以操控太阳，但并不等于天体本身；第二，出行方式差异：东君是"自驾"出行，神车合一，如臂使指，而东夷的太阳儿子们则须由日母驾车率领，像是坐在旅游大巴上游车河；第三，神格差异：东君履行使命按部就班，射敌干脆，饮酒潇洒，神格成熟稳定，而东夷的太阳儿子们离不开母亲照拂，偶尔看管不严就要出来闹事，感觉是一批"未成年的神"，是难得的"童年神"的形象。

东君的一日游自驾路线，放到星空背景下，就是苍龙、朱雀、白虎、玄武四象，是角亢氐房心尾箕等二十八宿。这

东君（明代陈洪绶《九歌图》）

---

[1] 弧矢是中国古代星官之一，属于二十八宿的井宿，其几颗主要亮星构成的图形，看上去很像箭在弓弦上即将射出的样子。

"驾龙辀兮乘雷,载云旗兮委蛇"(《九歌·东君》,四库本《钦定补绘萧云从离骚全图》)

云中君(元代赵孟頫《赵松雪九歌图》)

虎踞龙盘的途中风光,让我们联想到奥维德《变形记》里日神对儿子法厄同说,太阳车一路将会遭遇"带角的雄牛"(金牛座)、"弓箭手"(射手座)、"张牙舞爪的狮子"(狮子座)、"腿爪伸向两方的螃蟹"(巨蟹座)等凶险的对手。看来中西的天体神话,都建立在古人对星座、星空的长期观测结果之上。

现在来聊聊云中君吧。

云中君是什么神?有人说祂是云神,也有人说祂是月神、雷神、闪电之神、云梦泽[1]之神、星神(岁星、轩辕星[2])等等,千百年来大家争论不休,到现在都没有定论。我个人观点在云神、星神与雷电之神这几个选项中徘徊,

---

[1] 云梦泽,我国湖北省江汉平原上的古代湖泊群的总称。
[2] 岁星,即木星的中国古称。轩辕星官,在南方朱雀的"星宿"上方,太微垣的西边,共有17颗大星,其中轩辕十四最亮,常作为"轩辕星"的代表。

云中君(元代张渥《九歌图》)

而更倾向于雷电神。

关于云神。楚地云量较多,在数千年前的气候条件下,云量有可能比现在更大,那么云就会成为古楚人生活中非常重要的一种自然因素,人们为它赋予非常高的神格,也就是有可能的。但要说云能够"与日月兮齐光",哪怕是超级火烧云,感觉都不那么到位。

关于某星神。所谓三光日月星,能"与日月兮齐光"的,星辰是首选。无论如何,星光是自体光,云彩是反射光,上古的楚人再呆萌,也分得清两种光源的差异。自己能发光,比只会反射别家的光芒,好歹高级那么一点。而且,就星辰在祭祀中的地位而言,也似乎比云更靠近"太一"这个领导核心。

不过,无论云中君是云还是星,为什么祂会占据比月亮更重要的位置?就算会有云遮月,风不是还能吹散云,风神为什么没有得到这样崇高的地

"浴兰汤兮沐芳，华采衣兮若英。"（《九歌·云中君》，四库本《钦定补绘萧云从离骚全图》）

云中君（明代陈洪绶《九歌图》）

位？雨不是还能滋润万物，雨神为什么不受主祭？雷电不是能撕裂苍穹，雷神为什么不入列？无论如何，雷电风雨，都是更能直接影响上古生民生活实际的气候现象。

关于雷电神。与云神和星神相比，我以为雷电神之说要更靠谱些。闪电的光芒强度很高，尤其那种惊天霹雳，完全当得起"与日月兮齐光"的赞誉。此外，从云中君出行的动静、车驾、服装来看，似乎也很符合雷电之神的威仪。

通常认为《九歌》里的神灵大多成组出现，这个"东云组合"就是其中一对。问题是，雷神与日神怎么配到了一起？理论上，日神应该与月神组合啊。综观《九歌》，我们发现其祭祀的天神谱里并没有月神——云中君肯定不是月神，否则怎么解释"与日月兮齐光"，对不对？其实依我看，也不必非给神祇们挨个儿配对，能配上固然好，配不上，就要允许孤神存在。而且我以为，《九歌》其实是屈大夫对楚地神话进行整理的一个阶段性结果。楚地神很多，《九歌》面世之际，他的工作可能还在进行中，还没有完结。

总而言之，在《九歌》所呈现的神祇体系中，云中君是一个等级非常高的神，祂对于古楚人一定有着非同一般的意义，否则祂不会被单列出来歌颂祭祀。在天体神、气象神的猜测之外，祖先神、历法神、司福寿禄之神……也是有些道理的选项。

恋爱中的湘水之神

本节讲个发生在湘江之中或之上的、酸爽宜人的爱情故事。这两个处于恋爱中的文艺男女神啊,也真够让人替他们操心的了……

故事

楚国最大的河流是湘江,湘江有一男一女两位神,男神叫作湘君,女神叫作湘夫人。

也许是各有分工的缘故,湘君和湘夫人并不经常在一起,可是这丝毫不会妨碍他们的感情发展。于是,在渺渺楚天之下,在烁烁碧波之上,湘君与湘夫人相爱了。

他们约定,要在北渚——也就是湘江北岸的沙洲上——相见,共结连理。

到了那天,湘夫人精心打扮了自己,驾驶着桂舟去赴约。她想来是逆水而行,为了更快更顺利地到达,她甚至命令沅湘之水无波安流。可是当她满怀爱恋抵达北渚,却根本没有见到湘君的影子。

失望的湘夫人便驾着兰舟北上去寻找湘君,一直来到了美丽的洞庭湖。

就在湘夫人北上后不久,湘君如约来到了北渚。他极目远眺不见佳人,只有萧瑟秋风中的落叶回应着他的惆怅和恍惚。

悠长的湘水和苍茫的洞庭隔开了这一对恋爱中的神灵。他们四下寻觅着爱人的踪迹,幻想着在那用薜荔、兰蕙、香荪、翠荷、紫贝等繁花香草筑成的婚房中,他们将会共度怎样甜蜜的时刻。

可是光阴飞逝,从清晨等到日暮,从夜深等到黎明,心上人却根本没有半点音讯。说好的婚期呢?说好的长相厮守呢?

原来诺言可以随意践踏,忠诚根本不名一文。思念和怨恨的苦泪漫过他

湘君与湘夫人　七小绘

们的脸庞，他们不约而同地把以前对方送给自己的玉佩、衣裳等信物褪下来，扔进了湘江之中。

这对儿一步之差错过了约会的湘水之神，就在相距不远的地方各自苦苦煎熬着，为他们自以为已经逝去的爱情而失魂落魄。

好消息是，湘君和湘夫人最终并没有对爱情绝望。经过反复的思量，他们愿意相信对方的这次失约别有原因。岁月还长着呢，结婚？过日子？慢慢来吧。

原文出处

《楚辞·九歌·湘君》：「君不行兮夷犹，蹇谁留兮中洲？美要眇兮宜修，沛吾乘兮桂舟。令沅湘兮无波，使江水兮安流！望夫君兮未来，吹参差兮谁思？驾飞龙兮北征，邅吾道兮洞庭。薜荔柏兮蕙绸，荪桡兮兰旌。望涔阳兮极浦，横大江兮扬灵。扬灵兮未极，女婵媛兮为余太息。横流涕兮潺湲，隐思君兮陫侧。桂櫂兮兰枻，斲冰兮积雪。采薜荔兮水中，搴芙蓉兮木末。心不同兮媒劳，恩不甚兮轻绝。石濑兮浅浅，飞龙兮翩翩。交不忠兮怨长，期不信兮告余以不闲。鼌骋骛兮江皋，夕弭节兮北渚。鸟次兮屋上，水周兮堂下。捐余玦兮江中，遗余佩兮醴浦。采芳洲兮杜若，将以遗兮下女。时不可兮再得，聊逍遥兮容与。」

《楚辞·九歌·湘夫人》：「帝子降兮北渚，目眇眇兮愁予。袅袅兮秋风，洞庭波兮木叶下。白薠兮骋望，与佳期兮夕张。鸟萃兮苹中？罾何为兮木上？沅有茝兮醴有兰，思公子兮未敢言。荒忽兮远望，观流水兮潺湲。麋何食兮庭中？蛟何为兮水裔？朝驰余马兮江皋，夕济兮西澨。闻佳人兮召予，将腾驾兮偕逝。筑室兮水中，葺之兮荷盖。荪壁兮紫坛，播芳椒兮成堂。桂栋兮兰橑，辛夷楣兮药房。罔薜荔兮为帷，擗蕙櫋兮既张。白玉兮为镇，疏石兰兮为芳。芷葺兮荷屋，缭之兮杜衡。合百草兮实庭，建芳馨兮庑门。九嶷缤兮并迎，灵之来兮如云。捐余袂兮江中，遗余褋兮醴浦。搴汀洲兮杜若，将以遗兮远者。时不可兮骤得，聊逍遥兮容与。」

《山海经·中山经第五》：「洞庭之山……帝之二女居之，是常游于江渊。澧、沅之风，交潇湘之渊，是在九江之间，出入必以飘风暴雨，是多怪神，状如人而载蛇。」

帝二女（《山海经》明代蒋应镐绘图本）

掰书君曰

　　简而言之，湘君和湘夫人的故事，就是一出因时间差而引发的爱情心理悲喜剧，小打小闹，痴傻呆萌。

　　有人说屈大夫写湘君与湘夫人的爱而不得，仍然是浓浓的香草美人基情范儿，是为了以情场喻职场，影射自己在楚怀王跟前的不得志，我觉得倒也未必。人家屈大夫已经有那么多机会借美人发牢骚，难道在祭神曲里就不能单单纯纯写个爱情故事么？

　　湘水对于湖南太重要了，湘水之神在楚人心目中可不是一个区域性的地祇，而是母亲河、父亲河，是农作物生长的源泉，是近身实感的巨大存在。

　　湘水之神，既有男女一对之说，也有二女神之说。《山海经·中山经》说："洞庭之山……帝之二女居之，是常游于江渊。澧沅之风，交潇湘之渊，是在九江之间，出入必以飘风暴雨，是多怪神，状如人而载蛇。"虽没将帝女

湘君（元代赵孟頫《赵松雪九歌图》）

湘夫人（元代赵孟頫《赵松雪九歌图》）

与"怪神"直接画等号，但二者显然同属一个系统，而且似乎还是"操蛇之神"[1]的系统。湘江女神是一个还是两个？"二女"，按说是两个，不过也有人说只有一个，"二女"是"娥女"之讹（何新），考湘语今音，似也不无道理，聊备一说。

还有人说，湘君其实是女神一号，湘夫人是女神二号。虽然一般认为楚神中"君"指男性，但如果上文中提到的云中君是女神的话，以湘君为女神也不稀罕。另如"帝子""公子"这类貌似指男性的词，其实在《湘夫人》中也是指女神的嘛。

后世常将湘水二女神指为帝尧之女、帝舜之妻娥皇、女英姐妹，转而将

---

[1] 参见吴荣曾《战国汉代的"操蛇神怪"及其有关神话迷信的变异》，收录于《中国神话学文论选萃》。

恋爱中的湘水之神

《湘君湘夫人图》(明代文徵明作)

帝舜指为湘君。这可视为神话传说的流变。

现在回头来说说古湘水神的形象。我想，祂们大致就该是《中山经》里那种"出入必以飘风暴雨"的权神，无论祂（们）本身是否"状如人而载蛇"，其形貌和行事上的霸气是必须的，肯定不会是那种为了去世的丈夫终日哭哭啼啼、泪水把竹叶都腐蚀掉的小寡妇形象。

屈原所描述的湘水神，形象介于狞厉狂放的古湘水神与后世哀婉凄恻的湘妃（娥皇、女英）之间。正如我在正文故事中所展示的，他们是文艺的，纤秾的，感情丰富的，但是尚有明朗欣悦的心理底色，足以驱走布尔乔亚式的无病呻吟和哀愁。这大概也是湘楚人泼辣爽利特质所致，我看湘楚人对于湘妃故事中有关妇德的暗示和教化，也不是那么感冒。

顺便说两句帝舜。如果相信古本《竹书纪年》的记载："舜囚尧于平阳，取之帝位"，舜简直是个心机重重的厚黑学始祖（不知这是否隐喻了东夷系对炎黄系的反击），很难想象那个情窦初开、整日整夜唱着情歌、说着梦话的少年情郎湘君会等同于他。当然，《湘夫人》里有"九嶷缤兮并迎"，九嶷山是舜的葬所，这条线索又暗示二湘神与舜的传说并非毫无关联。

"我望着老远老远的岑阳，让我的魂灵，飞过大江。魂灵飞去路太长，妹妹忧愁，更为我悲伤。"——郭沫若（傅抱石《二湘图》）

恋爱中的湘水之神

湘君与湘夫人(《钦定补绘萧云从离骚全图》)

有学人说女性在古楚文化中没有地位,这是不确的。女性不仅有地位,而且地位不低,看《九歌》中湘君对湘夫人的怨念,可知两性地位至少在《九歌》所展示的神界还是很平等的。中原女神(如女娲)到楚地后也没有明显的降格。我们后文还会聊到一个荆楚女性始祖的传说,可见楚人对女性远祖的尊崇。

顺便说说《九歌》之"九"。《九歌》有十一篇,跟"九"对不上,所以有学人将"九"解为"概数""大数",那么《九歌》约等于《多篇祭神歌》,也就是说不要那么认真地去数篇目。也有将"九"解为"艽"(qiú或jiāo,郊野之义),那么《九歌》等于《郊祭之歌》。还有人从民族方言角度,认为《九歌》等于《鬼歌》,即《神歌》。这几种说法,本书都录于此供大家参考。

再顺便说一句,关于《九歌》到底是民间祭歌还是官方祭歌,历来也争论不休。我个人以为民间的意味更浓些。前文提到过,写《九歌》可能是屈大夫看不过当时民间祭祀乱象而做出的一个矫枉之举,所以里面提到的神祇很别致,在官方文献上不是全部有呼应。考以出土的墓葬楚简内容,也可看出当时贵族祭祀的对象与《九歌》诸神差异还是比较大的。

生死之神大司命

对于渺小的人类而言,死生寿夭,来自最不可索解的力量,是宇宙间最大的秘密。在南楚,这力量与秘密凝缩了,具象化到大司命身上。

故事

  大司命是生死之神,掌管人世间的寿夭。也就是说,每个人能活多少岁,完全是由他决定的。

  可是,大司命并不是一个任性的神,他不会随心所欲地决定人的寿命,而是根据万物的阴阳之理,让人们在该存在的时候诞生或逃脱灾难,在该消失的时候无可挽回地死去。他所掌握的这个道理非常艰深,世间没有人能够真正明白他的所作所为究竟有何依凭,因此人们对他总是满怀深深的敬畏。

  大司命出行的时候排场非常宏大。天宫的大门为他倏尔大开,千万层的云楼雾阁次第避退,他乘着一大团黑云出来,他的形体在黑云中若隐若现。呼啸的狂风在前面为他开辟道路,泼天的暴雨为他先行冲刷掉路途中的尘土。在他的身前和身后,无数的属神紧紧跟随。

  大司命乘着清气,驾驭着阴阳,在空中忽高忽低,盘旋翱翔,有时候他甚至乘龙直冲高天。他掠过万千的山峦丛林、江河湖海,他的灵衣在空中飞扬,玉佩随着他的飞旋叮当作响。他的神巫从人间飞到空桑之山来迎接他,追随着他雷厉风行的速度,扈从着他一起检阅世间的生灵,还为他充当上天入地的前引,相伴着他踏上觐见最高神东皇太一的天路。

  难道威严神秘的大司命心中就没有慈悲吗?当然不是。对于那些与亲爱之人分离的人,那些进入迟暮之年的老人,他会折下疏麻的花朵来安慰他们。

"天门大打开,乘着乌云出来。叫狂风在前面开道,叫暴雨为我打扫。云中君你已旋回着飞往下界,我要翻过空桑跟着你来。九州四海不少的男人和女人,是我掌握着他们的寿命。"——郭沫若(傅抱石《九歌图·大司命》)

原文出处

《楚辞·九歌·大司命》:「广开兮天门,纷吾乘兮玄云。令飘风兮先驱,使冻雨兮洒尘。君回翔兮以下,踰空桑兮从女。纷总总兮九州,何寿夭兮在予。高飞兮安翔,乘清气兮御阴阳。吾与君兮斋速,导帝之兮九坑。灵衣兮被被,玉佩兮陆离。壹阴兮壹阳,众莫知兮余所为。折疏麻兮瑶华,将以遗兮离居。老冉冉兮既极,不寖近兮愈疏。乘龙兮辚辚,高驰兮冲天。结桂枝兮延伫,羌愈思兮愁人。愁人兮奈何,愿若今兮无亏。固人命兮有当,孰离合兮可为?」

《楚辞通释》卷二:「大司命统司人之生死,而少司命则司人子嗣之有无……皆楚俗为之名而祀之。」

大司命（元代赵孟頫《赵松雪九歌图》）

大司命（明代陈洪绶《九歌图》）

人的寿命本来就是天数，他不过是天数的代言者罢了。悲欢离合，并非他刻意施降的赏罚。

扪书君曰

　　疏麻常折以赠别，慰离情。疏麻是什么植物，为什么摘下它就可以使人们得到安慰呢？王逸注："神麻也。"学界有种说法，认为疏麻就是大麻，是一种致幻剂和安慰剂。"疏麻兮瑶华"，这里的"瑶华"是指疏麻的花朵，或者指大麻折断后刚刚分泌的致幻汁液（蔡大成）。

　　大司命之所以用疏麻之花来抚慰世人生离死别的痛苦，首先自然是基于疏麻的生物学特性，让痛苦者在疏麻的香气中放松神经，就像我们现在给狂躁者打镇静剂一样。其次，也跟降神的特殊程序有关，疏麻类植物，正是巫觋们致幻以通神的介质；除了疏麻，类似的植物还有各种毒蘑菇（芝菌）、

大司命（元代张渥《九歌图》）

有毒的兰草、马桑树叶等。再次，这些致幻剂又常被巫医视为"不死药"——对死别者赠以虚幻的"不死"，这是大司命的神恩。

写到这里，请容我调皮地插句题外话，从致幻通神的角度看"香草美人"，其实我们可以对其做出这样的理解："香草美人"＝"毒品和女巫"。《九歌》里的美女都磕了药。唉唉，好讨打的发散思维。

还是说回正题。

折下疏麻之花安慰世人的，或说是大司命的女巫，因为她们跟随着大司命在天空翱翔回旋，因此也扮演了辅佐和补充行使大司命职责的角色。其实，无论这个动作是否大司命本尊所为，都可认为是大司命神格中的应有之义。威严、神秘、公正、尽责……这一切的背后，是巨眼俯瞰的极致了解，是秋毫靡遗的极致智慧，是与万民同悲的极致慈悲。一朵疏麻之花，悄无声息地塑造出大司命立体、丰满的神格，透露出他珍重深藏、不肯轻易示人的悲悯情怀。这比单纯地刻画他的威势要高明多了。

大司命的职司，相当于昆仑系的西王母，不是单管生，也不是单管死，而是生死兼顾，一个铜板的两面都归他管。后来道教给雷神也添上了这一职司（"主天之灾福，持物之权衡，掌物掌人，司生司杀。"），这大概算是最初雷神崇高威力的遗存。

中国有没有专门的生神或死神呢？的确有一些说法。《搜神记》说"南斗注生，北斗注死"，将生死的执掌分开，南斗专管生，北斗专管死。后来的东岳大帝、后土、地藏王、阎罗王、丰都大帝等等，无论源流如何，也从不同角度承担起了死神（冥神）的功能。咱们的传统文化中如此隆重地排兵布阵，安排下诸多神祇以主死事，可见，"死"比"生"可重要多了。在死亡这个"大归"结局面前，"生"显得那么无足重轻。

下一节我们将会聊到大司命的对偶神少司命（对偶倒不一定是配偶的意思，就看作神职设置的二元构架吧）。我们可以认为，在大司命的职责中更偏重于"死"，而少司命管子嗣，可以理解为"生"的源头。所以，如果在二元关系中看待这一对神灵组合，我们似乎也可以这样说：大司命是死神，而少司命是生神。

"广开兮天门，纷吾乘兮玄云。"（《九歌·大司命》，四库本《钦定补绘萧云从离骚全图》）

子嗣之神少司命

本节聊聊南楚的子嗣之神,也即前文所提的"生神"少司命。《楚辞》中关于少司命的章节,贡献了中国文学史上最动人的诗句之一:"悲莫悲兮生别离,乐莫乐兮新相知。"

故事

少司命是主管子嗣的女神,也是儿童的保护神。所有渴望生养后代的世人,所有期盼子孙健康成长的世人,都会向她求告,从她那里获得子嗣常青的允诺和保障。

秋天,正是果实累累的季节,渴望自身开花结果的人们为迎接女神的降临精心准备了祭堂。地上铺设好了青青的兰草,兰草的紫茎与绿叶交杂;能治疗女性不育之症的蘪芜,也蔓延卷曲在高堂之下,翠叶映衬着白花;整个祭堂芬芳袭人,群巫迷离。满堂巫觋为了迎接少司命的到来,早已沐浴更衣,用香草与花朵打扮了自己。

洁白的祭烟袅袅升起,少司命从高高的天空降临世间,她是那样美丽端庄,穿着荷衣,系着蕙带,浑身上下芳香馥郁。可是她神情黯淡,沉默不语,为了那些不能拥有自己孩子的世人而忧心忡忡。

在乐歌声中,少司命缓缓降临到神坛上,温柔慈悲的目光笼罩着满堂巫觋。她浑身散发着女性与母性的夺目光芒,令他们为她痴狂,为她心醉神驰。

思慕她呀,爱戴她呀,眷恋她呀,渴望她呀,愿意将一切袒呈在她的神光下,愿意将自己的身体完全交付与她,随她一同奔赴天地的边极,去享受爱情的欢愉,去摘取爱恋的果实。

每个巫觋都看到了少司命低垂的目光,每个巫觋都发现少司命看向自己的目光中有一种特殊的含义,每个巫觋都坚信,自己虽然卑微,可是满堂迎神者中,少司命最爱的只是自己。

可惜相逢的喜悦总是那么短暂,少司命略一驻神便要离开了。她与来时一样默默无语,没有任何告别的表示。她在一阵狂乱的旋风中翩然起身,云霞在她身旁变幻出分列的旗帜。

世人啊,不必为这活生生的分别而过分悲哀,也不必为新结交的知己而过分欢喜。人生际遇就是如此莫测,你们不必为我的来去而情思两极,你们所渴望的后代,就在你们自己对一次次两性邂逅的把握中。

少司命迅速消失了,只有她的神谕还久久地在巫觋心中盘桓。巫觋们依依不舍地凝望着她离去的方向,直至深夜,仍然在神坛为她值宿守护。他们知道少司命已经升到了云端。他们在心里发问:少司命啊,你在云端究竟等待谁呢?

我在等待着你,我的神巫。神堂里的每位巫觋都听到了少司命对自己一个人的回答。我要与你一同到银河中遨游,在狂风中冲浪扬波;我要与你一同到咸池里沐浴,将你的一头柔发在阳谷的岸边晒干。我在云端盼望着你,你快来吧,我的神巫。

也许是巫药耗尽,也许是时辰错过,巫觋们没有办法升上云端去响应女神的召唤。他们头顶深垂,情思迷离,恍惚中看到,在万千云幕掩映之下,少司命临风放歌,意极怅惘。

这时候,少司命真的要离去了。她坐上有着巨大而华丽的伞盖的神车飞上九天,神车上插着的翠绿旌旗猎猎作

"荷花衫子蕙花带,你忽然去,忽然又来。你晚上睡在天宫,在云端为谁等待。"——郭沫若(傅抱石《九歌图·少司命》)

手擎长剑、怀抱幼儿的少司命 七小 绘

原文出处

《楚辞·九歌·少司命》："秋兰兮麋芜，罗生兮堂下。绿叶兮素华，芳菲菲兮袭予。夫人自有兮美子，荪何以兮愁苦？秋兰兮青青，绿叶兮紫茎。满堂兮美人，忽独与余兮目成。入不言兮出不辞，乘回风兮载云旗。悲莫悲兮生别离，乐莫乐兮新相知。荷衣兮蕙带，倏而来兮忽而逝。夕宿兮帝郊，君谁须兮云之际？与女游兮九河，冲风至兮水扬波。与女沐兮咸池，晞女发兮阳之阿。望美人兮未来，临风怳兮浩歌。孔盖兮翠旍，登九天兮抚彗星。竦长剑兮拥幼艾，荪独宜兮为民正。"

响。她施展神力，将那会给人们带来不幸的彗星驱逐开去。她一手高擎长剑，一手将年幼的儿童抱在怀中，随时准备为了保卫孩子们的周全而向一切黑暗宣战。她是真正的、独一无二的生命守护神！

掰书君曰

细读《九歌·少司命》的人，一定会从那优美的词句中感到各种不搭，各种"跳"：明明是小心翼翼地迎接子嗣之神，怎么忽然转到了爱情频道？祀歌中的爱情明明写得那么专业，那么婉转深沉，有盼望，有等待，有相约，有痴守，有梦想，有失落，有欣悦，有伤感，有博爱观，有独占欲……怎么最后竟归结到"保卫儿童"这个主题去了呢？

的确，在《九歌》诸章中，除了《湘君》《湘夫人》，就数这篇《少司命》写得缠绵悱恻了。二湘之歌咱们知道，那是他们对偶神自己小酸辛小甜蜜闹着玩，可是《少司命》的缠绵所为何来？谁跟谁在缠绵、谁跟谁在爱恋呢？

我以为，这是人与神之爱，或者说，神与巫觋之爱。那么问题来了：神与巫觋谈恋爱，跟人类的子嗣有什么关系呢？

我的看法：这可能暗示着某种顺势巫术（模拟巫术），或者至少是这一巫术思维的反映。那个时代的人早已知道繁殖后代与男女交接的关系，世人求子，虽说免不了心怀神赐麟儿的奢望，但总还是明白要把基础准备做足，包括两性关系，包括服用蘼芜之类治疗不孕不育症的药草等等。在物质基础打牢之后，无子者剩下的希望，就是神灵的引导和恩赐了。在这样的情况下，神与巫觋的爱恋其实是一种示范，一种引导，一种替代性满足，一种对求子者生殖前过程的模拟。就像祈雨仪式、祈丰收仪式等等，神与巫觋的交合完全是在"抓革命促生产"的良好愿望下进行的，其结果也应该是具有普适性和指导意义的，是美好的，是正向的。

很显然，这是一种经过了多重文饰的模拟巫术，以至于我们差点忘掉这一巫术的本来面目有多么的原始和坦诚。在南楚香草鲜花的神堂里，在楚国大夫美轮美奂的描述中，肉体的示范被神交代替，而神交的主旨，是倾心的思慕与恋爱。

表面上看，少司命很像一个爱情女神，但实质上她是生育女神，或者说，保育女神。咱们的爱情女神另有其人，以后再说。

还记得在大神女娲章节，咱们聊到过女娲作为高媒之神的职能么。女娲大神为了让人类自己担负起繁殖的重任，为人类的身体设计出了阴阳两种结构（就是多加了一条染色体）；她为了让这两种结构自动进行榫卯咬合，设计出了恋爱中的多巴胺、荷尔蒙这类劳什子，让两性互相倾慕，拈酸吃醋；她为了让这类劳什子从人脑中被迅速催生出来，发明了恋爱的音乐和乐器（笙簧），以便男男女女在唱歌跳舞中欢乐地、方便地互相勾搭。

少司命在这里的使命与此相类：为了让人们生孩子，得先让他们恋爱；为了让他们有感觉恋爱，她先拿自己的神巫做示范。这是子嗣之神的正途。所以，《少司命》这首祀曲其实一点也不"跳"，一会儿爱得泪眼凄迷，一会儿爱得上天入地，一会儿又去拿扫帚、擎宝剑，其实都是紧紧围绕着完成她的本职工作来进行的。

她的本职工作是什么？孩子，.(让人们)生孩子，(自己)保卫孩子。

祀曲中最美的地方是写出了主巫与其他神巫的幻觉：降神那一刹那的战

巫觋之舞（商代黑黏土塑像）

巫师升天图（出土彩绘锦瑟漆画局部，周代晚期）

栗，祭舞过程中隐秘的眼神交流，神巫对自己所侍奉的神主的痴迷与追慕，神与神巫沉浮与俱的共生关系……祭堂与祭坛上的诸般香草，除了清净与整肃的需要，还有很大的一个功效是致幻。少司命出入排场中的旋风与云雾，很有可能是对祭祀现场燃烧致幻剂后产生的神烟的描绘。

"悲莫悲兮生别离，乐莫乐兮新相知"，既可以理解为女神的神谕，是她对世人/巫觋沉湎于离合之情的劝慰和安抚，也可以理解为发自神巫的感慨，是他们对于少司命的爱慕和缠绵之意。

女神对于一个民族、一种文化，起着不可或缺的暖化与柔化作用，尤其在与男神的二元对位中，女神占据了半壁江山，保障了神祇性格光谱图的完整。就像大司命与少司命的组合，大司命是死，少司命就是生；大司命是威严，少司命就是慈悲；大司命是控制，少司命就是保护；大司命是夺取，少司命就是给予。没有女神的文化几乎是不可想象的。即便如汉文化这种后来确定了绝对的父系权威的文化，也保留下了上古几个关键的女神：女娲、西王母等等。两千年来，少司命这个女神在民间的实际流传中几乎完全丢失，

"入不言兮出不辞,乘回风兮载云旗。"(《九歌·少司命》),四库本《钦定补绘萧云从离骚全图》)

但她的职司还在,她的功能,后来被分散转交到了其他神祇身上,比如民间道教的各路子孙娘娘,又如本土化了的外来神送子观音等等。

"登九天兮抚彗星"的情节,既可以理解为女神上天去驱除象征不祥的扫帚星,又未尝不可理解为女神到天空中拿起彗星做扫把,扫除黑暗与污垢,还世人一个朗朗乾坤。"彗所以除旧布新"的思想,从殷商之世就发轫了。更何况,别忘了咱们是在谈南楚的神,南楚的弧矢星可以做日神的弓箭,南楚的北斗星可以做日神饮酒的长勺,那么,南楚的彗星,为什么不可以做女神少司命的扫把呢?满天星辰,皆是神器啊。

"拥幼艾"与"竦长剑"(《九歌·少司命》)的情节,完美地诠释了少司命形象的两面性,也即是母性的两面性:对儿童的呵护和对邪恶的震慑。尤其是"竦长剑"的英姿飒爽,仿佛北欧神话中的女武神,又仿佛后来释家的文殊师利菩萨,难得地为吾国文化保留下来一个上古战斗着的女神的身影。关于我国神话中女战神的章节请参见后文。

最后说一句,关于少司命的性别,其实有一些争议。因为《九歌·少司命》本身的行文有暧昧之处,叙述视角又在不停在变化,一会儿是神的角度,一会儿是巫觋的角度,一会儿又貌似客观描述,这就给读者带来很大的困扰,不知道这位神到底是男神女神,不知道哪句话是祂说的。古人在描绘少司命形象时,也常将祂画成男神。像今天还能看到的元初赵孟頫、明代陈洪绶、清代萧云从等人所绘的少司命就是男性。今天,较多的研究者在深入分析了该文的结构、视角以及其神的神职特点后,倾向于以少司命为女性。

少司命(明代陈洪绶《九歌图》)

四季之神乱了

在长沙子弹库楚墓出土的楚帛书中,记录了古楚人关于宇宙秩序建立——破坏——重建的神话。重点是,重塑世界的这个神成了古楚人的祖先神……

故事

古早的古早以前,宇宙是一团"梦梦墨墨"的混沌。在风雨之中,最古老的神包虙(或宓戏,即伏羲)与女呙(即女娲)结合了,生下了四个儿子,他们分别叫作青□干(这里"□"代表缺字,下同)、朱□单("单"或作"兽")、翏(lù)黄难和□墨干。这四位神,就是执掌春夏秋冬的四时之神。

春神青□干又叫作秉,祂相当于中原的东方之神句芒,有着方方的面庞和鸟的身子。

春神青□干(楚帛书十二月神图)

夏神朱□单又叫作且,祂位居南方,人面兽身,拖着一条长尾巴,据说祂还是楚人的祖先神。

秋神翏黄难又叫作玄,祂的形象可能是双头鳖一类的水生爬行兽。有人说祂其实是水神玄冥——注意,在中原,水神玄冥是北方冬神属白色,这跟楚国的玄冥在西方属黄色不同。

冬神□墨干又叫作荼(tú),祂有着大脑袋、长耳朵,头上有两根羽毛,舌头分成两半吐出嘴来。据说,祂就是北海之神和风神禺强。

包虙女呙命令秉、且、玄、荼四神疏通了山川四海,让日月运转正常,让四季交替轮换,这样就形成了年岁往来。于是,

夏神朱□单(楚帛书十二月神图)

秋神翏黄难（楚帛书十二月神图）

冬神□墨干（楚帛书十二月神图）

世界沿着时间之轨缓缓地、有序地前进。

这样过了千百年之后，天地间产生了更多的日月，给九州带来了灾祸：日月星辰出没无常，山陵崩败、渊泽溃决，四季之神无法正常工作。于是时间紊乱，季节不调，彗星出现、虫鼠猖獗、草木凋敝、兵祸频仍……天地间彻底失序了。

炎帝便派祝融率领四季神青□干、朱□单、翏黄难、□墨干下降到人间重整乾坤，还派出青木、赤木、黄木、白木、墨木的精灵去帮助他们。

祝融率领着四神和五精重新奠定了三重天的界限，确立了东南西北四极，并将日月运行、四季交替、昼夜轮转等调整回了正确的状态，重新创造出了一个和谐、稳定、安康的世界。

再造乾坤的祝融真是一个伟大的神，楚人将他奉为自己的始祖之神。

原文出处

《长沙子弹库楚帛书》（这里选李零《楚帛书研究》的认断版本，□表示缺字）：

"……粤古□熊包戏，出自□霆，居于䰠□，氒田渔渔。□□□女，梦梦墨墨。亡章弼弼，□□水□风雨。是于乃娶虞□子之子，曰女娲。是生子四□。是襄天践，是格参化。废逃，为禹为契，以司堵，襄晷天步。乃上下朕断，山陵不疏，乃命山川四海，□寮气𤄏气，以为其疏，山陵泷汨渊漭，未有日月。四神相隔，乃步以为岁。是惟四时。长曰青□干，二曰朱□单（此处□或作『四』，单或作『兽』），三曰□（或作『翏』）黄难，四曰□墨干。千有百岁，日月允生，九州不平。山陵备峡，四神乃作至于覆。天方动，扞蔽之青木、赤木、黄木、白木、墨木之精。炎帝乃命祝融以四神降，奠三天，□思敦，莫四亟（极），曰：非九天则大峡，则毋敢蔑天灵。帝允乃为日月之行。共工□步十日四时，□□神则闰四□。毋思百神，有宵风雨晨祎，乱作。乃□日月以转相□息，有朝，有昼有夕。"

掰书君曰

　　楚人神话最有意思的就在于，他们的祭祀范围实在是太广泛太驳杂了，以至于你看不同的文献时，几乎会有神祇们谁跟谁都不挨着的感觉。

　　我很喜欢这类将时间、四季等抽象概念拟人化的神话设定，画面感很强，而且异常生动。像我们小学课本里说"春姑娘"撒花瓣，现象级事件归于偶像级人物，其间因果简洁有力，胜过万千言语。还有前文提到过的"混沌"状态被"倏忽"打破……譬喻之妙，美不胜收。

　　本文这个神话故事内容很杂糅，条理也不够清晰，有着非常浓厚的混融痕迹。"包虚"就是包牺，就是伏羲，"女呙"就是女娲。这个故事肯定了伏羲女娲具有创世功能，但并没有交代他们与"混沌"的关系，关于他们的"作品"，则只提到了四个儿子。就完整度而言，肯定无法与三国时撰《五运历年纪》的徐整先生"美图"过的盘古创世传说相比。可以说，楚人的羲娲创世故事在这里就是一笔糊涂账。

　　四季神的名号，尤其是三字版本的，隐然包含汉代的"五色"观，可见比较晚近。又有缺字，读来费解。杨宽先生说"翏黄难"就是"戮黄能"，就是"（被）杀（的）鲧"，再转为诈死的鳖灵，颇有意思。

　　四季神的单字名呈现出比较古老的风貌。比如"秉"，像春日持苗之形。又如"且"，那就是祖，是男根，是生殖崇拜的痕迹，所以，有人将夏神直接对应为楚人的祖先神祝融。联系到夏神居南方，联系到楚文化与中原系的复杂关系（前文说过，在中原系，南天帝为炎帝，辅神为祝融），说楚人的夏神是祝融也有一定道理。不过这样理解又面临一个情节冲突，因为下文提到祝融率领四神五精，夏神便是四神之一，祝融怎么能率领一个身外的自己呢。

　　宇宙的秩序为什么会乱，这里没有说。创世后只经历千百年（而不是穷尽数学想象力的亿兆年）就开始数日并出、数月并出，也相当没来由。感觉古楚人跟吾国的其他先民是生活在不同的时间线上一般，不知道传承中丢失了多少信息。

　　世界乱了，创始者羲娲却不见了。当班的统治者炎帝就派祝融下界重整乾坤，这个细节，重申了炎帝与祝融的主从关系。但是紧接着问题就来了：

四季之神乱了

在楚人心目中，是否认为炎帝就是唯一天帝呢？或者他们依从中原神话精神，仅仅以炎帝为主管本社区的南天帝呢？不详。

五精是谁所派，颇可讨论。楚帛书说"天方动，扞蔽（一作"畀"）之青木、赤木、黄木、白木、墨木之精，炎帝乃命祝融以四神降"，如果将这里的"天"理解为4+1模式中的央帝黄帝，或5+1模式中的"太一"，那么是黄帝或太一将"五精"派给（"畀之"）了炎帝，然后炎帝再派祝融带五精下界。这个情节，等于重申了黄帝/太一与炎帝之间的主从关系。

重整乾坤的神，等于是二次创世神，这个地位是非常高的。那么在济济神谱之中，为什么会是祝融承担了这个伟大的职责呢？我想，实际情况会不会是这样的：因为楚人以祝融为始祖神，他们需要为他构建出更加辉煌的前史和神迹，而世界已经被女娲伏羲创造了一次（这在当时大概已经是文化共识），祝融没有可能首创这个世界了，那么退而求其次，将宇宙秩序打乱再让他重建，这总是"可以有"的。

这种情形有点像创造人类的神话。作为大神的女娲首创了人类，然而神话的细节在丢失，总有许多人不了解、不理解中间的原理和细节，于是借助一场洪水，后世人砸碎了一个旧世界，让新世界有了自己的新始祖。在这次全新的轮回中，虽然女娲惊险地保留下了名号，但她已转世为人，她的造人方式也丢失了原有的神圣性，转变为生物性；而更加重要的是，在这次重建中，同样转世为人的伏羲得以跻身造人者行列，与女娲并膺人类基因链的源头。性别篡位的动力再次驱动了神话的全新演进，而无性创生的神话，也终于向双性繁殖的科学事实低了一次头。

现在让我们换个角度，更加深入地谈谈本故事中的祝融吧。

学界一般认为，这里的祝融，已经不再是那个跟共工打架导致天崩地裂的火神本尊的专称，也不是后世某人的特称（以旧称特指后世的某个人，类似于大羿与后羿在名号上的前后继承关系），而是一种泛称，是"火正"的别名。火正，是在一个政权班子中掌管"火"的官员，负责祭祀大火星，也掌管庖厨、食物等民生，是个非常重要的、接地气的官。代入神话中，火正就等于火神。《国语·楚语下》说此官由颛顼始置，"（帝）乃命南正重司天以属神,火正黎司地以属民",《左传·昭公二十九年》说"火正曰祝融"。后来祝融就泛化为一个官名,只要当火正的人,别名就叫祝融。这与后稷为农官名、羲和为历法官名的情况类似。《史记·楚世家》说,重黎当了火正后被帝命名为祝融,其弟吴回后来也当了火正,也叫作祝融。由于同时被"火正"指代,在神话中,重黎与吴回的形象和事迹发生了混融。楚人对于族源的神话记忆,应该是将这哥儿俩的事迹合并而成。楚国先祖祝融,其实是指重黎/吴回。

也有异文说重黎是指重和黎两个人/神。不过,重黎究竟是一个还是两个人物,看起来差异很大,其实并不很要紧。他(们)在神话中的事迹主要有两点:第一,绝天地通——受颛顼帝之命阻断凡人上天的道路(天梯),拉远人神距离,强化天神威仪;第二,担任火正,或者说火神。

放到楚国神话语境中,以上两点就完美地统一了起来:重黎/吴回是颛顼属下的火神(官名祝融),掌管民生饮食,民以食为天,他(们)的地位很高;因为地位崇高,所以重黎/吴回被天帝派去绝天地通,斩断人神脐带,促成人的自立;因为做了绝天地通这么伟大的事,所以重黎/吴回被认为具有经天纬地的神力;因为具有经天纬地的神力,所以在宇宙秩序被破坏的时候,重黎/吴回才担当起了二次创世神的职责。

如此,我们就从民众心理需求与神话/历史渊源两方面,厘清了"祝融—火神—重黎/吴回—楚祖神—二次创世神"之间的逻辑关系。

祝融 (清代汪绂释《山海经存》)

重黎像

▶ # 楚人从肋骨中诞生

本节故事,讲的是"荆楚"这个名号是怎么来的。说得直白一点,就是女性始祖难产了怎么办。怎么办呢?"胁出"。细思恐极,真是一段血淋淋的历史。

故事

据说,楚国的先祖出自古天帝颛顼。

颛顼生了称,称生了卷章(一作老童),卷章生了重黎和吴回。重黎和吴回哥儿俩先后做了帝喾的火正(火官,又称为祝融)。

吴回生了陆终。

陆终娶了鬼方氏的妹妹女嬇(kuǐ)。女嬇有孕,孩子在肚子里待了三年也没有生下来。人们只好拿刀去剖女嬇的肋骨。剖开她的左边肋骨,出来了三个儿子,剖开她的右边肋骨,又出来了三个儿子。于是,陆终和女嬇一共有了六个儿子:昆吾、参胡、彭祖、会(郐 kuài)人、曹姓和季连。

季连是六兄弟中最小的,姓芈(mǐ)。

季连生了附沮,附沮生了穴熊,又叫鬻熊、穴酓(yǎn)。这已经到了商之末世、周之文王时期了。

鬻熊跟随先人的步伐迁徙到了京宗这一带的山里,逆着哉水而上,遇到了厉国(厉族,或称列族)的一个女子。

鬻熊与女厉成了亲,女厉先后生下了侸叔和丽季两个儿子。在生丽季的时候,厉难产了。万般无奈的情况下,接生的人剖开了厉的肋骨,将丽季抱了出来。小婴儿丽季平安降生到这个世界上,他的母亲厉却因此失去了生命。

鬻熊族的巫师用荆条代替了女厉折断的肋骨,将她郑重地包裹、安葬了。

荆条，古时称为荆，又称为楚。为了永远纪念这位牺牲自我保全后嗣的伟大母亲，从此以后，鬻熊这支部族就叫作"楚人"了。

厉，就是楚人的始祖母，或先妣（bǐ），楚人恭敬地称她为妣厉。

丽季又叫熊丽，他被认为是"楚人"的第一代。熊丽的孙子熊绎被周成王封为楚君（楚子），从此成为国家的一方诸侯。楚人迁徙到湖湘一带的广阔地区，与当地的荆蛮土著融合，建立了后来十分辉煌的楚国。

原文出处

《清华简·楚居》："……穴酓（穴熊）迟徙于京宗，爰得妣厴（即妣厉），逆流哉（载）水，氒（厥）状聂耳，乃妻之，生侸叔、丽季。丽不从行，渭（溃）自胁出，妣厴宾于天，巫并赅（该）亓（其）胁以楚，氏（抵）今日楚人。"

《史记·楚世家》："楚之先祖出自帝颛顼高阳。高阳者，黄帝之孙，昌意之子也。高阳生称，称生卷章（一作老童），卷章生重黎。重黎为帝喾高辛居火正，甚有功，能光融天下，帝喾命曰祝融。共工氏作乱，帝喾使重黎诛之而不尽。帝乃以庚寅日诛重黎，而以其弟吴回为重黎后，复居火正，为祝融。吴回生陆终。陆终生子六人，坼剖而产焉。其长一曰昆吾；二曰参胡；三曰彭祖；四曰会人；五曰曹姓；六日季连，芈姓，楚其后也。……季连生附沮，附沮生冗熊。（一作穴熊）。……周文王之时，季连之苗裔曰鬻熊。鬻熊子事文王，蚤卒。其子曰熊丽。熊丽生熊狂，熊狂生熊绎。熊绎当周成王之时，举文、武勤劳之后嗣，而封熊绎于楚蛮，封以子男之田，姓芈氏，居丹阳。"

掰书君曰

　　这个故事，一半神话，一半历史传说。季连的形象有神人的影子（楚简说他"初降于隈山"，"降"字可能表示被贬谪，也可能表示他来自"上面"），女嬇胁生六子，也是神话味十足。但女厉胁生丽季就是历史传说了。

　　女嬇胁生六子和女厉胁出丽季的故事，让人想起一个古老的壮族神话。姆洛甲（又译米洛甲、姆六甲等）是开天辟地的第一代女神，她创造了天地万物，还可以迎风而孕——孩子们从她的胁下生出来。此外，禹的出生神话（鲧死破腹而出，一说有莘氏女嬉"剖胁"或"胸坼"而出），启的出生神话（涂山氏女娇石化后裂腹而出）中也有类似的情节。

　　另参考古印度的例子。印度古诗《梨俱吠陀》中，大神因陀罗是从胁下生出的。佛经中，佛陀也是胁出。曹植的《太子颂》简明扼要地概括道："菩萨下云中，降生净梵王宫。摩耶右胁娩金童，天乐奏长空。目顾四方周七步，指地指天尊雄，九龙吐水沐慈容，万法得正宗。"然后，受此启发，道家的兄弟们也编出了老子从母亲胁下出生的故事。可见，"胁出"是件了不得的

佛陀降生。经典记载佛陀化乘六牙白象，象口含白色莲花，从摩耶夫人的左胁入胎，住胎十月，自摩耶夫人右胁而出。据说佛陀诞生后即可站立，右手指天，左手指地，并自言："天上天下，唯我独尊；三界之苦，吾当安之。"

事，谁要是说自己是"胁出"的，那就基本上等于说自己是神的后代或者神本身了。

姆洛甲的故事反映了上古母系社会的生育现实（不知父）；佛陀降生的故事开启了佛经中祥瑞出生的传统；女嬇胁生六子可能是楚人对先祖季连出生的神奇化；至于楚妣厉的"胁出"生丽季，性质可能就是在写实了。

所谓"胁出"，其实是剖腹产的隐晦说法。不知他们以"胁出"来文饰剖腹，是否受到了更早期神话的启发，可能那是当时普遍的一种说法。对于医疗条件极其落后的上古人，没有麻药、止血和缝合，产妇必须活着被剖腹取子，然后痛苦死去，这个选择太过残忍，何况是这样对待一位氏族首领的妻子。

女嬇孕三年，然后剖腹产六胞胎，这太夸张了，渲染成分居多。之所以产生这种离奇情节，不排除有父系模糊、血脉含混的原因，就像前文提到过的诸多"神奇出生"都是因为"知母不知父"一样。毕竟女嬇来自"鬼方氏"（大抵可视为北方的异族），其社会也许尚有母系社会走婚、群婚等习俗存留。

与女嬇故事的夸张不同，女厉的故事应该是真实的。厉国，可能与古部族"厉山氏"（或作"列山氏""烈山氏"等）有关，应该是一个刀耕火种的农业民族，"烈山"意味着（出于耕作目的）放火烧山。鬻熊在部族逆水迁徙途中遇到女厉，与廪君迁徙途中遇到盐水女神何其相似。女厉是幸运的，至少爱情降临了，并且为她而停留。女厉又何其不幸，爱情的结果就是她的结局。想来，在漫长的荒远岁月中，在"要么死一个，要么死两个"的无悬念选择下，不知有多少难产的女人因此悲惨地丢掉了性命。作为这些为部落繁衍而献身的女性的代表，女厉得到了以一个部族之名来永远悼挽的哀荣。她不朽了。

我们之前专章聊过具有创世功能的大母神女娲、比玉皇大帝要历史悠久得多的西王母，也在男神章节附带聊过皇娥、娥皇、羲和、常羲、湘夫人、少司命等大女神，以及华胥氏、附宝、邹屠氏、姜嫄、简狄、庆都、盐水女神、梁利等疑似女神或神圣女。其实中国上古神话中的女神还是挺多的，只不过几千年传承下来，独立女神变少了，她们多被整合成了神妻或神母，功能也极度弱化。故此特为女神们再辟一章，聊聊之前没有提及或展开的一些重要女神——最特立独行的嫦娥、等爱的瑶姬、古典女性美的巅峰洛神、黑白二女神——的故事。

第十单元

诸女神

月神嫦娥：任性而孤独

嫦娥的孤独，是一种彻底的大孤独，有一种为了强调自我存在的独特性而不惜与一切反目的决绝。穷尽神话的想象力，我们也很难再看到神的这种完美而凄凉的自我实现了。嫦娥的故事甚至可以视为不甘谢幕的女神时代对男神新统治的一次反抗，一次惨胜。

故事

大羿的妻子嫦娥，原本是天上一个美丽的女神。"娥"的本义，就是形容女子姿容美好。

大羿受命到下界除害，嫦娥也跟随他一起到了人间。可是没想到他们得罪了天帝，最后落得个被贬谪为凡人的结果。

大羿和嫦娥没有办法，只好在人间留了下来。大羿想，自己杀了天帝九个儿子，天帝虽然生气，却并没有杀掉自己和嫦娥来抵命，这已经很讲理了，所以心情还不错。嫦娥却变得非常沮丧。毕竟，她原本是永生的天神，无忧无虑，不会老、不会死，享受着上天入地、往来古今的自由，她决不愿意自己同凡人一样，不仅活着在世间受尽辛劳，死后还要到幽都去承受永恒黑暗的煎熬。

看着妻子成天愁眉不展的，大羿忽然想到，昆仑山上的西王母那里有长生不死药，如果自己去求了回来，不是就可以解决嫦娥的问题了吗？他便告别了嫦娥，一路向西，跋山涉水，来到了昆仑山。

昆仑山四周围绕着弱水和火山，一般人根本无法靠近。可是大羿本领非凡，他成功穿越了水火的包围，爬上了一万里高的昆仑山顶，躲过了九个脑袋的守卫开明兽的监视，来到瑶池边，找到了西王母。

羿无助地看着妻子嫦娥飞向月宫
(Werner, E.T.C. 1922. Myths & Legends of China)

西王母知道大羿的遭遇，很同情他们，便将手中所剩的不死药全部拿出来交给他。西王母对大羿说："这些药，你们两个吃了可以长生不死，如果只给一个人吃，还可以升天成神呢。"

大羿将不死药带回家，高高兴兴地交给了嫦娥。神药并不是随时都可以吃的，为了让神药发挥最大的效用，也是为了表达自己对上天的虔诚，他们准备找个好日子，沐浴更衣，再一起吃下去，从此快乐无忧地享受永生。

可是，合适的日子总也挑不出来，长生不死药放在那里，眼睁睁看着就是吃不到嘴里，真是让人着急啊。嫦娥一心想赶快改变自己的处境，西王母的药到底有没有用呢？越来越重的焦虑感让她再也不想等下去了。

有一天，大羿出门打猎，到天黑都没有回来。嫦娥便将不死药拿出来，偷偷尝了尝。

嗯，感觉真不错！于是嫦娥吃了第二口，之后是第三口，第四口……谁也不知道嫦娥心里是怎么想的，嫦娥完全忘记了跟丈夫的约定，把自己那份儿吃完之后，又继续吃下去，很快，将大羿那份儿不死药也吃光了。

这下嫦娥才意识到闯了大祸，可是一切为时已晚，她的身体不受控制地变轻了，一眨眼她已经飘在空中，向更高的天空飞去。她真的可以独自做回她的天神去了。

飘在半空的嫦娥，心里惊疑不定，无助地东张西望。她该到哪里去呢？她背叛了自己的爱人，如果回到天神中间，一定会受到他们的指责和嘲笑。

一转头，她看见了深黑的天空那轮凄冷的月亮，她知道那个地方没有神居住，便毫不犹豫地飞向了月宫。

从此以后，嫦娥就冷冷清清地住在了月宫里。她将用永远的孤独，来惩罚自己的背叛了。

原文出处

《山海经·海内西经第十一》："海内昆仑之墟在西北，帝之下都……非仁羿莫能上冈之岩。"

《淮南鸿烈解》卷六《览冥训》："羿请不死之药于西王母，恒娥窃以奔月，怅然有丧，无以续之。"

《搜神记》卷一四："（嫦娥）将往，枚筮之于有黄。有黄占之曰：'吉。翩翩归妹，独将西行。逢天晦芒，毋恐毋惊，后且大昌。'嫦娥遂托身于月，是为蟾蠩。"

《初学记》引古本《淮南子》："姮娥……托身于月，是为蟾蜍，而为月精。"

《楚辞补注卷三·天问章句第三》："帝降夷羿，……胡射夫河伯而妻彼雒嫔？"

《太平御览》卷四《天部四·月》引傅玄《拟天问》："月中何有？白兔捣药。"

《酉阳杂俎·天咫》："……月桂高五百丈，下有一人，常斫之，树创随合。人姓吴，名刚，西河人，学仙有过，谪令伐树。"

《说郛》卷六一上《长安志》引《七圣纪》："……结麟黄文，与月同居。……结麟月精。"

梁邱子注《太上黄庭内景玉经》："结麟，奔月之仙。"

每当满月的时候，你留心向月亮里看，就能看见嫦娥的影子。她孤零零地站在一棵巨大的桂花树下，默默望向人间。运气好的话，你还能看见她身边的小白兔，小白兔正在不停地捣不死药。现在问题来了：那药是捣给谁吃的呢？

掰书君曰

嫦娥是今天人们共知的月神。前文提到过她是由东夷大神羲和、常羲辗转演变而来的，就不复述了。本节专门聊聊她与神箭天神大羿的感情纠葛。因为有了这段纠葛，嫦娥实际上成了我们文化中最特立独行的女神。没有之一。

常有人说，嫦娥奔月是一个"凄美的爱情故事"，读者诸君千万不要被这个标签所蒙蔽，听我掰完，你就会发现，这哪里是个爱情故事，这最多算是"辜负爱情的故事"。而且，真的"辜负"么？倒也未必。

从文本上理解嫦娥乖僻怪异的举止，先要解决她"为什么"的问题。

月神嫦娥：任性而孤独

嫦娥"偷吃"灵药，绝不是"好奇心""自私"之类轻描淡写的理由可以一笔带过的。事实上，嫦娥背约的动机对世人而言一直是个谜。大家将这当作既成事实来接受，甚至因为她已经被禁锢在永恒的孤独中而对她给予极大的宽宥和同情。可是归根结底，世人还是认为嫦娥做错了，她"偷"了灵药中不该属于自己的那一份。如果不是因为她颜值高，说不定她早就被我们的文化大卸八块了，改判终身监禁算是轻的。总之，她活该坐牢。

当真如此吗？

前文大羿章节已经花了很大的篇幅来讨论嫦娥与大羿的感情危机，包括"第三者"洛神的介入时机等等。我们可以感觉到嫦娥对大羿，有一种很强烈的怨愤情绪。这种怨愤的基础是什么？是大羿剥夺了嫦娥原来所拥有的东西。首先是神籍，其次，如果大羿出轨在先的话，还有爱情。

嫦娥的怨愤有多深？那要看嫦娥对原本拥有的东西有多珍视。

先说说大羿搞婚外情这件"莫须有"的事。任何一个能够理解"郎才女貌"（而不是"郎财女貌""郎权女貌"）这种中国传统理想婚姻模式的人都知道，这种婚姻的基础是爱情，一旦爱情被亵渎，带给对方的打击不说致命，至少可以用振聋发聩来形容。就算嫦娥是女神，也不能例外。嫦娥珍视爱情，所以她恨。嫦娥的幽怨，从得知大羿移情别恋之时起就已经生根，并逐渐发芽、壮大。

所以情感逻辑是这样的：如果爱，请深爱；如果恨，你去死。

再来说被革除神籍这件事。这件事对于嫦娥的震撼，不啻夏娃被逐出伊甸园。一般人可能认为，相爱的人能够相守就好了，何必追求上天呢？这是不理解"神籍"在嫦娥心目中占据了多么重要的地位。嫦娥是要爱情的，但嫦娥更要自由，要自我，她不愿做他人的附庸，她对自己有着明晰的定位，她要一份独特的存在感。我们不知道嫦娥在下凡以前做过什么工作（主某某之神），至少，"一个天神"是她自我认同的身份，是过往千万年来她对自己的定位。现在，因为受大羿的连累，她丧失了这个身份，她在神界再也找不到自己的位置，她又不愿意融入下界的生活……身份焦虑引发了她更深的怨愤。

所以大羿去昆仑山，可以视为挽回爱情之旅，但更应该视为赎罪之旅。

他的"罪"是他弄丢了嫦娥作为一个天神的权利。我们可以看到,在那个男女神刚刚交接了权杖不久的过渡时代,女神还远不是男神的附庸,不兴嫁鸡随鸡、嫁狗随狗那一套,丈夫弄丢了妻子的东西,双方都不认为可以毋需追究,肇事者一定要赔,要找补,否则性别的天平就会倾斜,男神好不容易取得的一点优势地位就会在瞬间丧失。

所以,不是爱情,而是抚镇怀柔之类更加现实、更加刺刀见红的因素,才是驱使大羿踏上艰险的求药之路的最大内驱力。

药取回来,嫦娥的怨愤消失了吗?没有。换了别的女神,可能原谅就原谅了,翻篇儿就翻篇儿了,但嫦娥不是别人。她是特立独行的,就算没有洛神这档子事,她想重归神界、彰显自我独特性的愿望,也远远强于保住爱情。

我们文化后来所盛赞的,都是与她截然相反的例子——为了爱情,毅然抛弃身份显赫、膏润优渥的旧我,比如七仙女,比如织女。

从来没有一个女神像嫦娥这样任性,可以为了自我实现抛弃一切。

幸亏有这个久经变更却仍旧保留了核心因素的上古神话,我们才得以一窥那个遥远的天神时代中,男神与女神各自更真实的内心世界。

说到这里,你还认为嫦娥是在"偷药"吗?我想,嫦娥自己一定不这么看。她是在光明正大地"拿"回自己的东西。很有可能,她不是出于好奇拿自己当小白鼠试验药物剂量,她也不是吃货吃滑了嘴搂不住咀嚼冲动,她就是故意的!一人份的灵药吃了可以"不死",但"不死"距离她的目标还差一半。只有吃掉全部两人份的灵药,她才能正本清源、重归神谱。

她不是没有挣扎过,药拿回来多久,她就思想斗争了多久。可是大羿偏偏将那么大一个诱惑放在她眼前却不解决(多么强大的神话原初设定),简直是成心不让她安宁。她"正确的"未来就在那里招手,她受不了了。背叛的机会完全是大羿自己送上门的,嫦娥唯一做的事,就是听从了内心的召唤。

嫦娥吃药后飞向月宫,与其说是她在惊惧悔怕之后的自我放逐,不如认为她一开始就做出了这样的自主选择。她知道自己所做的事不可能得到众神的理解,所以,抢在被嘲笑被批判之前,她先自绝于神界。

所以我才说,嫦娥的孤独,是一种彻底的大孤独,有一种为了强调自我

独居广寒宫的高冷女神嫦娥 七小 绘

存在的独特性而不惜与一切反目的决绝。嫦娥的选择，是这个孤傲的女神在女神末世时代的一种顶天立地的大姿态，惊心动魄，值得大悲悯。

严歌苓的小说《天浴》里写了一个为了返城使尽肉体武器最后甚至丢掉性命的知青文秀，我们可以感受到她重归旧我的内驱力有多么强大，简直佛来斩佛，魔来斩魔。置换到嫦娥身上，她的愿望之强烈肯定十倍百倍于文秀，因为她不是从牧场到城市的跨地域回归，她是从人到神的跨界回归。对这惊天动地的精神力量，我们就算不能完全感受和理解，至少应该满怀敬畏。

现在让我们跳出文本来看看这个故事。

嫦娥奔月故事肯定远远晚于常羲生月神话，但应该产生于上古末期，而不是汉代。目前资料虽最早见于《淮南子》，但据《文选》注可知，在《归藏》中便有常娥服不死药奔月的记录，说明这是一个古老的传承。

嫦娥奔月的前情是神籍的丧失。嫦娥为什么会丧失神籍？虽然现在一般人会将这与她的丈夫大羿射日联系起来，但古老文书的记载并没有明示这种因果关系。大羿射日与嫦娥奔月，原本是两个独立的故事。前文多次提到，根据音韵学和民俗资料的考证，嫦娥的前身是常羲，是月亮女神，所以嫦娥神格的失落，真实的背景恐怕是女权和族源的双重失落。

常羲的故事在浴月之后戛然而止，后来发生了什么？哦，常羲变成了帝俊的妻子，由具有创世气质的女帝降格为天后。再然后呢？没有人提常羲了，常羲只剩一个隐约的名号。再然后呢？帝俊的故事也萎缩了，接近空壳，帝俊几乎也只剩下一个空洞的名号。

神的链条断了。东夷之神，快要从人们的视野中消失

嫦娥奔月（汉画像石，河南南阳）

嫦娥会玄武（汉画像石，河南南阳）

蟾蜍玉兔捣药图（汉画像石，嘉祥宋山祠堂）

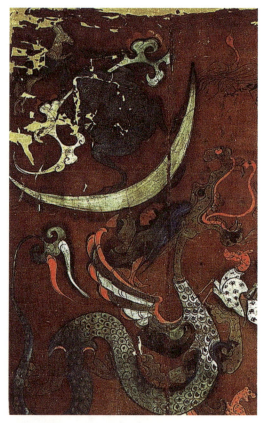

马王堆汉墓出土的帛画（左上方局部）。画面左侧有一轮镰刀形的月亮悬挂在天宇，月亮上部是一只体格硕大的蟾蜍，最上角是一只体型狭长的兔子，作奔跑状；月亮下方则有一个人兽合体形象的女子以双手托月，应是嫦娥。

了。

然而名号也不是全无用处。常羲这个名号，渐渐演变成了常娥/嫦娥。打捞着口承神话长河中的吉光片羽，人们隐约记得常娥与月亮有一点关系，甚至有人记得，常娥是月亮女神。那么问题来了：常娥跟月亮的这种关系是怎么来的呢？意义之链早已丢失，人们要做的，就是重建这种关联。可是，重建谈何容易？任何神话元素的固定都需要经过千锤百炼。

原始仙话的兴起，给了人们重建月亮女神神话的捷径。于是，通过服药飞升这个美丽而残酷的情节，嫦娥顺利地解决了名实关联的问题，重新坐稳了月亮女神的位置。虽然，这次回来的，不再是当年那个温柔慈祥、俯瞰众生的月母，而是一个崭新的、个性孤傲飞扬、任性而忧郁的文艺女神，一个更适合成为骚人墨客抒情、嗟叹、献祭、敬酒对象的"有故事的神"。

这真是一个悲怆的故事。经由原始仙话的搭救，东夷大女神常羲转世为嫦娥，并通过服药飞升重归月宫，这一流变过程其实可以被解读为：在数千年的传承过程中，一个女神怎样被剥夺了最初的文化位置，又怎样不顾一切奔向自己的宿命。

关于嫦娥飞升前后，还有两个插曲应该提一下。《搜神记》说，嫦娥在偷到药之后心里不踏实，去找巫师有黄问卜。有黄占出个吉兆，说不要害怕，以后就有你的好日子（"毋恐毋惊，后且大昌"），于是嫦娥这才下定决心服药飞升。

然后呢？然后她就到了月宫，变成了一只丑陋的动物癞蛤蟆。《初学记》说嫦娥"托身于月，是为蟾蜍，而为月精"，点明蟾蜍不是月宫宠物，而是月亮女神的正身。蟾蜍在月宫干吗呢？捣药，卖苦力，赎罪。这就是所谓的好日子，正好与她之前拥有的完全相反。这残酷的玩笑大概也算春秋笔法吧，咱们的文化拐着弯儿埋汰人的传统倒是向来都很强大的。

占卜的情节应该是后来增补的。从卜辞的风格来看，显然比甲骨文要晚近得多。考虑到殷商也源出东夷，我们可以认为这一情节产生在商朝之后，就其四言风格而言，可能也不早于《诗经》时代。我一直好奇加入这个情节想说明什么问题。比如，表明卜师有黄对嫦娥的背弃行为看不过去、故意使坏么？或者强调老天的旨意果真如此，就是需要她"回"到月宫去，恢复蟾蜍的真身，成年累月地捣不死药，以此来彰显月亮神话的本义（不死、繁殖）呢？

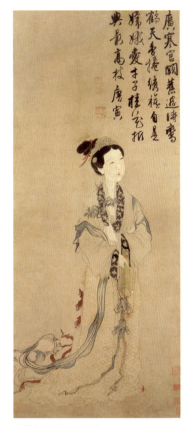

嫦娥像（明代，佚名）

后来，约莫到了六朝前后，大概人们觉得嫦娥在月宫里劳改得差不多了，才渐渐让她直立起来，并恢复了美女之身，但终身监禁的惩罚仍不能解除。加上一帮文人反复咏叹、表达倾慕与同情，嫦娥就被塑造成了一位高冷、忧郁、哀愁的大美女神。

月宫里的桂花树，可能最初是不死树（袁珂），等同于西王母在昆仑山培植的那个植物品种，后来在八月十五拜月的风俗里，为了应景（当时正是桂花飘香之际），人们才渐渐将不死树改为月桂树。

《吴刚伐桂图》(清代黄山寿作)

嫦娥回复人身之后,就不干捣药的体力活儿了,于是小白兔接力捣药,顺便充当嫦娥怀中的宠物。关于蟾、兔与月亮的符号关系请参见前文。

后来月宫又来了个干体力活的常住人口:吴刚。他是因为"学仙有过",被罚到月宫伐树的(见《酉阳杂俎》),他伐的自然应该就是那株桂花树了(也有说梭婆、桫椤等树种的,可能是与佛教元素的混融)。可是这棵神桂花树具有神奇的自愈本领,"树创随合",所以吴刚就成了中国的西绪弗斯或者啄食普罗米修斯的神鹰,一刻不停地在那里充当壮劳力却没有丝毫劳动成果可言,饶是身边有个美得惊天地泣鬼神的嫦娥,竟愣是没有机会看一眼、聊两句、一亲芳泽。我深刻怀疑对吴刚的惩罚核心根本就不是劳乏其筋骨,而是让他干守着嫦娥却不能勾搭出爱情。不然,什么样的过错会被罚来砍树呢?难道是砍柴不力么?那才多大点事儿啊。依我看,只有"道心不坚"这种罪孽,才配得上这么阴损的处罚。

汉文献中的月神,还有望舒、纤阿等,事迹不详。或说二者为月御,即为月神驾车者。这与羲和(日神/日御)的身份变迁情况类似。此外,奔月的神,其实也不止嫦娥一个。《说郛》引古文说有个叫结璘的是月精(月神),又说他是"奔月之仙"。可是后来月宫里却没他的动静,也没听说他与嫦娥帮爆发抢地盘大战之类的事件。现在我们已经不清楚结璘的具体事迹了,看起来他的故事有明显的仙话痕迹。但仙话跟仙话不同,有些仙话是黄冠们瞎编的,有些却有着神话残迹。所以也不知道结璘的原型会不会是上古某个不同族源的月亮神。

爱神瑶姬：等你爱我

如果非要用职司来对应的话，我们的神话传统中有没有爱情之神？就像古希腊神话中的阿芙洛狄忒或者罗马神话的维纳斯？其实有的，瑶姬就具备这样的特质。

故事

瑶姬，传说是炎帝的小女儿，未必是最小的那个，但在炎帝的诸多女儿中，算是偏小的。

她尚未成年就死去了。她是死在山里的，死因不详，也许是去山上游玩的时候失足坠落而亡。人们为了纪念她，就将她离世的这座山叫作"姑瑶之山"。姑，小姑娘，家中的女儿，是指她的帝女身份；瑶，是她的名；姑瑶之山，就是"（炎帝）女儿瑶的山"之义。

瑶姬的尸体有个专名，叫作女尸。后来，女尸化成了一种草，就叫瑶草（蓋草）。瑶草的叶子是重叠着对生的，花是黄色的，果实如同菟丝子果实一般大小。谁要是服用了瑶草的果实，就可以凭借媚道取悦于人。

也有人说，瑶姬死后被埋葬在了巫山的南面（巫山之阳）。

后世到了战国时期，楚怀王熊槐到云梦泽中的高唐台游玩，大白天的做了一个梦。有位美丽的神女来到了他的面前，自称是巫山之女，愿意与他交好。两人于是尽情缠绵一番。神女将要离去之际，楚怀王很不舍，想起来追问她的来历。神女回答道："我就住在巫山之南，高丘所阻隔的险要之处。早晨我会化作一片朝云，黄昏我会化作一场暮雨。每天早晨和黄昏，我的形貌就这样在山南的高台之下变来变去。"楚怀王醒来，惆怅不已。留心观察天空的景致，果然在早晨看到了那片朝云，在黄昏等到了那场暮雨。于是楚怀王在当地为她

等爱的女神瑶姬 七小绘

原文出处

《山海经·中山经第五》:"又东二百里曰姑媱之山,帝女死焉,化为䔄草,其叶胥成,其华黄,其实如菟丘,服之媚于人。"

《文选》卷一九《高唐赋》李善注引《襄阳耆旧传》:"……赤帝女姚姬,未行而卒,葬于巫山之阳,故曰巫山之女。楚怀王游于高唐,昼寝,梦见与神遇,自称是巫山之女,王因幸之,遂为置观于巫山之南,号为朝云。后至襄王时,复游于高唐。"

宋玉《高唐赋》:"……先王……梦见一妇人曰:'妾,巫山之女也。为高唐之客。闻君游高唐,愿荐枕席。'王因幸之。去而辞曰:'妾在巫山之阳,高丘之岨,旦为朝云,暮为行雨。朝朝暮暮,阳台之下。'旦朝视之,如言。"

《太平广记》卷五六《女仙一》:"云华夫人,王母第二十三女,太真王夫人之妹也,名瑶姬。"

立了一座祀庙,庙的名字就叫"朝云"。后来,楚怀王的儿子楚顷襄王携文臣宋玉再游高唐,宋玉同样在睡梦中遇到了这位巫山神女。

再后来,我们就用"巫山云雨"来形容男女之间的欢情。

关于瑶姬的家世,也有另外一种说法。说她又名云华夫人,由西华少阴之气化成,是王母的第二十三个女儿,太真王夫人的妹妹。大禹治水的时候,她曾经从天而降,教授大禹召唤鬼神之书,并且命令大神狂章、虞余、黄魔等帮助大禹劈开山石,疏通河道,完成治水大业。大禹亲眼看见她一忽儿倏然飞腾,散为青云,一忽儿油然而止,聚为夕雨,甚至化作游龙、翔鹤之态,其变化莫测,不可胜计。

掰书君曰

抛开具有浓厚仙话痕迹的云华夫人版本不谈,瑶姬遇楚怀王的故事,无论如何都是一个悲哀的故事。那么,这个悲哀的故事到底讲的是什么?是缠绵悱恻的恋爱吗?

楚怀王梦遇巫山神女（四库本《钦定补绘萧云从离骚全图》）

不，它讲的是求爱、求欢，是"如何让人爱我"，而不是"爱了之后怎么办"。

通常，男女的野合，男方固然只想尝鲜，良家女总还是要做结婚的梦的，比如崔莺莺之于张生。但是瑶姬不。她来找楚怀王，只是为了风流，为了找个人疼爱自己一下，"事了拂衣去，深藏身与名"，没有任何附加条件。

对于中国文学史而言，正面书写一个不以结婚为目的去找男人的尊贵女性（而非倡伎），是多么的难能可贵。对于中国历代文艺男青年而言，旁观一个女神自荐枕席，又是多么的振聋发聩。

所以，瑶姬是爱神，而且是那种将肉体之爱和精神之爱黏合得非常紧密的爱神，所以，她的爱神特质比谁都更地道。后世一形容男欢女爱，就说"巫山云雨""播云布雨"等等，这是我们的文化对她最大的纪念和膜拜。

作为朝云暮雨存在了那么久，在楚怀王之前和之后，她有没有找过别人？理论上应该有，对吧？楚怀王又不是什么经天纬地、万年不出的人间奇男子，她找他，不过因为他恰好经过她的地盘；而且，在渺小的人类中，他好歹是个王，略有点身份。理论上，满足这两个条件的人类男性，都有机会得到她的青睐、成为她"试爱"的对象。

在这个意义上，瑶姬媲美了西方神话传统里那些情人成建制轮候的女神们。

于是，中国的文艺大众获得了一个机会，去目睹一个本土女神的放荡。瑶姬与楚怀王的遇合，谁主动？瑶姬主动，她发出了一个神对人的请求。宋玉站在楚王的立场，就说"王因幸之"。实际上，人家是一个能随意变换形貌的神耶，又不是后宫久旷的怨妇，谁幸谁呀？要知道，别的凡间男人倘若想侵犯女神／仙，后果是有多么严重。比如《三秦记》和《幽明录》分别记载，秦始皇在骊山温泉、汉武帝在甘泉行宫时，均有美貌神女降临与之游玩，结果两个皇帝都动了色心，"不以礼"，神女一怒之下，"唾帝面"而去，导致两个倒霉皇帝脸上"病疮经年"。看，女神跟谁好不跟谁好、好到什么程度，那完全是自己的意志。寂寞了，就下凡来找个顺眼的人间男人陪着自己玩，倘若对方越过自己设定的界线……呵，强悍如秦皇汉武尚且被女神轻松教训，何况一个败国之君楚怀王？

宋玉写《高唐赋》和《神女赋》，有劝诫君王的意味，就刻意将巫山神女写得可怜巴巴的，"妾，巫山之女也……愿荐枕席"，一副"千年修得共枕眠"的小媳妇嘴脸，这大概只能说宋玉太主观，还没学会换位思考。此外，两赋中神女的形象也大不一样：《高唐赋》中的奔放浪荡，到了《神女赋》中就变成端庄坚贞。可是历代广大人民显然对这种坚贞不感冒——我们有个爱神容易吗我们，所以《高唐赋》里的朝云暮雨之情，比《神女赋》里的"欢情未接""不可亲附"，知名度不知道要高出多少个数量级。

现在问题来了：既然放荡了，那就该高兴呀，为什么又是悲哀的呢？

回过头看瑶姬的遭遇：尚未成年就死去了。也就是说，无论感情还是性爱，她活着时都从未得到过。也许她死在情窦初开之时，也许她刚刚对部族里的某位少年产生了一点好感（这好感甚至都来不及发展成感情），也许她刚刚开始憧憬成年之后自由的男女之爱……然而，她失足坠亡，一切都戛然而止。因此，她痛苦，她愤怒，她怨恨，她不平。也因此，她的求爱、她的放荡正是对命运的报复。

有一个事实是，由于神形体的不确定性（变化多端），所有神与人的遇合，其实都可以视为一种虚拟的遇合（还记得姜嫄履大人迹、附宝望见雷电么）。所以，瑶姬的放荡也是虚拟的，再多回合的自荐枕席，都无法填补她身体与心灵的巨大欠缺。她不懈地求欢，求爱，却永远不可能得到真正的欢爱，这，才是故事的悲哀之源。

她为什么化作云、化作雨？朝云，是她的一天以企盼开始；暮雨，是她每日企盼落空之后的眼泪。这个神话故事的内涵，是一个女神绵延千万年的、求爱而不得的哀愁。

她化成的瑶草的果实为什么"服之媚于人"？因为她的心中郁结着一腔求爱的冲动与柔情，她死之后，每一片叶子、每一个花瓣都在向想象中遥不可及的、未确定的情爱对象发出焦急的呼唤：我在这里……等你爱我……

真是太悲哀了。

至于说她为什么不去找个门当户对的男神来一解情思，彻底了断自己的痛苦……这……我能说这是本次元宇宙神话脚本的原初设定么？

现在聊聊故事内容之外的话题吧。

在前文炎帝章节，我们提到过炎帝有几个著名的女儿。其中与女娃（精卫）齐名的，就是瑶姬。她们俩都是未成年就去世，一个死在山里，一个死在海里。两者的神话都带有变形情节。不同的是，精卫的故事在产生后就很快固化了，而瑶姬的故事在后世还有发展，所以有拼合痕迹。

瑶姬的变形情节，其实是分为两个部分：早期的垂死化身——人变成草（草具有某种特殊功能），是人与动植物的互转。这让人联想到颛顼死后变成"鱼妇"，其神话思维拙朴直接，天真可爱。后期的精魂化为云雨，是人与自然现象的互转，这让人联想到盘古的呼吸变为风、盘古的喜怒变成天空的阴晴。我以为，瑶姬的后半截化身，有一些隐约的仙话印记（盘古故事也是在道家思想大行其道的汉代成形的）。佐之以云华夫人的化身情节，可以看得更清楚——因为，云华夫人与大禹的接触这一段，就记录在五代杜光庭的《墉城集仙录》里（参见前文西王母章节的注释）。

瑶姬这个称呼，也带有后起的痕迹，最初帝女可能叫女瑶，或者别的什么更简单的称呼。叫女什么什么，本身就表明她的身份不同一般。比如炎帝的另一个女儿叫作女娃，就是这种造名法；又如女娲、女英、女娇、女狄、女戚等，不是女神就是帝妻、帝母、女巫，否则也不可能留名于世。

宋玉《高唐赋》里记录的巫山神女变化事迹，很可能是当地流传已久的传说，而不是他自己的创作。只不过经过文人的加工，"旦为朝云，暮为行雨,朝朝暮暮,阳台之下",文辞变得更加美丽,更加雅驯,更加迷人了。就像我们看皇娥与金星之子的爱情故事,写得那样华美,同时也提示了我们它的产生年代与上古的距离。

那么,帝女瑶最初是不是一定等于巫山神女?我看未必。这两位人物,应该是被捏合起来的。《山海经》里记帝女之死、之山、之草,可丝毫没有涉及姑瑶之山(死处)与巫山(葬处)的关联,垂死化身与精魂化云雨也是两种不同的变化路子。应该说,是围绕着《高唐赋》的那些注释将巫山神女与帝女瑶之间画了等号。《太平御览》引《襄阳耆旧记》说,神女对楚怀王自称"我帝之季女(小女儿)也,……未行而亡,封巫山之台,精魂依草……",像是后人刻意在巫山神女的履历上添加了"夭折"和"化草"两个元素,以此来将二女神合体。

最后,关于巫山。这里不讨论巫山到底是今天的哪座山,而是讨论巫山的含义。巫山,在神话语境里,一定是与巫有关的山,是群巫出入的山。在这座山里,巫觋可以通过某种仪式与神进行沟通。那么,将帝女瑶葬在巫山之阳(南面),就暗示着帝女的精魂也成了此山浓厚的巫术氛围的一部分。也正因此,瑶草所具有的明显的巫术功能(媚于人)才说得通;瑶姬与巫山神女的合体,也才说得通。

台南市玉皇玉圣宫三清殿云华夫人立像

巫山神女图

美神宓妃：古典女性美的巅峰

幸亏有曹植，幸亏曹植以他独占天下八斗的才气为我们写出了《洛神赋》，我们的文学史中才有了这样一位美神的不二人选。

故事

洛水女神又名雒嫔，又叫宓妃。传说她是伏羲氏（宓牺氏）的女儿，出门游玩的时候淹死在洛水里，因此就做了洛水的女神。

洛神极美。她浑身发出夺人心魄的光芒，远望仿佛太阳从朝霞中升起，近看仿佛莲花从清波中破出。她的面貌极美，虽全然不施脂粉，但明眸善睐、皓齿丹唇、云髻玉项、削肩细腰，更兼面颊上一对酒窝，动静迷人；她的意态极美，翩然如同惊起的鸿雁，宛然如同游动的蛟龙；她的身姿极美，像秋菊和春松一般挺拔又摇曳，芳香随着她的步履而飘散开来；她的服饰极美，罗衣璀璨，首饰金碧，身上挂满玉琚和明珠，她的远游鞋花纹华丽，当她轻曳起如雾般轻柔的裙裾时，那鞋头的纹饰就会不经意地露出来。

洛神出行的排场仗卫森然，非常恢宏。她的云车由六条龙驾驶，车的左边是彩旄，右边是桂旗，飞腾的文鱼警卫着她的车乘，鸣叫的鸾鸟在半空引导，鲸鲵在车毂旁腾跃不已，各色水禽绕着她飞来飞去。她的云车一时在水面巡行，一时又升入空中翱翔。

听闻她出行，一众神灵纷至沓来与她为伴。洛神与湘水女神、汉水女神等一起感叹着天上地下诸神的感情生活，又各自到水中嬉戏，采摘明珠，拾取翠鸟的羽毛。当她离去的时候，风神屏翳为她停息了长风，水神川后为她静止了波浪，河伯冯夷为她鸣鼓，连远古的大母神女娲也为她唱起了清歌。

洛神之美，真可谓惊天地、动鬼神了。

《洛神赋图》（局部）（晋代顾恺之绘［宋摹］）

    宓妃生前应该是未嫁的。当她成神之后，她的第一个丈夫，是洛水的男神洛伯。

    后来，彪悍的黄河之神、人面鱼身的河伯冯夷看上了她，就与洛伯打了一架。河伯冯夷打赢了，宓妃就成了河伯的妻子，但她的职司不变，还是洛水女神。

    河伯冯夷抢占到了最美的女神宓妃为妻，众神羡慕。可是河伯这个神生性暴虐，淫荡不羁，他并不满足于得到宓妃，依旧每年向人间勒索童女为祭。宓妃因此感到十分痛苦。

    在这样的情形之下，宓妃邂逅了神箭天神大羿。大羿因为射日被贬落人间，又与妻子嫦娥发生了感情危机，正在伤心失意之时。一男一女两个神，男的英武，女的绝美，就这样毫不犹豫地发生了婚外情。

    河伯知道这件事后，去找大羿算过账，却被大羿射瞎了一只眼睛。

    后来，宓妃与大羿的婚外情也不了了之，没有继续下去。宓妃恢复了孤独。

美神宓妃：古典女性美的巅峰

《洛神赋图》(局部)(晋代顾恺之绘[宋摹])

原文出处

《文选》卷一九《洛神赋》李善注引《汉书音义》如淳云："宓妃，宓羲氏之女，溺洛水，为神。"

北魏郦道元《水经注》卷一五《洛水》："《竹书纪年》曰：洛伯用与河伯冯夷斗。"

《全上古三代文》卷一五《古逸·归藏》："昔者河伯筮与洛战，而枚占。昆吾占之，不吉。"

《文选》卷一九《洛神赋》："……其形也，翩若惊鸿，婉若游龙。荣曜秋菊，华茂春松。……远而望之，皎若太阳升朝霞；迫而察之，灼若芙蕖出渌波。秾纤得中，修短合度。肩若削成，腰如约素。延颈秀项，皓质呈露。芳泽无加，铅华不御。云髻峨峨，修眉联娟。丹唇外朗，皓齿内鲜。明眸善睐，靥辅承权。……于是洛灵感焉，徙倚彷徨。神光离合，乍阴乍阳。……尔乃众灵杂沓，命俦啸侣。或戏清流，或翔神渚，或采明珠，或拾翠羽。从南湘之二妃，携汉滨之游女。叹匏瓜之无匹，咏牵牛之独处。……冯夷鸣鼓，女娲清歌。腾文鱼以警乘，鸣玉鸾以偕逝。六龙俨其齐首，载云车之容裔。鲸鲵踊而夹毂，水禽翔而为卫。……"

到了三国曹魏时期，曹植有一次从都城回归自己的封地，路过洛水时，见到了这位大名鼎鼎的洛水女神。曹植为她的美貌与风姿所倾倒，向她倾吐了自己的爱慕之情。洛神也为曹子建的真情所感动，却由于人神殊途、无法结合，终究还是怅惘分别了。

有感于此次遭逢，曹植写成了著名的《洛神赋》。于是洛神之美，天下人直如亲见了。

掰书君曰

吾国古老神话中以美丽著称的女神并不少，宓妃、瑶姬、湘夫人、嫦娥、少司命……都是个中翘楚。到底谁更能代表最高的古典女性美呢？

这时候，我们似乎很需要一个古希腊神话中纠纷女神那样的角色，扔一个"玉桃"（"金苹果"不够本土化，就改改吧，呵）下来让众女神去争抢，谁抢到了，谁就是"最美丽的"，说不定还会演绎出一段中国版特洛伊战争呢。

不过，因为曹子建的生花妙笔，洛神成为中国文学史中当之无愧的美神，人间的这场战争可以免掉了。屈原以来香草美人的传统，《九歌》中的湘夫

洛神 七小绘

洛神（明代仇英绘、文徵明题字）

人、少司命众女神形象，传递到曹植笔下，经由他内心一段缠绵之情的铺排，终于活脱脱端出洛神这么一个美的代言神。至于曹子建写《洛神赋》是不是暗指嫂子甄氏，倒不必深究。

洛神的美，体现了中国文化中女性古典美的至高理想。从面容到身姿，从配饰到衣裙，从静立到移动，从沉默到吐言……无不极尽其柔婉，其飞扬，其华美，其优雅，其矜持，其端庄……

然而更重要的，在这一切之下，还有层哀愁清婉的情绪底色。

美神不是与爱情、与欢乐共存，而是与哀愁共存，这就深刻了。痛苦中的美，以及人（神）在直面或克服痛苦过程中所呈现的美，在我们的雅文化传统中，一直以来高于享受幸福、纵情欢悦时所呈现的美。与之相对的，是普罗大众对大团圆模式以及该模式下主角花好月圆人生的酷爱。可是，后者的主角难以成神，更难以达到美神的高度。

顺便说一句造神法。不同文化传统中的造神法是有交集的，比如日神、月神、星神之类的天体神，雷神、风神、云神之类的气象神，农神、水神、花神、灶神之类的行当神，其神位以其职司命名，各文化大致相通。所以中国有日神羲和、东君，古希腊古罗马也有日神阿波罗。

美神宓妃：古典女性美的巅峰

《洛神图》(宋代苏汉臣绘)

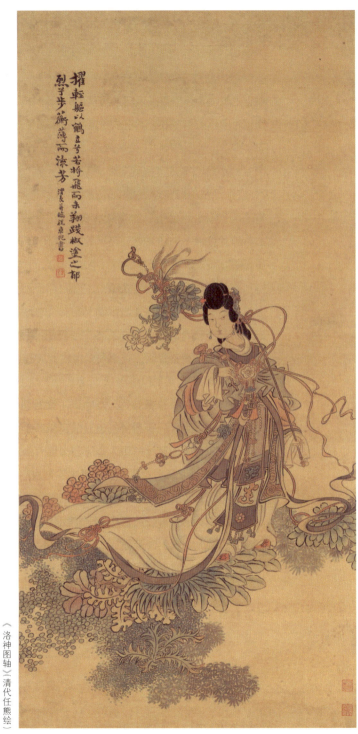

《洛神图轴》(清代任熊绘)

《洛神图》（晚清沈心海绘）

　　但交集之外，也有很大的不同。我们的神话传统就不倾向于将抽象概念分配给诸神，像古希腊的什么爱与美之神、智慧女神、自由女神、胜利女神、纠纷女神等等，在我们这里就不这么提。这方面，我们往往是有了一个神，然后向祂身上附会一些特性。所以同一个神常身兼数职、身具数能，往往是"箭垛式的"角色。像黄帝就兼具最高天帝、雷神、人王等功能，而炎帝则兼具南方天帝、太阳神的功能，等等。也因此，我在这里提爱神或美神等等，并不是生拉古希腊的爱神、美神来比附，而是说，爱与美，是我从瑶姬、宓妃等身上提取出的最大特质，是她们简明扼要的神格标签。

　　当然，我们也不是完全没有抽象概念神，像福神、喜神等就是。但他们真的就是个抽象概念，没有什么事迹流传，也没有活生生的神格可供把握。我以为这类神的出现应该是比较晚近的。

　　现在聊回洛神本身。

　　洛神原名一定不叫宓妃，也一定不叫雒嫔。宓妃、雒嫔，造名法相似，只有第一个字包含有效信息。宓，表明她的族源（宓牺氏／伏羲氏）；雒通洛，洛水，表明她的势力范围（工作地点）。从使用妃、嫔这种后宫字眼看，这两个名字的确定，距离原始神话时代有些远了。那么，没有溺亡之前的洛

河伯与洛神（傅抱石《九歌图·河伯》）

神叫什么？谁也不知道。如果她是伏羲氏的女儿，也许她的时代会早于女娲和瑶姬（炎帝之女），她也许叫女什么什么，但流传过程中这个信息丢失了，只保留了族源信息（另一个名称雒嫔几乎等于洛神，所以其实说了也白说）。如果愿意，我们也可以亲切地称呼她为阿宓。

宓牺（伏羲）是远古三皇之一。所以与女娲、瑶姬、娥皇、女英相似，阿宓也是"帝子"。她的溺亡，对于宓牺本人及全部族而言，一定是桩极其悲痛的大事。所以才会死而封神。以一条大河来永久纪念她，这是凡间最隆重的追思。

阿宓成神之后，就面临神的婚配问题。前文说到，她摄人心魄的美来自她的哀愁，那么她的哀愁来自哪里？也许就来自神的婚姻。

让我们来认真探讨一下这位女神的婚姻状况。

洛河有男神洛伯，《竹书纪年》和《归藏》里都有记载。正如湘水有湘君和湘夫人，以同一水的男神女神相配，听起来无论如何都比让洛水女神与黄河男神相配更理直气壮。所以，虽然文献里没有留下阿宓与洛伯的故事，但我们可以合理化地推知，阿宓成神之后，首配一定是洛伯。

文献又说，洛伯曾经与黄河男神河伯打了一架（《水经注》引《竹书纪

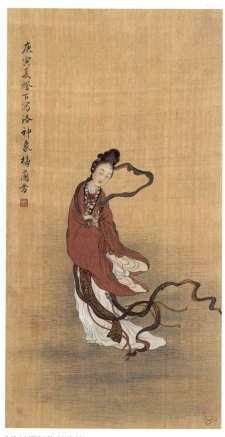

《洛神图》(梅兰芳绘)

年》:"洛伯用与河伯冯夷斗。"《归藏》:"昔者河伯筮与洛战,而枚卜。昆吾占之,不吉。")可能最后洛伯输了。"科学"地看,我们可以将此事理解为黄河与洛河两水交汇时发生过剧烈的碰撞冲突,最终黄河势力更大,洛水汇入黄河。神话地看,两个男神打架,要么为地盘,要么为女神(人),要么二者兼有。从河伯的神格(淫虐)来分析,他抢别人妻子的可能性太大了。也就是说,河洛这一架,是为争夺女神而打的。

改配河伯之后,阿宓变得郁郁寡欢,于是与大羿发生婚外恋。而大羿家里原本有个同样美得不得了的女神嫦娥,他也是吃着自己碗里的,看着别人锅里的。于是事情变得复杂了,形势呈现出了有趣的局面:阿宓、大羿、嫦娥、河伯,加上阿宓的前夫洛伯,这已经构成了中国古代神话中少见的五角恋爱关系。

神的五角恋爱!这剧情……想想就烧脑啊。前文大羿章节中的四角恋爱故事在本章获得了升级版。

神界没有离婚一说,所以曹子建遇到的洛神,哪怕跟河伯闹掰了、分居了,名义上应该还是河伯之妻。难怪她不开心。她其实应该向瑶姬学习,自己寻开心。可是你看她的朋友圈,什么汉水女神、什么娥皇、女英,全是心情不怎么开朗的闺蜜。也许大羿死后,她再也找不到那样登对的一个男神了,她的美丽于是空掷,她的哀愁于是倍增。

女战神九天玄女：兵机尽握

九天玄女的战神功能，淹没在她的女仙名号与外貌之下。其实，纵观她在各个时代的事迹，全都与教授兵法、帮助人间进行战争有关。我们会花两节来聊"黑白二女神"的故事，本节先聊"黑女神"。

故事

九天玄女，本名玄女，或者元女，又有九天圣母等尊称名号，她是由天地之精神、阴阳之灵气凝化而成的。在道教的神仙体系中，一说她是地位仅次于西王母的女仙。也有人说她是西王母的弟子。

玄女本来的形体并非人形，而是有着人的脑袋和鸟的身子。当然，她也能够以人的形貌出现，甚至化身为那种标准的美女神。她的手里长持宝剑、八卦盘、照妖镜等物，率领着雷部诸兵，随时准备下界斩妖除魔，为人间肃清魅恶。

玄女精通天地之道、阴阳之略，犹擅兵法。她有《天书》数卷，记载了灵宝五符五胜等驱策鬼神之术；又有六甲六壬兵信之符，以及行军布阵之法，足以指导任何战争走向胜利。

黄帝时代，黄帝与蚩尤大战。蚩尤一度占据上风，还搬来了北方荒野中的巨人族夸父做外援。黄帝九战九不胜，就回归泰山，在一片雾冥中反思了三天三夜。到了第四天，玄女从天而降。黄帝见了她的形貌，知道她必定非同小可，便稽首再拜，跪地不起。玄女问他想要知道什么。黄帝说："我想要得到万

身披甲胄御凤凰而行的女武神
——九天玄女

原文出处

《诗经·商颂·玄鸟》："天命玄鸟，降而生商。"

《古文龙虎经注疏》卷上《玄女演其序章》注曰："玄女乃天地之精神，阴阳之灵气。神无所不通，形无所不类，知万物之情，晓众变之状，为道教之主也。……疏曰：玄女亦上古之神仙，为众真之长。"

《天皇至道太清玉册》上卷《正一诸品箓》："《太上九天玄女斩邪秘箓》一阶。此箓恭行天律，部领雷兵。……神威所到，一切扫除，福佑生人，肃清魔魅，至心佩奉，感应无方。"

《云笈七签》卷一一四《纂五·九天玄女传》："九天玄女者，黄帝之师，圣母元君弟子也。黄帝……帝用忧愤，斋于太山之下。……大雾，冥冥昼晦，玄女降焉。……帝稽首……玄女即授帝六甲六壬兵信之符，灵宝五符策使鬼神之书，制妖通灵五明之印，五阴五阳遁甲之式，太一十精四神胜负握机之图，五岳河图策精之诀……"

《云笈七签》卷一〇〇《轩辕本纪》："玄女授帝《如意神方》，即藏之崆峒山。帝精推步之术，于山稽、力牧着体诊之诀，于岐伯、雷公讲占候，于风后先生救伤残缀金冶之事，故能秘要，穷尽道真也。黄帝得玄女授《阴符经》义，能内合天机，外合人事。"

战万胜、万隐万匿之法，该怎么办？"于是，玄女就将天书和兵符全数授予了黄帝。靠着九天玄女的帮助，黄帝最终战胜了蚩尤，称霸中原。

在黄帝之后，玄女还多次下降到人间，来帮助战争中更正义的一方获取胜利。像越王、薛仁贵、宋江、刘伯温等，都曾经从玄女天书中领悟兵家奥妙，从而打败敌人，成就功业。

掰书君曰

九天玄女这个人物，目前已经带有太多的道教女仙色彩。而道教的神仙体系，经过历代道士们的努力编撰，

九天玄女授黄帝兵符

第十单元 诸女神

女战神玄女　七小绘

九天玄女常被描述为骑着凤凰,手持长剑、兵符的形象。后世亦尊其为凤凰圣母。图为 1958 年河南省邓县学庄村出土的南朝凤凰画像砖

基本上成了一部架构过于整齐、内容天马行空、人工斧凿痕迹完全不加掩饰的教内家谱,虽也有一些民间传说的根据,并吸纳了很多本土原生神话人物,但与上古神话的原生态也相去甚远了。

我们不必去纠缠玄女在道教女仙中的位次到底排第几,因为这种人为的座次意义本来也不大。关于玄女的来历,有一点很重要:她与西王母一样,是真正有上古神话传承基础的,是有文化根源的。

玄女的族源,是殷商,是东夷。

首先,从玄女的形貌看,人面鸟身。这个造型咱们很熟悉啊,这是典型的鸟族神灵的长相嘛。东方青帝太皞的辅神、木神句芒不也是人面鸟身么?只不过句芒的脸是方的,没有玄女好看。

其次,从"玄"的字面意思上看。玄,首先是黑色的意思,然后才是深奥的意思。黑在道教中是高级的颜色。所以"玄女"名号还有一解,那就

是黑衣女、黑女神。她可以变换很多服饰,但黑衣是她的本相。正如她可以幻化成美丽人形,但人首鸟身是她的本形一样。而在玄女的名号上加"九天",不过是以其所居处(九霄)的高远来增其深奥玄妙,这符合道教的风格。

另一方面,"天命玄鸟,降而生商",殷族人自称玄鸟的后裔。前面帝喾章节已经聊到过,玄鸟就是黑鸟,就是燕子。玄鸟而为神,有个人首鸟身的形貌很自然。于是玄鸟与玄女产生了交集,玄鸟有了转化为玄女的文化基础。

至于玄鸟为什么采取留下鸟蛋让简狄吞了生娃来繁衍种族的方式,应该这么说:其实也没有什么别的好办法啦。倘若是男神与凡女相接,一般采用感生方式,就是虚拟结合。可是如果将玄鸟视为女性神,她就算找个男人,就算是实体结合,也达不到借腹生子的目的。她还得找个女人。所以,鸟蛋简直是对精子的赤裸裸的比喻——如果我们假设神也是有精子的话。可玄女是女神,神的精子从哪里来的呢?难道又是"天地精华凝结而成"之类的来历?故事的逻辑在这里有了一道明显的裂缝。依我说,咱们将这看作是故事从玄鸟到玄女演化过程中的 bug 就行了。神话流变中有 bug,还不是很正常的么。至少,玄鸟、玄女、句芒等鸟形神同属一个神族的结论是妥妥的了。

那么从族源看,玄女就不可能是西王母派系的,不管说是她的弟子还是女儿,都不靠谱。

玄女授黄帝天书,是玄鸟神话与黄帝神话的

九天玄女像(明代)

九天玄女像（清代高淳东平殿壁画）

明代白釉九天玄女玉石立像。人像头绾高髻，身着襦裙，胸佩璎珞，左手握兵书，右手上扬，赤足立于仙人桥上，俯首下视，做授书给黄帝状，周身祥云缭绕。（甘肃省博物馆藏）

混融。黄帝神话到后期也"被带上"了明显的仙话特点，所以什么法术符箓、阴阳方略、奇门遁甲之类的，就通通出现了。但是人家还能从天马行空的道教玄虚，再转回朴拙的蚩尤神话那里去，也是不易。

玄女积极干预世事，有着替天行道、除暴安良的意愿，从这个意义上，她的神格带着点"正义女神"的抽象概念色彩。不过，既然有具体事迹，自然还是战神这个名目更适合她。

作为女战神，或者说最早有迹可循的战神之一，玄女也是一个"箭垛式的人物"。后世的一切所谓深奥高妙的兵书、天书、奇书，什么黄帝阴符经、鬼谷子天书、黄石公兵法、骊山老母的阴符经等等，其实全都是她这个出处（因为在传说中，后面几本书的出处如果没有直接点名来自玄女，也常常会上推到黄帝，而黄帝的书是来自玄女）。她可以说是创立了一切兵书阵法、一切军事韬略的始祖。后世的演义小说里一写谁在战争进入死角之际得到高人异传、柳暗花明力挽狂澜，通常都会向九天玄女（或其弟子传人）去找依据，可见她的军事韬略能力在民间的影响力是多么巨大。

蚩尤也是后世所尊崇的战神。如果单从事迹来看，蚩尤被黄帝打败了，而黄帝的战法是玄女教的，玄女 > 黄帝 > 蚩尤，似乎可以得出结论：古老的女战神比稍后的男战神厉害，东夷出产的战神比苗蛮出产的战神厉害。聊备一哂。

综上，纵观吾国古代传说中诸神的战斗值、策略能力和对后世的影响力，连同英雄神的标版大羿在内，毫无疑问，九天玄女要排在第一。她是当之无愧的战神之王。

《水浒传》第四十一回《还道村受三卷天书，宋公明遇九天玄女》，叙述宋江被官兵追赶时，躲进九天玄女庙，被九天玄女所救，并授其兵书三卷之故事。(《浮世绘水浒传》，日本葛饰北斋绘)

九天玄女像(《浮世绘水浒传》，日本葛饰北斋绘)

  这没啥好奇怪的，古希腊神话里的战神也是女神，她由智慧女神雅典娜兼任。北欧神话里也有女武神瓦尔基里。战争背后的那只翻云覆雨手，并不必然与神的性别相关。

  顺便说一句，再往后（尤其到了中古时期），随着神话的演进、信仰的更迭，正统中原文化所正式祀奉的"兵主"、战神，就连蚩尤都逐渐靠边，而改为黄帝了。这不仅是黄帝作为一个箭垛子型角色"吸粉能力"强大、排异能力强大的体现，也因为兵戎作为国家大事，它的庄严正统需要一个更主流的、更"伟光正"的对象来承载。男神时代，王统让异族走开，战争让女神走开。于是，玄女作为民间传统的一部分，渐渐退居口头传承与通俗演义中，成了对庙堂祭祀和膜拜的补充。

  再顺便说一句，其实在仙话里，玄女还有一个职司，就是与白女神素女共同担当性爱女神。这黑白二位女神，简直是要揽尽天下生死之事了。关于此事放到下节中再细聊。

女战神九天玄女：兵机尽握

音乐兼性爱之神素女：做爱做的事

素女最为世人熟知的事迹，显然是向黄帝传授了《素女经》。其实，素女还是天分高绝的音乐之神。两重身份统一在她的身上，竟然也没有什么违和感，不愧是大名鼎鼎的白女神。

故事

在古中国西南方的黑水之间，有一片神秘的原野，叫作都广之野。都广之野上有座神秘的城池，方圆三百里，那是天地的中心。素女就是从那里出来的。

素女是一个多才多艺的女神。她具有超绝的音乐才能，无论是琴、瑟还是别的什么乐器，一经她演奏，就会产生动人心魄的效果。

琴这种乐器据说是神农氏发明的。素女所在的都广之野就有一张琴，叫作都广之琴。素女拨弄着都广之琴的时候，冬天会吹来温暖的风，夏天会降下冰凉的白雪；鸾鸟听了她的琴声会婉转鸣叫；凤鸟听了她的琴声会翩翩起舞；灵寿听了她的琴声，会自行开花。

瑟这种乐器据说是庖牺氏（伏羲氏）发明的，最初有五十根弦。黄帝（又作太帝或天帝）请素女鼓瑟，素女便将瑟鼓得哀伤不已，到了弹者与听者都无法承受的地步。于是黄帝只好将瑟从中破开，只保留一半，变成二十五弦，这样才能演奏下去。

素女凭借自己对旋律、节奏和乐器特性的把握，能将任何乐器都演奏出这样惊人的感染力，她真是当之无愧的音乐女神。

除此之外，素女还是吾国文化传统中的性爱女神。

素女曾经向黄帝传授《素女经》。《素女经》的内容，就是教黄帝和世

原文出处

《山海经·海内经第十八》："西南黑水之间,有都广之野,后稷葬焉。"郭璞注:"其城方三百里,盖天下之中,素女所出也。"

《世本·作篇》(秦嘉谟辑补本)："庖牺氏作瑟……五十弦。黄帝使素女鼓瑟,哀不自胜,乃破为二十五弦。"

《史记·封禅书》:"太帝使素女鼓五十弦瑟。"

《说郛》卷一〇〇辑虞汝明《古琴疏》:"素女播都广之琴,温风冬飘,素雪夏寒,鸾鸟自鸣,凤鸟自舞,灵寿自花。"

《云笈七签》卷一〇〇·轩辕本纪》:"素女于广都(可能是「都广」之误)来,教(黄)帝以鼓五十弦瑟……黄帝损之为二十五弦,其瑟长七尺二寸。……(帝)于玄女素女受房中之术,能御三百女。"

《抱朴子·内篇·极言》:"昔皇帝……论道养则资玄素二女。"

人如何"做爱做的事",并从中获益,而不为之所伤。直而言之,素女是房中术的始祖和教主。素女不仅从理论上论证了阴阳交欢的养生原理,而且从实际操作上给予了非常详细和具体的指导。古今坊间所有过的一切三十六招七十二式一百零八图之类秘籍,全都来自她的真传。《素女经》是真正的性爱宝典。

后来,《素女经》一度成为民间的新婚夫妇内闱生活指南,指导和帮助许多年轻的姑娘小伙度过婚姻生活最初的懵懂时期。

身兼音乐之神与性爱之神两重职司的素女,同时做着这两件"爱做的事",内心想必也是欣悦的。

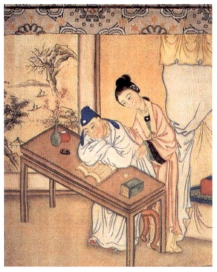

《素女经》一度成为古代民间的新婚夫妇内闱生活指南

音乐兼性爱之神素女:做爱做的事

徐州驮篮山楚王墓出土的汉代吹奏陶俑

掰书君曰

　　素女在音乐和性爱上的"兼职",显然是后世黏合的结果。前半截讲都广之野,朴拙;后半截是仙话,玄妙。两者的交集是黄帝。弹琴授术,都与黄帝相关——与黄帝相关也就与诸神、与众人相关了。对凡人而言,音乐与性爱简直不可或缺,看来素女真是"人民的神"呢。

　　素女的名号最早出现在先秦史书《世本》中,只提了她作为音乐女神的事迹。琴、瑟,都是上古的主流乐器。操作好了琴瑟,就站立在了天下音乐界的潮头。想来在更早时期,关于素女的音乐天赋会有更多、更丰富的内容,惜乎不传。

　　上古与音乐相关的神或神人异人,留名的不少。像女娲之臣娥陵氏、圣氏造了都良管、斑管,黄帝之臣伶伦定了音律,帝喾之臣咸黑做了《九招》曲,颛顼之臣飞龙做了《承云》曲等等,他们都是音乐奇才。为什么我要说那个没见记载发明了什么乐器、制作了什么乐曲的素女更堪担当音乐之神呢?

　　这是因为,造乐器、制乐曲等固然与其自身音乐才能相关,但很多时候这些行动都是奉命而为,他们贡献的更多是技艺。而素女显然超越了工匠的纯技术范畴,达到了人器合一、人曲合一、人乐合一、在音乐中自如徜徉的境界。她操作乐器的结果,对自然界发生了巨大影响,这是她神力的体现。她本身强烈的艺术气质所外现出的美的感染力,远胜于乐器或乐曲对人的教化功能,这是她神格的魅力。

　　想来,如果让兼为性爱之神的素女去演奏人间的第一件乐器笙的话,她一定会演奏得十分激情飞扬。

徐州驮篮山楚王墓出土的汉代抚瑟陶俑

徐州驮篮山楚王墓出土的汉代击磬陶俑

因为笙这种乐器,本来就是女娲大神造出来勾动人类的情思、让男男女女尽情欢爱的。

毕竟,音乐与房事,都是人类爱做的事。

说到性爱女神,其实按照道教仙话的说法,是有两位:玄女和素女。

玄者,黑也;素者,白也。玄女和素女,其实就是黑白二女神。以黑白代表宇宙万物,以二元分立之,这很符合道教的风格。但这两位女神的来历,都不是道教自己生造的,而是有远古神话传说的基础。如果说玄女出自东夷,素女很可能出自古蜀(学界常认为都广之野就是今天的成都平原)。我们看黑白二女神在有族源的故事里,都与性学无关:玄女所擅是兵法韬略,素女所擅是音乐。是后来道教为了拼凑神仙排行榜,为了推广自己的阴阳互助养生大法,拉大旗作虎皮,生把她们拉过来的。所以玄素二神的性学大师特长,都是假托,或者说,性神是她们的兼职。两神之中,素女往这方面兼偏得似乎多一些,作为性爱导师的知名度更大一些,所以咱们就以素女为黑白二女

金代秘戏图铜镜

神的代表,来担当性爱之神的职司吧。

关于素女与黄帝的关系,很有趣。

在音乐的部分,素女与黄帝的关系说法不定,有时候像是上下级("黄帝使素女鼓瑟"),有时候又是师徒("素女……教帝以鼓五十弦瑟");但在性爱的部分,素女就毫无疑问地被认为是黄帝之师("[帝]于玄女素女受房中之术")。由于没有更多、更古的资料,我们甚至无法确认两者是不是生存于同一时代,所以对于他们关系的真确性,也无法细究。总结起来,在神话中,素女可视为帝师,即(人王模式下的)黄帝之师。而且,是那种可以发生"师徒恋"的师徒哦。

现在来聊聊性爱之神这档子事吧。

当然,在儒家文化的正统秩序中,是不会有对素女作为性神事迹的叙说的。堂而皇之地谈论性爱,只能是在道家典籍中(这里不考虑非中土主流的佛教密宗等资料),而且往往还要披上养生的外衣,才显得理直气壮。

房事虽然不稀奇，房中术却是伟大的总结、发明与创造。与白女神的博大精深和重视操作相比，苍老师什么的都弱爆了。就算印度的性爱宝典《爱经》，恐怕也要输《素女经》的理论深度三分。

发明了这门高深学问的素女，想来也是身体力行以之修道的。所以她才能逆生长，阴阳调谐，千万年保持朱颜不变。我总疑心她来给黄帝授"经"，同时也会授"术"。所以这件事经不起细想——师徒之分经不起细想，"能御三百女"也经不起细想。哈哈。我是不是又发散过头了。

神奇的是，素女作为性爱之神，其形象却一点也不显得放荡，连爱情女神瑶姬放荡的边边都挨不上。这一方面固然是因为文献中没有任何关于素女言行的具体描摹，让人无法身临其境感知她的"临床"风采；另一方面，也与素女在此事上所采取的"科学"态度有关。

在素女的"著述"中，此事岂止与爱情无关，简直与欲望也无关。她就是一个冷静的科学家，通过无数次冷静的活体实验，在观察和分析人类的荷尔蒙、多巴胺、内啡肽等物质的运动规律，并为此写下洋洋洒洒的总结笔记，作为学术论文向全宇宙发表——全宇宙的代言人，就是黄帝。

这种科学态度，让一切能见光不能见光的细节都变得坦然了。于是道教某些派别的某些行为也变得理直气壮了。素女教过的事，黄帝学过的事，有什么爱做不爱做呢，照着修炼就是了。

白女神素女简直是地球人性爱必修课的第一女夫子，是房中术的最高祖师奶奶。

人人都爱白女神。

末了，在本章结束之际啰唆一句，关于女神，或者帝女、帝妻/天后、帝母这部分话题，其实可掰的角色、事迹还很多，以后有机会再跟大家细聊吧。

本章聊华夏族之外的其他民族的大神。因为其数量众多，本章不过择几位显赫者略叙，以备读者诸君管窥。所选取的事迹，限于创世、创造人和动植物或者开创部族这个阶段。

第十一单元

八方大神

世界从妙音开始

关于创世的元物质，除了汉语神话文献中的混沌、阴阳二气，其实还有风、雾、蛋、白光、铜鼓等等奇奇怪怪的东西。本节给大家聊聊纳西族天地初始的故事。

故事

千古万古之前，没有天地，没有日月星辰，没有海洋，也没有山脉。

在这样一个什么都没有的虚空之中，从上方出现了一种美妙的声音，从下方出现了一股祥瑞的气息。美妙的声音与祥瑞的气息交合在一起，宇宙间就刮起了白风。

三股白风吹拂着，变成了白色的云。白云里酿出了白露，白露凝结出一个白蛋。

白蛋孵开了，里面蹦出来五位大神，他们叫作：盘、禅、高、吾和恒。

白蛋里面还蹦出了两位大主：善神米利东主和黑界米利术主。

于是，无论天地、山川、风雨还是牛羊，都有了白色、黑色、红色、黄色和绿色之分。

一座叫作"居那若倮"的神山负责支撑着天地，一块叫作"赠争含鲁"的石头负责镇压妖孽，一滴由白云酿出的白露，化成了纳西人的米令达吉海。

于是，山里的万物在山里生长，海里的万物在海里生长。万类万物繁衍昌盛。

原文出处

这个故事改编自东巴叙事长诗《黑白大战》。

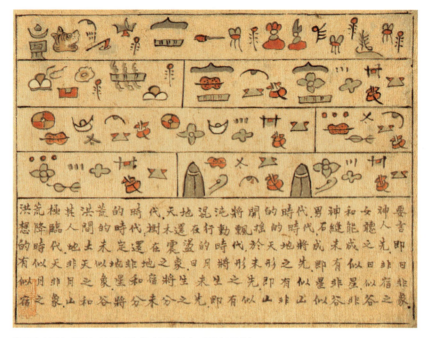

纳西族东巴文手写本《创世经》的内页照片（下部为汉译文）

掰书君曰

纳西族流传的创世过程比较复杂：声音+气息→风→云→露→蛋→五神+两主→山海万物，像一个不断发生的化学连锁反应，而不是一两个神搞定一切那么简单。

之所以这么复杂，可能与其长期口耳相传、在流传中添加进了各种各样的新元素有关，也可能与纳西人对世界本质的认识有关。但把创世过程设计得这么复杂，显然需要相当高的智慧。

古老的东巴文是一种象形文字，纳西人以亦图亦文的方式记录下他们的古老传说。我们可以看到他们的基本神谱从创世之初便已确定，此外，善恶的对立也是创世之初就有的。

创世劳模密洛陀

本节聊一个瑶族布努支的神话作为女神创世故事的代表。密洛陀是一个集盘古与女娲能量于一身的大神,不仅创世,而且造人。虽然我们疑心女娲在更荒远的时候也是个创世神,但毕竟留下的证据不多,不像密洛陀的事迹,铁板钉钉。

故事

远古天地没有分开的时候,宇宙间有一面铜鼓,铜鼓中间睡着一个女人,她就是密洛陀。她头枕着一对鼓槌,身边有九个影子般的大神护卫。铜鼓是由九十九条金龙和九十九只金凤保护的。

女人在铜鼓里睡了九千九百年。有一天,忽然一声霹雳,粘在一起的天地裂了一道缝,所有的龙凤都惊起了,围着女人唱道:密啊密,快快起来创世界!(密,母亲的意思)

密洛陀醒来,走到裂缝边,双臂一顶,双脚一踩,将粘在一起的天地分开。天缓缓上升,地慢慢下沉,世界被创造出来了。

密洛陀摘下左耳的金耳环吞进肚子,过了九千年,她生下一个大金球,金球升上天空,这就是太阳。从此,蓝天亮堂堂,大地暖融融。

密洛陀摘下右耳的银耳环吞进肚子,过了九千年,她生下一个大银球,银球升上天空,这就是月亮。从此天分四季,时分昼夜,世间有了时序。

密洛陀召唤九神的老大卡亨,给了他金扁担和银斧子,让他造出高山,做了山神;又召唤罗班拿着金锤和银锄去治水,做了水神;接着,密洛陀又安排了树神、花神等,造出了植物。

密洛陀用九个大神身上的宝物——羽毛、绒毛、犄角、脚爪等等,拌着九蒸九晒的糯米饭一起舂成粑粑。她用谷米拌粑粑捏出了猪、狗、鸡,用香果拌粑粑捏出了香狸,用青枫树叶拌粑粑捏出了十二种飞禽、十二种走兽……分别放在不同的大缸里化育而成。她命令道:用草做成的就吃草,用谷米做成的就吃谷米。

然后,密洛陀命令九个大神取回各种蜂蜡,开始造人。

她照着蜜柚做人头,仿着冬瓜做人身,捏到四肢的时候她想:飞鸟有脚又有翅膀,走兽有四只脚,人要比它们强,应该分开手和脚,双脚用来走路,双手用来做工。人形捏好了,密洛陀将他们放到许多大箱子里,用自己的心血化育。

经过二百七十天,第一代人出世了。第一个箱子里是马蜂蜡做的十对白胖胖男女,个个聪明伶俐,密洛陀叫他们"布卿",就是如今的汉族;第二个箱子里是黄蜂蜡做的九对精灵可爱的男女,密洛陀叫他们"布羌",就是如今的壮族;第三个箱子里是蜜蜂蜡做的八对发长眉秀的男女,密洛陀叫他们"布苗",就是如今的苗族;第四个箱子里是古蜂蜡做的五对细小可爱的男女,密洛陀叫他们"布努",就是如今的瑶族。

原文出处

本故事原文据蓝阿勇讲述,蒙冠雄采录翻译,收录到《中国民间故事集成·广西卷》中,《中国神话》亦有选录。

掰书君曰

《密洛陀》在红水河两岸瑶族山乡流传甚广，异文也比较多，本文只介绍了密洛陀故事某个版本的一小部分。有些很有趣的情节，包括各族人是怎么分工的（尤其要解释为什么瑶族世代居住深山烧荒打猎），包括命令火神和弓箭神射日射月（因为当初由她耳环化育的那对日月自己结了婚，生下了小太阳小月亮各十一个），包括瑶族的年节怎么来的等等，这里就不一一细聊了。

密洛陀是一个非常完美的大女神范本，从开辟鸿蒙到化育万物、给世间定规则，堪称神中劳模。故事全套遗存了女神的事迹，让我们能一窥女神信仰时期的原始思维点滴。尤其布努瑶支系的"达努节"（即"瑶年""祖娘节"），伴随着瑶族师公唱诵《密洛陀古歌》，人们敲鼓、献祭、歌舞欢娱，保存了民间信仰的活态。

密洛陀并非创世女神的孤例。我国侗、壮等许多民族的神话中，至今保留着其各自女神萨天巴、米洛甲等的创世故事。

后来，那只狗成了盘王

前文提到瑶族的女神密洛陀，瑶族还有个男神（或半人半神）盘王"盘瓠"也是非提不可的。事实上，盘王并不仅仅属于瑶族，在畲、苗、黎等民族中，他的地位也很高。

故事

故老相传，帝喾高辛王有一次和王后[1]一起到郊野打猎，回来之后，王后的耳朵就疼起来了。一疼，疼了三年，百般医治都没有效果。

三年之后，王后的耳朵里忽然跳出来一只金虫，有三寸长。高辛王和王后都觉得很稀奇，就把金虫养在瓠离（类似葫芦的容器）里，上面用金盘盖着。过了些天，金盘"咣"一下被顶开，一只身长一丈二的大龙狗从瓠离里跳了出来，它就是金虫变的。高辛王一看非常喜欢，每天将这只大龙狗寸步不离带在身边。因为它是从金盘和瓠离里变出来的，就给它起了个名字叫作"盘瓠"。

当时，北方的犬戎房王与高辛王在打仗，久战不决，高辛王非常忧虑。他下诏说："谁能把房王的头斩了来见我，我就把公主嫁给他。"可是，房王非常厉害，身边护卫又多，群臣们面面相觑，都不敢应承。

第二天，龙犬盘瓠不见了，哪里都找不着。过了几天，它忽然跑回来，将一个人头往高辛王面前一扔。大家定睛一看，正是房王的头。

原来，盘瓠听到高辛王的诏令后，就自己跑到房王的营帐里去了。房

---

[1] 为了让读者管窥民间口头传承的特点，本故事较多地保留了原采集版本的语言。高辛王、王后、公主云云，都是讲述中老百姓的说法，并不意味着当时他们真的具有那种称号。

王一看大喜，说："高辛王一定是要灭亡了，连他的爱犬都抛弃他来投奔我了。"于是将盘瓠养在营中。夜里，盘瓠趁房王和手下喝醉了酒疏于防备，一口咬下了房王的头。

高辛王大喜过望，命手下给盘瓠端来精美可口的肉酱。没想到，盘瓠不肯吃，怏怏地趴到了一旁。盘瓠这一绝食就是三天，高辛王急了，说道："盘瓠啊，你为什么不听我的话了？是因为我没有践诺吗？可是你是狗，人和狗是不能通婚的啊。"

这时候，盘瓠忽然开口说话了："没关系，只要大王将我盖在金钟里，经过七天七夜，我就可以变成人了。"

高辛王照着盘瓠的话，将它罩在了金钟里。到了第六天晚上，公主担心盘瓠饿死，也很想知道自己未来的夫婿变成了什么样子，便偷偷掀开了金钟。

她看到，盘瓠的全身都已经变成了人的模样，除了脑袋。金钟揭开之后，盘瓠的变形就中止了，他从此永远是狗头人身的形象。

公主觉得很抱歉，爽快地戴上狗头帽跟盘瓠结了婚，这大概就是表示"嫁鸡随鸡，嫁狗随狗"的意思吧。婚后，高辛王将盘瓠封为盘王。盘瓠带着公主去到深山，开始了艰辛的创业。

后来他们生下了几个儿女，去请高辛王赐姓。老大生下来用盘子装的，就姓了盘；老二生下来用篮子装的，就姓了蓝；老三出生时天上在打雷，就姓了雷；老四是女儿，长大后嫁了个丈夫姓钟。

后来，盘、蓝、雷、钟四大姓氏互相婚配，子孙繁衍昌盛。他们都奉盘瓠为共同的老祖宗，每年"盘王节"的时候都要隆重地祭祀他。

后来，那只狗成了盘王

原文出处

盘王的故事保存于瑶族的《盘王大歌》、畲族的《狗皇歌》等活态传唱中。本文主要据此而写。

《古史辨·盘古盘瓠与犬戎犬封》引《狗皇歌》："当初出朝高辛王,出来游嬉看田场。皇后耳痛三年在,医出金虫三寸长……便置金盘拿来养……变成龙狗长二丈……收服番王是佲人,爱讨皇帝女结亲……金钟内里去变身,断定七日变成人,六日皇后开来看,奈是头未变成人……"

《后汉书·南蛮西南夷列传》:"昔高辛氏有犬戎之寇……乃访募天下有能得犬戎之将吴将军头者,购黄金千镒,邑万家,又妻以少女……盘瓠遂衔人头造阙下,群臣怪而诊之,乃吴将军首也。"

《山海经·海内北经第十二》:"'犬封国'条:昔盘瓠杀戎王,高辛以美女妻之,不可以训,乃浮之会稽东南海中,得三百里地封之,生男为狗,女为美人,是为狗封之民也。"

《魏略》转引自《太平御览》卷七八五《四夷部盘瓠》:"高辛氏有老妇,居王室,得耳疾,挑之,乃得物,大如茧,妇人盛瓠中,覆之以盘,俄顷化为犬,其文五色,因名盘瓠。"

掰书君曰

　　说起狗头王"盘瓠",大多离不了他与"盘古"关系的讨论。前文已经提到过,一般认为,东汉末年徐整他老人家在糅合、创造中原系的大男神时,需要给这位伟大的创世神一个足以服众的名号,于是,很有可能,他参考了当时在南方各族中广受崇奉的"盘瓠"的发音,而发明出了"盘古"这么个称呼。

　　这么说,不意味着当时中原系完全没有创世男神,但是我以为,当时具有创世能力的男神肯定是不那么统一、不那么特别显赫的。比盘古出现时代更早的烛龙（烛阴）虽然具有开辟神的潜质（袁珂），但到了东汉流传度已经不高，样子也不够帅；此外，当时的流传中，女娲伏羲、西王母东王公都是对偶神，这种二元神的设置比起一元独立神（比如大女神时代的女娲）来略逊一筹，不足以凸显男士的伟大。大汉是盛世，官民各方对于一个单独的创世男神的需求简直呼之欲出。于是，托"盘瓠"的福，"盘古"诞生了。

可是，借名归借名，参考归参考，盘瓠和盘古的事迹，是没有重合的。

我国现今的少数民族神祇众多，各民族内部又支系庞杂，自家支系的神，别家支系未必知道或了解。但是"盘王"不一样，他在好几个民族中的地位和知名度都很高。狗头王盘瓠被苗、瑶、畲、黎（或其支系）视为共同的始祖；他不仅与妻子（"公主"）一起繁衍下了这些民族的后代，还是发明犁耙、织机等生产工具的文化英雄；同时，他还具有掌管人类生死寿夭、保佑后代等职能，又可算一个综合神。在作为文化遗产得到保护之后，盘王信仰越来越受到世人的广泛关注。

故事中打仗的双方并不总是高辛王和房王，有些版本做平王（或评王）和高王等。高辛王、王后、公主之类的名目，至少在高辛氏时期是没有的，看作是后人的追称就好了。

故事中与高辛氏打仗的敌方叫犬戎国。犬戎也是崇奉狗的。《山海经·大荒北经》说"黄帝生苗龙，苗龙生融吾，融吾生弄明，弄明生白犬，白犬有牝牡，是为犬戎"，传达了两条重要信息：第一，犬戎是黄帝后裔（这条我是不信的）；第二，犬戎是两只同胞白犬相交而生的后代（这条很有神话色彩，但也隐含中原人对异族的诋毁或轻蔑）。

犬戎的长相是"人面兽身"，即人头狗（本质上还是狗），这与盘瓠的兽面人身（本质上已经变成人）恰好相反。犬戎在历史上影响很大，曾经是中原民族在北方边疆一个抹不平、挖不去、吃不掉、焐不化的伤痛，以至于中国古代星空中都有"狗国"四星[1]来加以标示。

---

[1] 狗国四星，在斗宿的东北方向，对应地下的犬戎（及其后裔东胡、匈奴等生活的地区）。《宋史·天文志》云："狗国四星在建星东南，主三韩、鲜卑、乌桓、严犹、沃沮之属。"

犬戎国（《山海经》明代蒋应镐绘图本）

  既然都与"狗"有基因上的亲缘关系，犬戎与盘瓠有无文化间的隐藏联系呢？这是一个很少有人去思考的方向。我在想，有没有可能，盘瓠的原型是一个来自犬戎族的反对派猛士？故事可能蕴含着我们尚未挖掘出来的象征意义。让角色在人—动物—神之间游走，本来就是神话创作的方式之一。

  除了上述的盘瓠"生下四姓"版本，在某些瑶族传说中，盘瓠与公主结婚后生下的孩子有十二个，六男六女，各获赐一姓，这是最早的瑶族十二姓。另外还有生下六姓、七姓等版本，此处不再赘言。

布洛陀定规矩

壮族有一个开天辟地的大女神/始母神姆洛甲（又译姆六甲），又有一个男神布洛陀。布洛陀相对后起，但局部取代了姆洛甲的功能，也成了创世神。这里选的这一小节，只讲布洛陀怎么定下万物的生长、生殖规矩。

故事

布洛陀造好天地万物之后，世间充满了花草树木、鸟兽鱼虫和人类，可是它们都无名无姓，既不知道怎么称呼，也不知道如何生长，如何行事，如何传宗接代。

布洛陀就给它们逐一命名，并且规定：禾苗的叶子不能长得太繁盛，不能光长叶子不抽穗；猪不能生独仔；蛇不能横在大路上，也不能爬到人住的地方；鸡鸭不能一次生两个蛋；鹅不能长猫毛；龙不能滚猪槽；老虎不能到田里糟蹋禾苗；牛不能拱主人；狗不能坐板凳；鸡不能跟鸭配；黄牛不能跟马配，也不能跟水牛配；母牛一年只许发一次情；兔子可以四十天生一窝……

人去问布洛陀：我们多长时间可以生养一次呢？

布洛陀当时正忙着盘（方言，想、做、从事之意）别的事情，顾不得回答。人缠着他老问，他不耐烦了，就随口说：你们喜欢怎么办就怎么办吧！

布洛陀的话就是规则，他定下规则，万物都得遵守，违反的会受到惩罚。

于是，人的生养问题就没有时间限制了，人想什么时候生，就什么时候生。

轮到老虎问的时候，布洛陀说：你就一窝生十个吧。老虎很高兴，回来的路上边走边算：一窝十个，十窝一百，百窝……它正算着呢，冷不丁一只黄猄（jing，小型鹿）跑出来。老虎吓了一跳，一下子把数目忘掉了。它再

布洛陀与老虎 七小 绘

去问布洛陀，布洛陀不耐烦了，说：这么简单的数都记不住，你就一窝生一个好了！

从此老虎一窝就只能生一个仔。所以老虎恨透了黄猄，一见到黄猄就要扑咬。

掰书君曰

壮族即古时"南越""濮人"等之谓也，人口众多，主要分布在滇黔桂粤等地，越南北部亦有分布。布洛陀为万事万物定规矩的故事，让我们得以一窥古濮越神话的点滴面貌。

壮族很古老，具备创世气质的大神有女神也有男神。前文在《楚人从肋骨中诞生》那个故事的评述里提到过，姆洛甲原本是壮族开天辟地的大女神、始母神，地位相当于早期的女娲，后来神格下降，让位给男神，自己退守生殖女神的位置，至今民间仍传说她从胁下生出了人类。其实我国苗、瑶、壮、侗各族都有类似的情形，学界研究汉族女神信仰时，也常参照今日各族的信仰活态。

姆洛甲和布洛陀的情况，有点类似女娲和伏羲，后起的男神部分取代了早先的独立创世女神的功能，也成为一个创世神。但姆洛甲和布洛陀并没有完全发展成为对偶神。

关于姆洛甲与布洛陀信仰，学界存在很多争议，这与其异文纷呈、流传面狭窄以及现代旅游商业、政绩夸示的干扰和操作有关，就不详说了。

原文出处

本故事由周朝珍口述，何承文整理，流传于广西右江、红河一带。原文见蓝鸿恩编《壮族民间故事选》，本文有改动。

姆洛甲塑像

布洛陀塑像

遮帕麻和遮米麻造天地

本节聊聊阿昌族开天辟地的两个对偶神，他们最初的形象实在让人销魂。

故事

阿昌族的始祖神是遮帕麻和遮米麻，他们从混沌中诞生。

当初，混沌中闪出一道白光，分出明暗，再分出阴阳，从而诞生了天公遮帕麻、地母遮米麻，以及三十名神将、三十名神兵。

天公遮帕麻胸前吊着两只山一样的乳房。他用赶山鞭召来神兵神将，运来了金银两色的沙子。他又召唤出三千六百只神鹤掀起狂风、带来暴雨。遮帕麻就着这风雨，用金沙捏成了一个太阳，用银沙捏成了一个月亮。

日月捏好之后没有地方摆放，遮帕麻取下自己的左边乳房变成太阴山，将月亮放在上面，取下自己的右边乳房变成太阳山，将太阳放在上面。

从此日月都有了自己歇脚的地方，而男人没有了乳房。

与此同时，地母遮米麻也在织地。她原本的头发和脸毛都很长，脖子上长着一个比芒果还要大的喉结。遮米麻摘下喉结当梭子，分别拔下右脸、左脸、下颌、额头的毛，织出了东西南北的大地。从此，女人没有了胡须和喉结。

遮帕麻和遮米麻刚造完的天地都是非常平整光滑的，两相一合，发现天造小了，地织大了，天边罩不住地缘。遮米麻便抽去三根地线让地变小。天地总算合拢了，但大地起了褶皱，凸起的地方成了高山，凹下的地方成了深沟。

原文出处

本文所本故事，来自 1979 年云南民族学院阿昌族民间文学调查组搜集到的创世史诗，赵安贤讲述，杨叶生翻译，智克整理。收录于陶阳、钟秀编《中国神话》时篇名为《遮帕麻与遮米麻》。

掰书君曰

《遮帕麻与遮米麻》是阿昌族的创世史诗，这里只选取改写了开头的一小节。阿昌族分布于云贵，说阿昌语，属汉藏语系—藏缅语族—缅语支。他们没有自己的文字，习惯用汉文和傣文。

宇宙从混沌中分阴阳，这个思路跟中原系是一样的。再从阴阳而分出男女二神，这也与之前提到过的"阴阳二神"相似。我国西南各族的创世神话大多成体系，涵盖从天地初开到造天体、造人、造万物、取火、定婚姻、定生计（农林渔等产业）、定动物职责、定植物职责、定当地地标（山河湖等）……方方面面，包含大量解释性内容。

各族的这些故事类型相似，但又各有特殊情节。即便是同一个民族的故事，也会在口耳相传中产生各种异文。异文的精彩，正在它们不同的细节上。

为什么佤人比较穷

本节故事以一个精装版开辟神话开头。大多数开辟神话都比较简单粗暴，以盘古操起板斧劈砍为代表。在这种情况下，精装版的开辟愈发显得可贵。一次精装，胜过十个毛坯。

故事

最初天地形成之后，天空疙疙瘩瘩，像癞蛤蟆的背，天之神"里"（或作"利吉神"）就用巴掌磨，磨了不知多少年，终于把天磨成滑溜光亮的模样了。里在天上安了日月星辰，让天变得好看起来。

最初，大地像知了的肚囊一样空空的，地之神"伦"（或作"路安神"）就用泥土不停地堆，堆出山谷河海，从此大地高低有致了。

那时候，天和地是用铁链拴在一起的，万物都感到不自在。里和伦让百兽之神达能用巨斧砍断了锁链，天地渐渐远离，终于完全分开了。

天地原本是一对夫妻，舍不得分开，就哭啊哭，他们的泪水化成了雨露和云雾。

那时候，太阳和月亮都是很热的，他俩此升彼落，世间只有白天没有夜晚，万物受不了了。里和伦将一棵大树放进月亮里，月亮清凉了，世间分出了昼夜。

里和伦造好了天地万物后，人之神"莫伟"（或作"慕依走"）在石洞（司岗）中造出了人。

从石洞里走出来的第一代人类有四个。老大去抱住了一棵大椿树，他长得也像大椿树一样黑红黑红的，这就是佤族；老二跑去抱住了一棵竹子，他长得也像竹子一样青黄青黄的，这就是拉祜族；老三跑去抱住了一棵芭蕉树，他长得也像芭蕉树一样白嫩白嫩的，这就是傣族；老四跑去抱住了一棵大车树，他长得也像大车树一样，又白、又高、又大，这就是汉人。

莫伟让老大（佤）住在有大椿树的山上，离石洞不远，让老二（拉祜）住在竹子多的半山腰，让老三（傣）住到芭蕉树多的热带坝，至于老四（汉）呢，就像大车树一样广泛分布，到处住了下来。

莫伟打开一个金盒子，拿出了"富"，平均分给这几个人类，让他们各自找东西来装走。

老四（汉）拿来一只箱子，把"富"锁了进去；老三（傣）拿来一只筒帕，把"富"装进去双手捂住；老二（拉祜）找来一只背篓，把"富"装进去用芭蕉叶盖起来；老大（佤）找不着家什，匆忙弄来个竹筒把"富"装进去。没想到，这个竹筒早已被蚂蚁蛀穿了。

从此，汉族、傣族富，而且富的时间长。拉祜族的"富"装在背篓里漏掉一些，不如汉族和傣族富。佤族的"富"全漏光了，所以佤族一直很穷，富不起来。

原文出处

这个故事来自佤族神话《司岗里》，司岗里意为"从石洞（或葫芦）中出来"。改写所本的原文由随戛、岩扫、岩瑞等讲述，艾荻、张开达搜集整理，流传于云南西盟、沧源，载于《山茶》1988年第1期。

掰书君曰

　　为什么说这个故事里的开辟情节是精装版的呢？你看看它讲述怎么造天：靠"磨"，磨镜子那般，一点一点磨出天空的澄澈透明来；你再看看它讲述怎么造地：靠"堆"，一寸一寸打造出山峦的筋脉起伏。对比简单粗暴一斧子劈开鸿蒙的汉族盘古大神，你可以看出佤族的大神里和伦已经进阶到了更高级的阶段。似乎佤族人早已看透了地球生态系统形成的秘密似的，这种精工技术活儿，没有个亿万年时间，根本不可能见到效果。所以，真的要感谢他们肯让大神费工劳神来磨天，来堆地。太精致了，太讲究了。

　　当然，这也意味着，这个神话的成形时间，相对会比较晚近。

　　但是，这个故事在造人方面的技术表现比较含糊。神到底是怎样造出人的，这个最为后世人类所关心的细节在此语焉不详，连捏泥人、捏蜂蜡这种基本流程都没有走一下，未免遗憾。我以为这类细节，在神话发生的早期很可能都是具备的，但在数千年的口承中信息丢失了，这其实是正常的、理所当然的，也是我们必须面对的神话传承事实。

　　这个神话值得注意的地方还在于它对比解释了很多现象：四个民族的相貌差异、居住地差异、贫富差异。可见民族关系、民族差异、民族冲突以及由此造成的困扰，一直在引发佤族人的思考，并力图给出令自己心安的解释。毕竟，凡是放到神话里来解释的，都是对他们来说格外重要的东西。我们在其他民族的神话传说中，也常能看到类似的对人种和文化现象的解释。

有个女神，骑着闪光的白色神马

本节是一个采集自蒙古族人的神话，它本身呈现出复杂的传承面貌，很值得一观。

故事

很早很早以前，天将要形成，地将要生长，人将要投胎，马将要生驹，万物将要繁殖的时候，整个天地经历了一次残酷的浩劫，蒙受了灭顶之灾，滔滔的洪水铺天盖地，淹没了宇宙间一切生命。

不知过了多少年，麦德尔神女身跨闪光的白色神马，来视察三千色世界。只看到蓝色的天水中，微露出须弥宝山的山尖。须弥宝山是原来大地上最高的山，登天的梯子，如今它的山峰插在天里，而山的身子淹没在蓝色的云雾中了。麦德尔发现须弥宝山山顶旁还有一个山洞，洞中住着一些人。这些人不足半尺高，马也只有兔子那么大。早晨生下来的孩子，晚上就骑着马接火送火，在须弥山洞中来回奔驰着。

麦德尔神女骑着白色神马，往来奔驰在蓝色的水面上，神马的四蹄踏动水面，放射出耀眼的火星。尘土被燃烧后变成了灰，便撒落在水面上。后来灰越积越厚，渐渐形成了一块无边无际的大地。大地压着水面往下沉落，天与地慢慢地被分开了。

大地形成了，是一块大大的平板，因为浮在水面上，不稳定，经常晃动。麦德尔神女就派一只大神龟下水去，用龟背顶着大地，不许它离开。有时候，神龟太累了，舒展腰脚的时候，就会发生地动。……

原文出处

本文摘自一则来自新疆蒙古族居住地区的神话，刊登于《民间文学》1986年第3期，姚宝瑄搜集整理。收录于陶阳、钟秀编《中国神话》时篇名为《麦德尔神女开天辟地》。

掰书君曰

按理说，聊蒙古传说，该聊聊创世神腾格里（Mongke Tengri，即长生天）的。可是作为阿尔泰语系许多游牧民族的共同原始神，腾格里留存至今的故事片段甚少，其萨满教信仰后来又被佛教、印度教思想所大力渗透，愈发丧失本来面目。所以，我们可以认为腾格里是一个概念神，代表了宇宙间最高权威的最高天神，他创世、创万物、造人，通过授权给可汗（天子）来管理万民。

蒙古族还有一些著名的神奇传说，比如"化铁出山""苍狼白鹿"什么的，但这些故事时间上不是很早，神话的色彩比较淡，属于英雄传说的范畴，不像本篇选取的这个故事，包含着诸多的创世元素。

蒙古族流传的天、地、人起源故事，也有与汉语文献中流传的故事相似的版本，节录如下，供读者了解：

往古……天和地还没有分割的时候，世间只是混混沌沌……不知什么时候，产生了明暗清浊之物……属于"阳"的……上浮成为天，属于"阴"的……下凝成为地。……天上（上界）出现了以"多伦敖敦滕格日（即七星天）"为中心的九十九柱天神……下面还有几千万个"布尔日汗"，即"星神"。……天上的诸神又把天神模样的拟人送到了地上。从此，在地上便有了人类……[1]

　　回到本节所讲述的故事上来。之所以选择这个故事来聊，是因为这个故事的传承事实虽然尚有争议，但文本本身包含了丰富的文化信息，呈现出了非常有趣、复杂的传承面貌，值得细品：它并不涉及宇宙本体论，不涉及是否有个先在的神；它没有交代传统意义上的天地开辟缘由；它杂糅了一些古老的神话元素，比如天梯、神山、最早的水、火种的传递、驮起大地的乌龟……其中不乏汉族神话元素；它看起来类似洪水神话，嫁接了我们熟悉的世界再生情节；它也杂糅了一些似是而非的佛教概念，比如须弥山、三千色世界（三千世界的讹变）；它甚至还有小人小马的小人国情节，让我们不免联想到前文提过的失败的造人试验，怀疑这些小号人马会不会是早期的实验品；而骑着马接火送火的情节，又如此生动地折射出蒙古人的生活片段……

　　总而言之，这故事本身就像一个熔炉，为我们呈现出神话的一种尚未完全混融的中间状态或者说过程状态。活的故事在口头传承中的流变，大抵如此吧。

---

[1] 改写自谷德明编《中国少数民族神话》中相关故事，收录于陶阳、钟秀编《中国神话》中时篇名为《天地起源》

洪劫之后

这是满族萨满教的神话,讲述一个新宇宙诞生后,女神们如何继承旧宇宙的遗产,重新开启创造新世界的工作。

故事

宇宙的一个始终为一个大劫,一个大劫包含三个中劫,一个中劫包含九个小劫,一个小劫是天国的八十一万天年。上一个劫,宇宙是在一场大洪水中毁灭的。

在这一劫的开始,老三星裂生出了五个徒弟,大徒弟阿布凯赫赫女神是第一代天神,被称为天母神,她要承担创造天、地、人、万物的工作。老三星让阿布凯赫赫去寻找上一个洪劫留下来的神,帮助她创造世界。

阿布凯赫赫首先在东海岸边萧山上发现了一株树,树上挂满了珍珠似的东西,那都是上劫遗留下来的灵魂。阿布凯赫赫对着树推了三掌,吹了三口法气,树一打滚变成了一个女人,乳房是一般女性的几十倍,这就是她在上劫的模样。阿布凯赫赫收了她为自己的第一个徒弟,为她起名佛托,意思是柳树。后来,世人都管她叫"佛托妈妈","妈妈"就是女神的意思,"佛托妈妈",意为柳树女神,她是专管子孙昌盛、人口平安的大神。

阿布凯赫赫带着佛托妈妈来到一条河边,看到了一棵二十多人才能合抱的大榆树。阿布凯赫赫施法劈开榆树,里面有一个沉睡不醒的女人。佛托妈妈说:"这是我的师兄海兰哥!"(这里的师兄师弟等同于师姐师妹)佛托妈妈用乳汁浇到师兄身上,师兄活过来了。阿布凯赫赫收了海兰做自己的第二个徒弟,这就是海兰妈妈,榆树女神。

海兰妈妈手里有上劫所有的树种,她们师徒三人一边走,一边将树种撒到各处。佛托妈妈用自己的乳汁浇灌树种，不一会儿这些树种就发芽长大了。

师徒三人来到平原，从一个大土包里唤醒了飞鸟女神安车骨妈妈，她做了阿布凯赫赫的第三个徒弟。安车骨妈妈从身上的一个方盒子中放出了飞鸟的灵魂，世间就飞满了各式飞禽。

师徒四人来到水边，从一块大石头里唤醒了海伦妈妈，她做了阿布凯赫赫的第四个徒弟。海伦妈妈是江水的女神，她钻到江河湖泊中，所有的鱼虾等水中生灵都涌现出来了。

师徒几人来到海边。海伦妈妈大喊几声，海水分开了，露出一条路。她们走进大海，在一个石洞里见到了突忽烈妈妈，她是海洋的女神，手下掌管着鲸鱼、龟鳖等几支队伍，负责镇守大海。突忽烈妈妈成为阿布凯赫赫的第五个徒弟，后来阿布凯赫赫为她在天上开了条天河，以便她们这些水族在天上也能待着。

后来，阿布凯赫赫还收了白山女神赛音妈妈，以及四个部落神萨哈连妈妈、粟末妈妈、漠里罕妈妈、完达哈妈妈，这样，她的十个徒弟就收齐了。

在这之后，阿布凯赫赫带领着她的徒弟们，造出了天和天宫，造出了百兽的雌雄，造出了人类，并且给人们安装上了佛托妈妈保管的灵魂。而敖钦大神和巴纳姆妈妈也造完了地。这样，世界就分成了三层：天，地，以及地下国。

万事万物都齐备之后，妖魔鬼怪也出来了。后来，就发生了天宫的神魔大战。

原文出处

改写自《满族萨满神话》中傅英仁讲述、张爱云整理的阿布凯赫赫故事，流传于宁古塔、长白山地区。

洪劫之后

掰书君曰

  满族萨满教的神话，拥有目前所知中国最庞大、最完整、最成体系的女神系统，据说数目达到"三百女神"之多（富育光）。其实，神的数目大，这一点也不奇怪，泛灵论本来就是萨满教得以建立的基础之一，山川湖泊，花鸟虫鱼，无不有神，上千个神总是有的。

  倒是为何能保留下这么多女性神这个问题值得多说一句。满族人自打上古的肃慎时代起，就以渔猎、游牧为生。这种生产方式的短处显而易见：不稳定，不保险，有时会吃了上顿没下顿；为了确保生存，男人们在渔猎游牧之余四处征战；征战导致男人的折损大，女性在家族生活中长期占据着稳固的地位……这样的情形下，女性信仰得以发扬光大并一直保存下来。而且，很多萨满也是由女性担任的，这巩固了人们对于女性通神能力及神力本身的信赖。

  萨满神话本身的传承方式比较零星分散，不同支派、不同地域、不同翻译版本各有异文，这也是让人感到繁杂、不好掌握的原因。按照萨满神话传承者的说法，"满族和北方的其他民族都把地上的神分配到各个哈拉供奉着，所以，各户都有他自己的神名（老佛爷名）。老佛爷名据估计，不下一千位。这就形成了满族的大神和满族的家神"（傅英仁）。

  本故事尽量保留了原讲述者的说法。其中提到的一些神，至今仍是满族人的实际祭祀对象。比如子孙神、柳树女神佛托妈妈，她在满族民间广受供奉，这背后有着深厚的生殖文化观念基础。所谓"无心插柳柳成荫"，柳树超强的繁殖能力寄托着人们对于子嗣昌盛的盼望；而且柳叶形状与女阴的相似，也带着古老的模拟巫术思维的痕迹。

  阿布凯赫赫的诞生—裂生，是一种典型的神的诞生方式，是前生殖时代最伟大、格调最高的造物方式：神的形体，直接得自于创世者。当然，这也很容易让我们联想到草履虫的分裂，不知道满族先民在创造老三星裂生徒弟的神话时，是不是从生物界得到过启示。

  故事的最后提到了天宫的神魔大战。有意思的是，在这场大战之后，女天神让位给了男天神，阿布凯赫赫带领着众多女神回归"第二层天"，世界的统治权移交给了以阿布凯恩都哩为首、以男天神为主的新神权集团。在各族神话中，像这样清晰地点明男女神权交接的原因和过程的故事是很少的。它为我们呈现了上古神族演化史上有关性别过渡期的那块重要拼图。

劫、轮回的概念，说的是时间的循环性，也就是所谓"圆形时间观念"（王孝廉）。不光是印度教、佛教有这种时间观，两河流域、古墨西哥、泰国的传说都曾经把世界毁了建、建了毁，几次三番，不亦乐乎。具体到本故事中的劫灭概念，似乎来自佛教的影响多一些。

蝴蝶妈妈

蝴蝶妈妈，又叫蝶娘，苗语为"妹榜妹留"，是苗族神话中包括人类在内的诸多生灵的始母神。今天苗族女性服饰上广泛留存着的蝴蝶图案，就是对她的纪念。

故事

远古的时候，到处都是光秃秃的，只在天的边角生长着一颗巨大的白枫树，洪水不能将它淹没，野火不能将它焚烧。

后来，枫树被恶神砍倒了。被砍倒的枫树发生了神奇的变化：树根变成了泥鳅，树桩变成了铜鼓，树身上的疙瘩变成了猫头鹰，树梢变成了姬宇鸟，树叶变成了燕子，木片变成了鱼种……最特别的是树心，它的树心变成了妹榜妹留，也就是蝴蝶妈妈。

蝴蝶妈妈生下来就要吃鱼，她飞到了继尾古池塘去。古池塘里有很多很多的鱼，还有草帽那般大的瓢虫，仓柱那么粗的泥鳅，以及像穿枋般大的鲤鱼。继尾古池塘里的鱼都归蝴蝶妈妈吃，蝴蝶妈妈好欢喜。

蝴蝶妈妈与池水上的泡沫恋爱（"游方"）了，于是她怀孕了，后来，她生下了十二个蛋。姬宇鸟帮她悉心孵养着这些蛋。经过十二年，蛋孵开了，从十二个蛋里钻出来十二个弟兄，他们是：姜央、雷公、龙、虎、象、牛、羊、鸡、猫、狗、蛇、蜈蚣。其中，只有姜央是人类。

十二兄弟争当大哥，各出绝招。姜央会放火，雷公会打闪，龙会发水，老虎会吼叫……大家各有所长，谁也不能完全奈何别人。最终，人留在世间，雷公上了天，龙进了深潭，老虎进了深山……人与各路生灵分统一方，繁衍后代，不再拥挤在一起。

姜央一个人很孤独，就回到蛋壳里，用壳里剩下的物质给自己造了一个妹妹。姜央长大后找不到人结婚延续后代，没办法，只好跟妹妹成了亲。后来，他们生下了一个肉球。姜央把这个肉球剁碎了，撒遍群山，这些小肉粒都变成了各种各样的人。从此，人类就在大地上繁衍起来了。

所以苗族人说，姜央是人类的始祖。

可是不要忘了，姜央是蝴蝶妈妈生的，蝴蝶妈妈是包括人类在内的诸多生灵的共同始祖。而蝴蝶妈妈呢，则是从那株巨大的白枫木的树心中诞生的。

至于白枫树嘛，它是造物主一开始收藏在天上的九十九种树种之一。

原文出处

《苗族古歌》之《枫香树种》《砍枫香树》：『远古那时候／山坡光秃秃／只有一棵树／生在天角角／洪水淹不到／野火烧不着／那是白枫树……九十九样种／最大哪样种／九十九样种／最大枫树种／那是白枫树……九十九样种／最大哪样种／那是什么树／生在天角角』……

『枫树砍倒了／倒了又怎样／变作千百样／树根变什么／树根变泥鳅／住在泥水里／总是不露头／树桩变铜鼓／有了喜庆事／大家拿来敲……树干生疙瘩／变成猫头鹰／树梢变鹪宇／一身绣花衣……还有枫树干／还有枫树心／树干生妹榜／树心生妹留／古时老妈妈／榜生来要吃鱼／鱼儿在哪里／鱼在继尾池／继尾古塘里／鱼儿多着呢／草帽大的瓢虫／仓柱粗的泥鳅／穿枋大的鲤鱼／这里的鱼给她吃／榜略（留）好喜欢。』

《山海经·大荒南经第十五》：『有宋山者，有赤蛇，名曰育蛇。有木生山上，名曰枫木。枫木，蚩尤所弃其桎梏，是谓枫木。』

《云笈七签》卷一百《轩辕本纪》：『黄帝杀蚩尤于黎山之丘，掷戒于大荒之中，宋山之上，后化为枫木之林。』

蝴蝶妈妈 七小绘

掰书君曰

这篇故事改写自苗族古歌。虽然苗族各支系、各地域关于妹榜妹留的传说有一些异文，但基本的意思很一致，关于枫树—蝴蝶—人类始祖姜央之间的联系也建立得非常牢固、紧密。

枫树树心这一形象，隐喻着万物的子宫，而枫树树干本身却又不啻为神祖，所以，这棵大白枫，实际上可以视为一个阴阳共生、雌雄同体的万物之本。

枫木是苗族的圣树、祖先树。关于枫树的神圣性，还有一个说法，与苗人的祖先蚩尤有关。《山海经·大荒南经》说，当年黄帝杀了蚩尤，将蚩尤的械具丢弃在宋山一带，化作了一片枫林。枫林之所以那么红，就是因为桎梏上沾染了蚩尤的血。所以，一来是始母神蝴蝶妈妈诞生之处，二来是远祖蚩尤的桎梏所化，这双重的神圣性便固化并深化了枫木的文化含义。今天黔东南的苗寨广植枫树，枫树承担着庇佑安康、兴旺子嗣、保障收成等功能，被当地百姓视为图腾。

苗族是一个将自己的历史穿在身上的民族。以前在黄帝战蚩尤章节提到过，三苗战败后被迫离开故土，跋山涉水向远方迁徙。为了让子孙后代永远记住故乡的方位，他们将一路上经过的山山水水绣在了自己的衣裙上。同样的道理，为了铭记神木和始祖母妹榜妹留的恩德，他们也将蝴蝶与枫木的图案留在了服饰上：蝴蝶纹样的绣品、枫木花纹的蜡染布、蝴蝶首饰……他们以自己的方式表达追思和感念，也让祖先神的福佑无处不在。

十二个蛋里出生的十二个古祖神，在不同的地方有不同版本。姜央、雷公、龙、虎、牛、象、蛇这些大体相同，但某些版本中没有猫、狗、蜈蚣等小动物，而替换成了妖、鬼、蛊毒。我个人当然更喜欢妖鬼版，因为妖鬼版大有深意，远比猫狗版更富含哲思。如果人、动物与妖鬼等有一个共同的出处，那就意味着善与恶、是与非、光明与黑暗、正义与邪恶这些传统上的二元对立概念，其实诞生于同一母体，它们之间天然地具有互动与转化的可能性。这与中原系的阴阳互生观念是接近的。

这个故事也解释了苗族所崇奉的铜鼓的出处：白枫树树桩所化。前文在瑶族女神密洛陀故事中提到过，天地初创时有一面铜鼓，密洛陀就躺在里面。苗、瑶族源接近，有着相似的铜鼓崇拜，虽然对于铜鼓神圣性的来历说法不一。

姜央兄妹结婚及造人的故事，基本上就是伏羲女娲兄妹婚故事的苗族翻版，其实也有请求神示、难题考验等环节，这里就不具体聊了。

猕猴与岩魔女

猕猴与岩魔女的神话传说不仅广泛存在于藏民口承中，更见诸藏族历史文献，是藏民对自己的族源的传统认知。

故事

从前，有一只猕猴成了观世音菩萨的弟子。他受到菩萨的点化，来到青藏高原的雪域中修行。在深寒静寂的雪域中，他修习着慈悲之心与菩提之心，对于深奥的缘起性空逐渐有所解悟。

这时候来了一个面目丑陋的岩魔女，她为业力所驱使，变化成一个美艳的妇人，百般诱惑猕猴，要求他与她媾和成婚，繁衍后代。猕猴信念坚定，无论岩魔女使出何种手段，始终不为所动，不肯答应她的请求。

岩魔女动了怒，威胁说，如果猕猴不答应，她将与恶魔结合，生下一代又一代的妖魔，世代吞噬藏地的生命，让雪域变成恶魔横行的死地。

猕猴不敢自作主张，便返回南海向观世音菩萨请示。慈悲为怀的观世音菩萨不忍心雪域藏地遭到厄运，便开示猕猴，要他以自身为牺牲，答应岩魔女的要求。

与此同时，度母也知道了岩魔女苦缠猕猴之事，她赞许猕猴的坚贞和奉献，同样降祝福于他。

于是猕猴与岩魔女结合了，生下了六个后代。这六个后代是由六道轮回中的生灵投胎而来，具有天、阿修罗、人、畜生、饿鬼、地狱六道众生的一应特征，也是猕猴与岩魔女的业报。其中与猕猴相似的后代聪明善良，具有勤奋仁爱、虔诚坚忍和高雅雄辩等美德，而与岩魔女相似的后代则丑陋愚笨，具有贪婪好淫、粗鄙轻浮、性情暴躁等恶习。

猕猴与岩魔女

猕猴将六个孩子送到果实丰足的树林中生活。多年之后去探望,却发现他们已经繁衍到了五百口之多,雪域树上的果实早已不敷取用,他们面临着饿死的绝境。

老猕猴便向观世音菩萨求助。观世音施与大慈悲,允许老猕猴带回须弥山的谷种去教给儿孙们播种。猕猴与岩魔女的后代得了这些谷物种子,便不再进行野外采摘,而开始了播种五谷的耕作生活。随着生活方式的改变,猕猴后代们身上的毛发渐渐脱落,尾巴也越变越短,后来竟彻底消失了。猕猴最终变成了人。

在雪域高原上繁衍下来的老猕猴与岩魔女的这些后代,就是今天藏民的祖先。

原文出处

综合《西藏王统记》《西藏王臣记》《贤者喜宴》《青史》《玛尼宝训》《汉藏史集》《敦煌古藏文写卷》等中的情节写成。

掰书君曰

这则藏族的族源神话，带有浓厚的藏传佛教色彩，观世音、度母等佛教人物纷纷嫁接到了神话里。某些异文中，岩魔女也作罗刹女，这是直接用佛经人物做故事主角了。

佛教是公元七世纪传入吐蕃的，在此之前，西藏的土著宗教是原始苯教。原始苯教原本有自己的神灵体系，佛教传入后，与苯教神灵进行了大融合、大改组，今天我们所能看到的藏族神话，大多是浸染了佛教元素之后的版本了。猕猴与岩魔女的故事，就是在这种背景下产生并传播的，可视为"族源认同与宗教认同合而为一"的典型（陈志伟）。

与这个华丽版本不同的是，青海黄南藏族自治州流传着一个更为质朴的猕猴为祖的传说：

在那充满神话的古老年代，西藏还是一个没有人烟的地方。那时仅有一只猴子，住在多阿里古鲁孙、瓦尔卫藏里余及玛多康六岗三个地方，与一位名叫哲塞姆的女子同居，生下六个崽子，生活于当地，吃的是树叶、树皮和野菜。后来，慢慢地懂得了吃食物，天长日久，身上的毛与尾巴渐渐脱落，变成了人。他们就是藏族的祖先。[1]

---

[1] 参见黎宗华、李延恺《安多藏族史》，青海民族出版社1992年版。

以上故事剔尽了佛教元素，看上去是个更加原始的版本。猕猴经由饮食习惯的改变，而发生体貌特征的改变，最终脱落掉毛发和尾巴变成人，颇有进化论的科学感。

其实，藏族关于人的来历，也不是光有猕猴生人这种说法。"卵生宇宙""卵生人"这种构思，在雪域高原也曾经是很有市场的。

至于本节故事中流露出来的厌女主义倾向，与当地当时的政治、经济状况和文化冲突密切相关，就不细聊了。应该说，这个故事里仍旧遗存着男女两性争夺社会主导权的痕迹。

前文多次提到过两性神之间的争夺。文化上的两性战争，大概是人类历史上发生过的最具颠覆意义的战争，没有"之一"。其范围之广，规模之大，持续之长，影响之深，没有任何一场部落战争、国际战争能望其项背。千万年之后的今天，我们仍然能够感受到那种狂暴撕裂却又努力弥合的力量。而其被遮蔽之重，被忽略之久，以至当今世界上的许多人，都从来没有意识到它曾经发生过，并正在发生着。

值得庆幸的是，战争并不会一直占据主流议题的地位，彼此妥协与合作也是人类社会的常态。两性在生命历程和社会发展进程中的相互需要、相互要求、相互扶持、相互给予恩惠，让这种战争时断时续、时长时短、时隐时显。两性之间的竞争，有着应时变化、趋向缓和的弹性，也有着导向最终偃旗息鼓的美好愿景的可能性。

此之谓：历遍穷通万代秋，相逢一笑泯恩仇。

主要参考文献

（一）古籍资料（数字资源）

注：以下古籍出处有两种，其一是"中国基本古籍库"（"国家重点电子出版物十五规划项目"，由北京大学教授刘俊文总策划、总编纂、总监制，北京爱如生数字化技术研究中心研制开发）；其二是《瀚堂典藏》（北京时代瀚堂科技有限公司研制开发）。在原文核校过程中，尽量对照了以上两种数据库，而最终选择其中较好的一种放到书中。少量文献只有一处来源。

文献排序方式：统一按照书籍名称的首字母进行排序。

书名添加了下划线。

B

（晋）葛洪撰.<u>抱朴子</u>内篇二十卷外篇八十卷.中国基本古籍库四部<u>丛</u>刊景明本，参以瀚堂典藏数据库上海涵芬楼影印明鲁藩刊本

C

（汉）王逸章句，（宋）洪兴祖补注.<u>楚辞</u>十七卷.中国基本古籍库四部丛刊景明翻宋本，参以瀚堂典藏数据库上海涵芬楼影印明翻宋本

（清）王夫之撰.<u>楚辞通释</u>十四卷.中国基本古籍库清船山遗书本

（唐）徐坚撰.<u>初学记</u>三十卷.瀚堂典藏数据库清文渊阁四库全书本

（晋）杜预注，（唐）孔颖达疏.<u>春秋左传正义</u>六十卷.瀚堂典藏数据库影世界书局本

D

（汉）戴德撰.<u>大戴礼记</u>十三卷.中国基本古籍库四部<u>丛</u>刊景明袁氏嘉趣堂本，参以瀚堂典藏数据库上海涵芬楼影印明袁氏嘉趣堂刊本

G

（宋）王道注.<u>古文龙虎经注疏</u>三卷.中国基本古籍库明正统道藏本，参以瀚堂典藏数据库明正统道藏本

（三国吴）韦昭注.<u>国语</u>二十一卷.瀚堂典藏数据库清文渊阁四库全书本

H

（汉）东方朔撰.<u>海内十洲记</u>.瀚堂典藏数据库清文渊阁四库全书本

（春秋战国）韩非撰.<u>韩非子</u>二十卷.中国基本古籍库四部丛刊清景宋钞校本，参以瀚堂典藏数据库上海涵芬楼藏黄荛圃校宋本

（汉）班固撰.<u>汉书</u>一百卷.中国基本古籍库清乾隆武英殿刻本，参以瀚堂典藏数据库清光绪同文书局石印本

（南朝宋）范晔撰，（南朝梁）刘昭补注，（唐）李贤注.<u>后汉书</u>一百二十卷.瀚堂典藏数据库清光绪同文书局石印本

（晋）常璩撰.<u>华阳国志</u>十二卷. 中国基本古

籍库四部丛刊景明钞本，参以瀚堂典藏数据库涵芬楼影印明钱叔宝钞本

（汉）刘安撰，（汉）许慎注.**淮南鸿烈解**二十一卷.中国基本古籍库四部丛刊景钞北宋本，参以瀚堂典藏数据库上海涵芬楼影印北宋本

（三国魏）刘劭等撰，（清）孙冯翼辑.**皇览**一卷附考证一卷.瀚堂典藏数据库丛书集成初编本

K

（三国魏）王肃注.**孔子家语**十卷.中国基本古籍库四部丛刊景明翻宋本，参以瀚堂典藏数据库上海涵芬楼影印明翻宋本

L

（汉）郑玄注，（唐）孔颖达疏.**礼记注疏**六十三卷.瀚堂典藏数据库影世界书局本

（春秋战国）列御寇撰.（晋）张湛注.**列子**八卷.瀚堂典藏数据库正统道藏本冲虚至德真经

（南朝梁）萧统编，（唐）李善等注.**六臣注文选**六十卷.中国基本古籍库四部丛刊景宋本，参以瀚堂典藏数据库上海涵芬楼藏宋刊本

（北齐）刘昼撰，（唐）袁孝政注.**刘子**十卷.中国基本古籍库明正统道藏本，参以瀚堂典藏数据库正统道藏本

（宋）罗泌撰.**路史**四十七卷.中国基本古籍库清文渊阁四库全书本

（秦）吕不韦撰，（汉）高诱注.**吕氏春秋**二十六卷.中国基本古籍库四部丛刊景明刊本，参以瀚堂典藏数据库涵芬楼藏明宋邦义等刊本

M

（汉）毛亨传，（汉）郑玄笺，（唐）孔颖达疏.**毛诗正义**七十卷.瀚堂典藏数据库影世界书局本

N

（晋）郭象注，（唐）成玄英疏.**南华真经注疏**三十五卷.瀚堂典藏数据库明正统道藏本

Q

（清）严可均校辑.**全上古三代文**十六卷.中国基本古籍库清光绪刻本，参以瀚堂典藏数据库清光绪刻本

S

（晋）郭璞注.**山海经**十八卷.中国基本古籍库四部丛刊景明成化本，参以瀚堂典藏数据库上海涵芬楼影印明成化戊子刊本

（汉）孔安国传.**尚书**十三卷.中国基本古籍库四部丛刊景宋本，参以瀚堂典藏数据库上海涵芬楼影印吴兴刘氏嘉业堂藏宋版

（汉）司马迁撰，（南朝宋）裴骃集解，唐司马贞索隐，唐张守节正义.**史记三家注**一百三十卷.瀚堂典藏数据库清光绪同文书局石印本

（宋）高承撰.**事物纪原**十卷.瀚堂典藏数据库清文渊阁四库全书本

（晋）王嘉撰，（南朝梁）萧绮录.**拾遗记**十卷.中国基本古籍库明汉魏丛书本，参以瀚堂典藏数据库明汉魏丛书本

（南朝齐）任昉撰.**述异记**二卷.瀚堂典藏数据库清文渊阁四库全书本

（北魏）郦道元撰.**水经注**四十卷.中国基本古籍库清武英殿聚珍版丛书本，参以瀚堂典藏数据库上海涵芬楼影印武英殿聚珍版

（明）陶宗仪撰.**说郛**一百二十卷.瀚堂典藏数据库清文渊阁四库全书本

（清）段玉裁撰.**说文解字注**三十卷.中国基本古籍库清嘉庆二十年经韵楼刻本，参以瀚堂典藏数据库经韵楼藏版

（清）朱骏声撰.**说文通训定声**十八卷.瀚堂

典藏数据库临啸阁藏本

（清）永瑢撰.**四库全书总目**二百卷.中国基本古籍库清乾隆武英殿刻本，参以瀚堂典藏数据库中华书局影印本

（晋）干宝撰.**搜神记**二十卷.中国基本古籍库明津逮秘书本，参以瀚堂典藏数据库明津逮秘书本

（春秋战国）孙武撰.**孙子**三卷.瀚堂典藏数据库清文渊阁四库全书本

T

（宋）李昉等撰.**太平广记**五百卷.中国基本古籍库民国景明嘉靖谈恺刻本

（宋）李昉等撰.**太平御览**一千卷.瀚堂典藏数据库清文渊阁四库全书本

（明）朱权编.**天皇至道太清玉册**八卷.瀚堂典藏数据库明续道藏本

X

（晋）郭璞撰.**玄中记**一卷.瀚堂典藏数据库上海涵芬楼据明钞本排印本

Y

（宋）张君房撰.**云笈七签**一百二十二卷.中国基本古籍库四部丛刊景明正统道藏本，参以瀚堂典藏数据库正统道藏本

Z

（五代）马缟撰.**中华古今注**三卷.瀚堂典藏数据库清文渊阁四库全书本

（汉）郑玄注，（唐）贾公彦疏.**周礼注疏**四十二卷.瀚堂典藏数据库影世界书局本

（三国魏）王弼，（晋）韩康伯注，（唐）孔颖达疏.**周易正义**十四卷.瀚堂典藏数据库影世界书局本

（南朝梁）沈约注.**竹书纪年**二卷.中国基本古籍库四部丛刊景明天一阁本，参以瀚堂典藏数据库上海涵芬楼影印天一阁刊本

（清）吴襄等撰.**子史精华**一百六十卷.中国基本古籍库清文渊阁四库全书本，参以瀚堂典藏数据库清文渊阁四库全书本

（二）出版书籍

C

李零.**楚帛书研究**（十一种）.上海:中西书局,2013年12月.

G

吕思勉、童书业编著.**古史辨**第七册.上海:上海古籍出版社,1982年11月.

刘兴诗.**古蜀文明探秘**.四川:四川辞书出版社.2011年5月.

H

蒋英矩、杨爱国.**汉代画像石与画像砖**.北京:文物出版社.2001年3月.

（清）王谟辑.**汉唐地理书钞**.北京:中华书局,1961年9月.

杨世光整理.**黑白之战**.昆明:云南人民出版社.2009年4月.

K

（明）周游撰，程前点校.**开辟衍绎**.济南:齐鲁书社,1988年1月.

L

过文英.**论汉墓绘画中的伏羲女娲神话**.浙江大学.中国古典文献学博士论文.2007年.

M

田兵编选.**苗族古歌**.贵阳:贵州人民出版社,1979年5月.

Q

李学勤主编.清华大学藏战国竹简文字编.上海:中西书局,2014年5月.

S

马昌仪.山海经图说.桂林:广西师范大学出版社.2007年1月.

杨利慧.神话与神话学.北京:北京师范大学出版社.2009年7月.

(汉)宋衷注,(清)秦嘉谟等辑.世本八种.北京:中华书局,2008年8月.

清王文濡辑.说库.杭州:浙江古籍出版社,1986年10月.

W

李零.我们的中国·九州禹迹.北京:生活·读书·新知三联书店.2016年6月.

X

[美]阿兰·邓迪斯.西方神话学读本.桂林:广西师范大学出版社.2006年6月.

Y

(清)马骕纂.绎史.1.济南:齐鲁书社,2001年6月

(明)何景明撰,吴敏霞等注.雍大记校注.1.西安:三秦出版社,2010年.

Z

唐善纯.中国的神秘文化.南京:河海大学出版社.1992年10月.

袁珂.中国古代神话.北京:华夏出版社.2010年1月.

朱芳圃著.王珍整理.中国古代神话与史实.郑州:中州书画社.1982年11月.

上海民俗学会等编.中国民间文化−民间俗神信仰.上海:学林出版社.1994年12月.

陶阳、钟秀编.中国神话.北京:商务印书馆.2008年4月.

袁珂.中国神话传说词典.北京:北京联合出版公司.2013年1月.

杨利慧、张成福编著.中国神话母题索引.西安:陕西师范大学出版总社有限公司.2013年12月.

潜明兹.中国神话学.上海:上海人民出版社.2008年5月.

马昌仪编.中国神话学文论选萃.北京:中国广播电视出版社.1994年2月.

袁珂、周明编.中国神话资料萃编.成都:四川省社会科学院出版社.1985年11月.

张振犁.中原神话研究.上海:上海社会科学院出版社.2009年9月.

后记

以作家或者说写作者的身份聊神话,最大的好处是可以"胡说八道"。

一开始,的确是想写一系列"胡说八道"神话的文章,想以我所谓"轻学术"的方式,跟大家聊聊自己多年来阅读、学习神话的一些兴奋点,以及发现的一些趣味。我对自己说,应该抱着"玩"的心态来"掰"神话,应该在一本正经的学术研究和东拉西扯的民间演义的缝隙中,给出自己作为一个写作者的发现和解读,还得有点新意。

最初的一些文章发在公共号里给朋友们看过,反响还不错。有了结集的想法后,写起来就各种不自在了。一面写,一面就忍不住想:这里应该论证一下,那里应该论证一下。可又不是写论文,倘若一一论证、引注下来,弱化了易读性,导致阅读体验太差,一般读者大约就都跑掉了。于是又往回找补,妄想两头顾,各种调整。相信读者诸君在本书的某些段落中,还能感受到这种行文风格上的游移不定。惭愧。

书交稿,深感惶恐,觉得有点四不像。于我,"胡说八道"实现了一半,"轻学术"实现了一半。这样"掰"神话到底行不行,我心里不是很有底,也要请读者诸君来检验,来告诉我这种写作是否尚有一点点价值。感谢你们宽容我的任性。

荣耀归于诸神,谬误归于我。神话的本体永恒不朽。

顺便说一句,我还有很多神祇故事没有写,有很多阅读神话时发现的趣味愿意与读者分享。如果本书得到读者认可,我有可能在此基础上拓展更多神话主题单元,形成"中国芯儿"《诸神纪》系列。

本书中的二十八幅原创彩绘插图,全部由我的多年好友七小(付东霞)创意并绘制。神祇形象设计借鉴了敦煌壁画、石窟佛像和我国 20 世纪六七十年代动画片的造型风格,衣饰融入现代造型的夸张想象,环境用水墨装点以凸显国画意境,色调参考了古旧神秘、庄严肃穆的明代壁画。我们不想做成目下流行的那种充满 CG 感的立体画风,一度还尝试了纯线描的效果(其实真的很惊艳哦),但最后还是选择了目下的画风。应该说,在本书的插画设计理念中,动感、趣味是第二位的,从底蕴中透露出一种平静祥和的"类宗教气息"才是第一位的。这也是我们所主张的对神话应该保持的敬畏距离。

本书得以面市,首先要感谢本书责编、北京大学出版社的闵艳芸女士。在出版筹备期间,她给出了许多非常中肯的意见。没有她的慧眼，本书不会面世；没有她高度的责任心和高标准的要求，本书不会是今日的面貌。本书的所有资料性插图也都由她亲自找来，其间的辛苦与劳累只有她自己知道，我难以一谢了之。

本书中与《山海经》相关的资料图部分，重点参考了马昌仪先生所编撰的《古本山海经图说》。马先生是《山海经》研究领域的专家，她对这些古代绘画的汇集、鉴定和研究工作，让本文的资料图引用变得更加严谨和有底气。特此对马先生表达我的钦佩和感谢。

特别感谢北京师范大学文学院民间文学研究所的神话学专家、博士生导师杨利慧教授，她在研究、教学、学术交流的极度繁忙中，慷慨拨冗为我写序，让我十分感动。我们相识于二十年前，她一直像个大姐姐般和蔼亲切，我从与她的多次当面交流和她为本书所写的序言中受益巨多，也十分感谢她对我的肯定和鼓励。

北京师范大学文学院的陆嘉琳同学承担了本书全部古文献资料的整理、核查和编目工作，尤其古籍部分，至少需要逐条对照《中国基本古籍库》和《瀚堂典藏》两种资料来源，没有她的尽责，本书在资料部分的价值将会大打折扣。

感谢《十月》杂志的副主编、作家赵兰振老师，他在本书的出版环节给予了关键帮助；感谢同窗好友宿娟女士以及吕海春女士最初阅读并认可了本书，并给我很多启发和关心。

感谢我的学术导师、北京师范大学跨文化研究院的院长董晓萍教授，没有她当年的教导和学术训练，我不会在自由写作的同时对发表议论秉持敬畏之心。

出于呈现故事形态多样性的考虑，本书的个别故事或段落引用了当代讲述者/采集者的文本，已经随文注明了出处，在此向他们表示感谢。由于无法一一取得联系，相关人士如果有异议，请联系我们。

最后，感谢我的家人和朋友们，没有你们的支持和鼓励，本书也许还只是公众号里的一些零乱散漫的小故事。

书是小小的，致谢的心意是大大的。

严优 上
2017 年 3 月